做温暖而有冲量的
高中物理教研

周晓东 著

上海教育出版社
SHANGHAI EDUCATIONAL
PUBLISHING HOUSE

图书在版编目（CIP）数据

做温暖而有冲量的高中物理教研 / 周晓东著.
上海：上海教育出版社，2025.4. — ISBN 978-7-
5720-3430-5

Ⅰ . G633.72
中国国家版本馆CIP数据核字第2025LA4359号

责任编辑　李　祥
封面设计　周　吉

做温暖而有冲量的高中物理教研
周晓东　著

出版发行	上海教育出版社有限公司
官　　网	www.seph.com.cn
地　　址	上海市闵行区号景路159弄C座
邮　　编	201101
印　　刷	上海颛辉印刷厂有限公司
开　　本	700×1000　1/16　印张 14.25
字　　数	217 千字
版　　次	2025年5月第1版
印　　次	2025年5月第1次印刷
书　　号	ISBN 978-7-5720-3430-5/G·3064
定　　价	75.00 元

如发现质量问题，读者可向本社调换　电话：021-64373213

序

在二十多年的高中物理教学和教研中,周晓东老师善于学习,不断汲取最新教育教学理念,并在教学实践中加以运用,将自己的教学特色逐渐发展形成独特的教研主张,即"做温暖而有冲量的物理教研"。"温暖"是指用真诚和爱心关爱青年教师成长,推动杨浦区高中物理教师团队整体高质量发展。"冲量"一词源于物理学科,描述作用于物体上的合力的时间累积效应,类比教研工作的持续进取,也有提升学生物理学科的思维品质,使学生具备可持续发展的能力的含义。编撰《做温暖而有冲量的高中物理教研》一书,是周晓东老师对二十多年高中物理教学和教研工作的总结和提炼。

本书分为教学和教研两大主题板块。其中,主题板块1由第一、二、三章组成,阐述了高中物理教学改进;主题板块2由第四、五章组成,阐述了区域物理教师培养。

第一章 "建构单元教学",类比物理学科中的"模型建构",围绕单元教学设计和实践中的三个教学关键问题,阐述如何遵循一定的单元教学设计路径,解决单元教学设计中的关键问题,用小片段分析呈现案例。

第二章 "聚合实验教学",类比物理学科中的"核聚变反应",围绕物理学科的实验教学,阐述如何打破自然章,用实验素养能力的培养作为暗线串接高中物理各实验的教学,进行实验素养的持续培育。

第三章 "定标学业质量",类比物理学科中的"温标定标",围绕新课标制定的学业质量内涵、水平和考试评价要求,阐述如何细化各级水平和素养要素,建构评价框架,结合区域测试评价具体案例来分析如何精准指向素养水平的检测。

第四章 "储能专业水平",类比物理学科的"电容储能",围绕教师专业成长所必备的几项基本功,分别从备课、解题、上课这三个方面来阐述中青年教师如何积累专业教学知识，提升教育教学能力。

第五章 "激发团队智慧"，类比"光子在谐振腔里碰撞激发"，围绕这些年区域教研的实践探索，阐述如何推动区域教师团队建设，创新教研新模式——学习共同体和校际联合体，结合具体项目来分析该模式如何在教研工作中发挥其特有的作用。

本书能帮助中学物理教师提升对新课程新教材（简称"双新"）的教学实践能力，有效推动教学改进，打造启智激趣、运智释疑的高中物理课堂教学新生态。

在本书中，我看到了周晓东老师对物理教学的热爱，对教研工作的热忱，基于其长期一线教育教学实践经历，在实践中积累经验，并进行升级迭代，开展教研工作，推动教学改革。

周晓东老师立足教学第一线，积极培育区域青年教师学习共同体，推动区内教师形成各类研修团队，投身到"双新"实施的实践和教学改进研究中，推动教师教学实践能力提升，把有热情、有热爱、有关爱的物理教学奉献给学生，整体提升区域物理教学质量。最终，在她的带领下杨浦区高中物理学科教研特色初步形成，并通过多种形式辐射到全市乃至全国。

教研始于教学问题，致于教学经验，根于教研方法。通过开展教研活动，钻研教研品质，更好地服务于教育管理决策、学校教育教学，服务于教师的专业成长和学生的全面发展，不断提升教学质量，实现课程的育人价值。期盼周晓东老师能在杨浦区高中物理学科教研工作中再创佳绩。

陆伯鸿

2025 年 2 月

目　录

第一章　建构单元教学

引　子

对于课程培养目标,《普通高中物理课程标准(2017 年版 2020 年修订)》(以下简称《新课标》)中提出要"进一步提升学生综合素质,着力发展核心素养,使学生具有理想信念和社会责任感,具有科学文化素养和终身学习能力,具有自主发展能力和沟通合作能力"。对于教学内容,《新课标》指出要"重视以学科大概念为核心,使课程内容结构化,以主题为引领,使课程内容情境化,促进学科核心素养的落实"。

基于《新课标》的新课程新教材的有效实施需要通过单元教学设计来推动落实。单元是依据课程标准围绕主题或活动选择合适的学习材料并进行结构化组织的学习单位。课程目标的具体落实通过单元来承接,并统领整个单元内的课时目标、内容、活动、作业、评价和资源等。从课程教学的角度看,单元是教学过程中相对完整的学习"段落"。单元教学设计包含单元教材教法分析、单元学习目标设计、单元学习活动设计、单元评价设计、单元作业设计和单元资源设计等六个要素。

2020 年,杨浦区被教育部遴选为普通高中新课程新教材实施国家级示范区,以教师胜任力为重点,以实证调研为基准,整体架构区域教师研修体系,建构形成"双新"教师胜任力框架,有序有效展开区域实践,推动教师培养培训的专业化发展,引领教师队伍建设和育人方式变革,形成了教师思想政治建设、师德师风建设和业务能力建设相互促进的教师队伍建设新格局,积累了丰富的成果和可推广的经验。而高中物理学科在教育部和市教委专家组的指导下,开展了一系列单元教学设计和实践项目研究,取得了一定的成果。

在研究的初期,我们发现教师在进行单元教学设计和实施过程中,容易陷入几个困境或无序:由于缺乏单元教学设计的一般路径和规准,教师无法循迹而行,导致单元教学设计的顺序和逻辑混乱;仍然习惯以单个知识点的教学为主,缺少对单元知识结构的建构,缺少对学科育人价值的挖掘和提炼;学习活动的设计求新、求奇、求多,导致学生在课堂上忙于完成各种指定任务,而缺少时间和空间去思考、理解和内化任务所蕴含的物理规律、方法和思想。对此,我们基于深度学习的理念,通过仔细研究和反复实践总结,解决了单元教学的三个关键问题:如何确定与分解单元核心任务,如何持续地推进单元学习活动,如何从多元视角评价学习活动。这三个问题凸显了单元教学设计六个要素间的内在关联,直面教师在进行单元教学设计和实践中所遇到的共性问题。破解这三个关键问题推动了核心素养培育在物理学科教学中的有效实施。

第一节　确定单元核心任务

一、实践调研

在单元教学设计和实施的过程中,我们通过创新教研机制、整合全区资源、加强教师团队建设、破解关键问题等举措建构新的教研机制,利用项目驱动的方式来促进教师专业素养不断提升,如:全市高中物理教师实验能力培训课程开发和制作;高端专家引领,如教育部深度学习研修,市、区"双新"课程培训,"空中课堂"视频拍摄;优秀青年教师团队建设,如区创智课堂教师研修课程开发和实施;课堂教学实践,如高中物理单元教学设计、实践、视频拍摄和案例提炼等。

在研究初期,我们通过问卷调查、参与教研组校本研修、教师访谈等开展了调研,结果发现一线教师经过市、区、校多级"双新"的培训,基本都能理解新课标理念、高中物理学科育人目标和核心素养培育的要求。但在具体设计、实施单元教学方面,尚存在许多困惑和疑问。以下是我们的调研问题和反馈:

【问题一】对于单元核心任务的确定和分解,您觉得在教学实践中会存在哪些实施上的困难?

【问卷反馈摘录】

"在实施上的最大困难就是学生的学情分析,因为每个学校的学生层次不一样,同一所学校每个班级的情况也不一样,老师有可能在单元设计的时候想得很好,但是具体教学以及落实到每一个学生身上去就显得容易顾此失彼,这时候我感觉只能随机应变,根据课时和学情及时调整。而在部分新教材新增加的章节里,对于学生的学情把握也存在没有经验可循的问题,学生的痛点、难点在哪里也需要在具体教学中及时发现总结。"

"分解单元核心任务时如何与教学内容、学生能力相匹配。"

"如何在每一节课内落实核心任务中的子任务,做到既不是很突兀,又不是很隐蔽,这个还是挺难的。"

"如何从学生实际水平出发设计有实际意义的单元核心任务。"

"活动和任务的构建是否符合自己学校学生的认知水平,如果有点难度,就需要分解为多个较低认知水平的子任务,这样的任务设计过程需要有一定的案例借鉴。"

"'真实'问题比较难找。"

"可能初步目标定得高,后续程度达不到。"

"对于单元核心任务的确定和分解,可能要综合考虑教材、课标、学情和课时,有的时候想法很好,但实际做起来就不一样了,比如说要学生完成某个活动往往受课时影响,考试压力会缩减学生活动空间,用讲和做题替代了学生的活动,课堂会充斥功利主义。"

"平时我们在教学设计以及上课实践中建构单元核心任务,往往只是为了建构而建构,没有把它串联在每一节课、每一个知识点上。"

"如何进行单元教学设计,要顾及所有知识点是困难的。"

【问题二】在今天的主题教研中,哪些内容您觉得有收获,能运用到学校的校本研修和单元教学设计与实践中?

【问卷反馈摘录】

"今天听了三个老师所做的单元教学设计,感觉他们讲得都非常好,特别是在单元核心任务的确定和分解上有些收获。平时我们在教学设计以及上课实践中建构单元核心任务,往往只是为了建构而建构,没有把它串联在每一节课、每一个知识点上。而今天最大的收获就是,知道了如何结合生活中的真实情景、教学中的真实问题来构建和落实单元核心任务,形成一个单元的主线。"

"教学从实际出发,基于学生理解设计教学方案,目的是提高学生的理解,这应是一切教学中始终秉承的宗旨。"

"周晓东老师基于教学目标逆向设计的解决策略;王智颖老师通过旧电池、土豆电池实验突破教学难点的巧妙设计;点评专家郑百易老师'内容的情境化、活动的结构化、教学目标的问题化'的做法提炼,这三个发言内容让我感觉最有收获,且能在今后借鉴实施。"

"核心任务可以不用很大,只要能够引领学生思考就可以。"

"逆向设计的理念给我留下了很深的印象,这样的思考能从学生想要什么出发去进行教学设计,设计出来的活动会更吸引人。"

"单元任务还是得注意育人目标,一定要认真研读课标,分析教材。"

【问题三】请对今后的教研活动主题、活动形式等提出一些宝贵的建议。

【问卷反馈摘录】

"希望在今后教研活动中多多增加专家引领,及时解决'双新'刚开始的种种问题,特别是现在教学课时不足的情况下,更需要把握教学的重点,更有效地开展教学工作。"

"核心素养目标的设计和书写。"

"专家报告、分享与讨论、公开展示课都很有效果,继续!"

"发言后,学员间也可以对发言内容中呈现的某一问题展开研讨。"

"具体到单元讨论,希望能更有操作性,这样在实践中体会和收获会更大。"

"增加一些真实案例和学生的反馈,以学为本,从中发现问题,攻坚克难。"

"可以有更多的大单元以及深度学习的实例进行交流和分享。"

"希望能有更多教学案例,多开展展示类的活动。"

从对上述三个问题的反馈来看,基层学校教师都能积极地参与单元教学设计的教学实践,但由于缺少科学规范的依据和标准以及"循迹而行"的路径与方法,他们特别希望得到有针对性的指导和帮助,比如专家报告、案例分享、公开教学展示和点对点的指导研讨等。我们同时也发现教师对于单元教学设计中单元核心任务的理解还有待进一步提升,因为理解不到位会导致在实施过程中盲目追求任务的"高大上"而忽略单元核心任务的本质和作用。

我们研究后认为应该为教师提供设计支架,引导教师细研课标、精读教材,切实落实核心素养培育要求,使教师能在深度学习的单元教学设计和实践中依据实施路径循迹而行,奠定整个单元教学设计和实施的最关键的基础,确定整个单元学习的核心任务并进行子任务的分解,使单元教学整体化、结构化,使学生的学习具备挑战性、持续性和主体性。

二、学习价值

《新课标》在基本理念中明确提出"注重体现物理学科本质,培养学生物理学科核心素养",在高中物理学科的课程学习过程中,促进学生在物理观念、科学思维、科学探究、科学态度与责任等方面的物理学科核心素养的养成和发展。以前我们的课堂更多的是重视对单个知识点的教学,以学生能否完成相关练习来评价学生的学习效果。而像砾石般分散的知识点难以让学生发现它们之间的内在联系,难以在学生头脑里建构完整的物理学科知识体系,难以达成学科核心素养的培养要求。单元大任务的确定与分解,则能很好地弥补这一不足和缺憾。

我们应该以想要达到的课程学习结果为目标,对单元教学在逻辑上进行逆向的思考和设计。思考为了达到学习目标,学生需要什么。为此,教师设计教学的视角应从自己的"教"转变为学生的"学";从学生学习的视角思考预期的学习结果,从而制订合适的评估指标体系,设计学习体验和教学。这就是以目标为导向的单元教学设计的起点。对一个单元的教学来说,有一个重点核心知识,这就是大概念。基于对这个大概念的学习和理解,设计出围绕大概念的核心任务,再将这个核心任务分解成几个子任务,在完成子任务的过程中,逐渐达到理解大概念的教学目标。

确定单元核心任务是整个单元设计和实施中的第一步,是最重要的一步,也就是"起承转合"中的"起"。单元核心任务是整个单元的灵魂,"合抱之木""九层之台"都是从"毫末""累土"不断积累而成的,打好单元教学设计的地基才能进行后续挑战性和进阶性的学习任务、持续性的多元学习评价的设计和实施。在教学实际中,我们发现单元核心任务的设计容易陷入一些误区。一是,一味地追求任务的大、全、繁,而不考虑实际的学情和学习时间的分配。比如,试图将运动、力、能量这些知识板块融合为一个大单元来建构单元核心任务,这些内容覆盖了必修1、必修2全部课程内容,学时长达一年,这样的单元设计几乎完全无法实施。二是,单元核心任务偏离课程标准,随意拔高内容要求。比如,在单元教学设计中加入相对论公式推导的要求,而课程标准对此的教学要求只是"初步了解相对论时空观",导致教学设计远超学生实际能力水平。三是,只有教学内容的设计而未见核心素养培育的设计等。比如,整个单元设计中只有一个个知识内容的教学设计,全然没有素养培育设计,特别是实验素养能力培育的设计。

因此,针对单元核心任务的确定与分解,梳理、提炼出实施的主要路径是至关重要的。它能引导教师从研究课程标准和教材起步,真正从内容要求、教学提示和学业质量要求等方面挖掘该单元的物理学科价值和育人目标,从如何设计基于深度学习的引领性学习主题角度思考单元核心任务的确定与分解。

三、主要路径

根据深度学习的四个关键策略——情境素材链接、内隐思维外显、过程深度互动和教学研究改进,单元教学设计须沿着以下的主要路径进行(见图1-1):

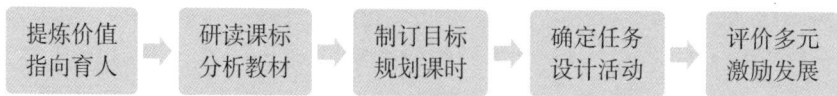

提炼价值 指向育人	→	研读课标 分析教材	→	制订目标 规划课时	→	确定任务 设计活动	→	评价多元 激励发展

图1-1

1. 提炼学科价值,指向(核心素养的)育人目标

《新课标》明确指出:"物理学是自然科学领域的一门基础学科,研究自然界物质的基本结构、相互作用和运动规律。"因此,培养学生解释自然现象、解决真实问题的素养能力,是我们进行单元教学探索实践的目标和任务。

2. 研读课标,分析教材

根据课标中的内容要求、活动建议、教学提示和学业要求,研究教材是如何落实课标要求的,把课标要求细化到具体的教学内容和任务中。同时,对于上海新教材的特色栏目"学期活动"的设计意图,及素养培养目标的落实,都是需要反复考量、集中研讨的。

3. 制订单元学习目标,规划单元课时

单元学习目标是学生学习整个单元的预期效果,它指导着整个单元教学的全过程。以学生为主体进行学情分析,从基本要求、方法能力和育人价值三方面进行单元教学重点、难点解析,制订单元学习目标并进行课时规划。

4. 确定单元核心任务,设计学习活动

单元核心任务的建构应围绕真实情境、真实问题展开,贯穿整个单元学习。在设计单元核心任务及分解的过程中,学习活动也就自然形成,学习活动就是不断深入解决问题的进阶设计。从"单元学习活动的持续进阶"这一视角来设计学习活动,把握学习活动的主线来设计整个单元的学习活动,就能达到能力培养持续进阶、不断提升的效果。

5. 评价多元,激励发展

针对具体的系列学习活动设计,从不同的视角设计相应的学习评估,以激励学生的学习过程持续进行,促进学生在物理学科上的学习发展。单元作业、单元资源在单元学习活动的设计过程中也自然形成,它们浑然一体、不可分割。

前三个步骤完成单元核心任务的确定,第四个步骤中的"设计学习活动"指向"单元学习活动的持续进阶",第五个步骤"评价多元,激励发展"指向"学习活动评价的多元视角"。需要特别强调的是,我们在实践中发现单元核心任务统领整个单元教学,是整个单元的灵魂和主线,它决定了整个单元学习活动如何推进和评价,即单元学习活动的持续进阶和多元评价视角应围绕单元核心任务来开展,将单元核心任务分解成若干个持续递进的子任务,学生完成子任务的学习过程就是持续进阶地达成单元学习目标的过程,多元评价也随之开展,这也是达成"教—学—评一致性"的重要保证,从而确保单元教学设计和实施真正落实。

四、案例列举

如何找到引领性的单元学习主题,从而设计出具有挑战性的单元核心任务并分解成不断推动、持续进阶的系列学习活动呢? 通过区域教学实践,我们归纳提炼出以下两个必要环节,并通过以下具体案例来阐述。

1. 单元核心任务要基于对课标和教材的深度理解和提炼

以上海科学技术出版社出版的《普通高中教科书 物理 必修 第二册》"第六章 万有引力定律"为例来阐述单元核心任务的确定和分解的全过程[①]。

(1) 提炼学科价值,指向育人目标

万有引力定律的发现过程蕴含着人类对科学本质的探索这一绝佳素材,对发展学生的科学态度与责任素养具有重要价值。牛顿力求探索自然界的统一法则,将天上和地上的引力统一,是物理学史上的第一次大综合。发现未知天体说明了科学定律的预测功能。综合运用万有引力定律和匀速圆周运动的知识计算第一宇宙速度,了解第二宇宙速度、第三宇宙速度,感悟人类探索太空的历程是科学促进技术进步的典型范例,激发学生学习物理的内在动机,体会科学发现对人类认识世界的作用。

(2) 研读课标,分析教材

万有引力定律属于必修 2"2.2 曲线运动与万有引力定律"这一主题。通过研读课标,我们梳理出几个必须关注的课程内容:

① 内容要求

> 2.2.4 通过史实,了解万有引力定律的发现过程。知道万有引力定律。认识发现万有引力定律的重要意义。认识科学定律对人类探索未知世界的作用。

---

① 本案例由上海市杨浦区教育学院高中物理团队设计,于 2021 年 3 月 30—4 月 2 日在教育部基础教育课程教材发展中心课程教材研究所举办的普通高中指向核心素养的深度学习教学改进项目第一期研修班上,由高中物理学科教研员周晓东作了案例分享交流。

例 3　通过发现海王星等事实，说明科学定律的作用。

例 4　以万有引力定律为例，了解统一性观念在科学认识中的重要意义。

2.2.5　会计算人造地球卫星的环绕速度。知道第二宇宙速度和第三宇宙速度。

例 5　了解牛顿力学对航天技术发展的重大贡献。

② 活动建议

观看有关人造地球卫星、神舟飞船、航天飞机、空间站的录像片，与同学交流观后感。收集我国和世界航天事业发展历史和前景的资料，写出调查报告。

③ 教学提示

引导学生关注物理学定律与航天技术等现代科技的联系，了解人类对宇宙天体的探索历程，从万有引力定律的普适性认识自然界的统一性。

④ 学业要求

能用万有引力定律分析简单的天体运动问题。能对关于引力的一些错误认识提出质疑。通过对行星运动规律的学习，认识到科学研究包含大胆的想象和创新，科学理论既具有相对稳定性，又是不断发展的，人类对自然的探索永无止境。具有探索自然、造福人类的意识。

在研读课标中"万有引力定律"课程内容的同时，也要研究教材中这一单元的编写意图、内容特色和知识逻辑结构。在这里，我们采用知识结构图的形式对该单元的内容进行分析提炼，如图 1-2 所示。此外，我们还对本单元知识形成过程中所运用的科学思想方法用椭圆形虚线框来呈现，突出了知识内容中所蕴含的科学思维方法，使教师在后续进行单元学习活动设计时能重点关注。

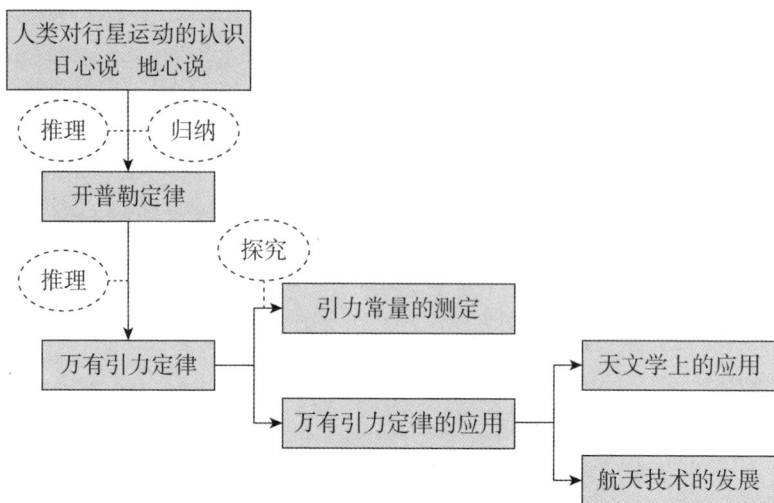

图 1-2

（3）制订单元学习目标，规划单元课时

以学生为主体进行学情分析，对单元内容与核心素养进行关联分析，从而确定单元学习目标。

① 单元内容分析

本单元出自上海科学技术出版社出版的《普通高中教科书　物理　必修　第二册》"第六章　万有引力定律"，是在牛顿运动定律和圆周运动的基础上，继续学习万有引力定律和天体运动的规律。在本单元中，学生将学习人类对行星运动规律的认识过程和牛顿建立万有引力定律的过程，体会科学思维中的模型建构、科学探究中的证据和解释等方法，进一步建立运动与相互作用观，学习科学家们坚持真理、探索创新的科学精神以及实事求是的科学态度与责任。

② 学情分析

学生通过对必修 1 和必修 2"第五章　曲线运动"的学习，已经初步掌握了如何对运动物体建立基本模型进行运动观测、受力分析，能运用科学思维进行分析，设计方案进行科学探究，初步建立了运动与相互作用观念。在本单元的学习中，要继续深化对运动与相互作用的理解，注重创设运用物理规律解释、解决天体运动问题的真实情境，注重运用运动与相互作用观念解决实际问题的素养培育。

③ 单元内容与核心素养的关联分析

"万有引力定律"单元内容与核心素养的关联分析见表1-1。

表1-1 "万有引力定律"单元内容与核心素养的关联分析

编号	核心内容	物理观念	科学思维	科学探究	科学态度与责任
1	万有引力定律的发现过程	◎	◎	○	●
2	万有引力定律	●	●	◎	○
3	环绕速度	◎	●	○	◎
4	第二宇宙速度、第三宇宙速度	○	◎	◎	○
单元学习价值	从万有引力定律的发现历程体会物理学中实验和理论推导的方法,以及化繁为简的研究方法。运用万有引力定律分析简单的天体运动问题,进一步建立运动与相互作用观。引导学生关注物理学定律与航天技术等现代科技的联系,从万有引力定律的普适性认识自然界的统一性。				

说明:"●"表示高相关,"◎"表示中相关,"○"表示低相关。

④ 撰写单元学习目标

通过回顾人类探索行星运动的历史,引导学生体会人类对自然界的探索精神,强化运动与相互作用观念。通过了解牛顿对"月球绕地球运动的力与使苹果下落的力是同一种力"的关联思考,引出发现万有引力定律的史实,使学生认识到科学研究包含了大胆的想象和创新。通过了解万有引力定律的发现过程,引导学生体会统一性观念在科学认识中的重要意义。通过运用万有引力定律计算天体质量、发现海王星等事实,引导学生体会科学定律的重要作用。通过介绍我国航天事业的发展,激发学生的爱国热情以及探索自然、造福人类的意识。

⑤ 规划单元课时

依据"第六章 万有引力定律"中"整章分析"的要求,同时考虑到在完成本单元的学习后、开启下一章"第七章 机械能守恒定律"学习前,应对学生进入高中以来所学习的运动和相互作用等知识进行梳理和提炼,帮助学生形成知识结构图,掌握分析各类物体运动的一般方法和规律。总之,完成本单元内容的学习共需要 5 课时。

（4）确定单元核心任务及分解

对于单元核心任务的建构,我们从课标和教材中寻找线索:课标中提出"通过史实,了解万有引力定律的发现过程",教材的章首图是我国"神舟十一号"飞船与"天宫二号"空间站对接过程的模拟图,第一节重点介绍了从古至今人类对天体运动的研究历程,第三节重点介绍了我国在人造卫星、载人航天、深空探测等航天事业方面取得的辉煌成就。教材编写的思路是:通过了解人类探索行星运动规律的历史和万有引力的发现过程,认识发现万有引力定律的重要意义及科学定律对人类探索未知世界的作用;以"神舟十一号"飞船作为本章情境,充分体现万有引力定律的发现是物理学发展史上的重大成就,是人类探索宇宙历程中的伟大基石。

我们再把目光投向了我国古代的神话故事——嫦娥奔月,它反映了我国古代人民对月亮的美好想象和向往,这也是我国把探月工程命名为"嫦娥探月工程"的缘由。古有"嫦娥奔月",今有"嫦娥探月",通过科技兴国,我们把古人美好的愿望变成了现实,这也是鼓励学生学好物理、投身科技事业、报效祖国的生动教育素材。

① 确定单元核心任务

从我国古代"嫦娥奔月"的神话故事到"嫦娥五号"的探月之旅,循着古代中外历史上人类探索太空中行星运动奥秘的足迹,了解人类对行星运动规律的认识过程和牛顿建立万有引力定律的过程。培养学生科学思维中模型建构、科学探究中证据和解释等素养,进一步加强运动与相互作用观念;通过了解科学家们坚持真理、探索创新的科学精神,树立实事求是的科学态度与责任;通过了解我国现代太空探索计划,树立学习物理、探索宇宙、投身祖国国防科技事业的信念和理想。

② 布置单元核心任务

观看"嫦娥五号"专题纪录片,通过问题链串联整个单元的学习内容,引导学生组建学习小组,查找"嫦娥五号"从探测器发射入轨到返回器再入大气层回收全程 11 个阶段的飞行数据(见图 1-3),运用本单元学习的知识进行解释和交流。在本单元学习结束时,各小组完成一篇微报告(可以重点研究"嫦娥五号"飞行中的某个阶段,根据数据作出分析和解释)。

发射入轨 → 地月转移 → 近月制动 → 环月飞行 → 着陆下降 → 月面工作 →

月面上升 → 交会对接与样品转移 → 环月等待 → 月地转移 → 再入回收

图 1-3

③ 分解单元核心任务

将"嫦娥五号"的 11 个飞行阶段与教材中的每一节相对应,我们找到了几个串接的问题:"'长征五号'运载火箭动力助推的作用是什么?""飞出地球的束缚需要多大的速度?""关键刹车——近月制动的作用是什么?""如何估算月球的质量?""人类为什么要登月?"在此基础上,我们将核心任务分解成 4 个子任务,每个子任务对应的教学内容和课时安排也就同步形成,如表 1-2 所示。

表 1-2　单元核心任务及分解

单元核心任务	子任务	教学内容	课时安排
从"嫦娥奔月"到"嫦娥探月"	人类早期对行星运动规律的研究	开普勒三定律	1
	万有引力定律的建立过程	万有引力定律	1
	万有引力定律的应用	天体运动的研究、卫星的速度	2
	研究各种物体的运动	运动与相互作用的关系	1

2. 单元核心任务要基于对素养培育的深度挖掘和落实

下面以"磁场"单元为例就如何从素养培育的深度挖掘和落实的角度对单元核心任务进行确定和分解进行阐述[1]。

"磁场"单元出自上海科学技术出版社出版的《普通高中教科书　物理　选择性

---

[1]　本案例由上海市杨浦区教育学院高中物理团队设计,于 2021 年 8 月 19—21 日在教育部基础教育课程教材发展中心课程教材研究所举办的普通高中指向核心素养的深度学习教学改进项目第二期研修班上,由高中物理学科教研员周晓东作了案例分享交流。

必修 第二册》"第五章 磁场"。在对课标和教材进行深度研读分析的基础上,我们提炼出本单元的学习价值:在磁场这一情境下,在必修 3"电磁场知识初步"的基础上进一步认识磁场与通电导线、带电粒子间的相互作用,逐步形成有关磁场的物质观念、运动与相互作用观念。这也是后续学习电磁感应及其应用的基础。通过本单元的学习,学生能判断安培力的方向,会计算安培力的大小;了解安培力在生产生活中的主要应用;能判断洛伦兹力的方向,会计算洛伦兹力的大小;能用洛伦兹力分析带电粒子在匀强磁场中的圆周运动;了解带电粒子在匀强磁场中的偏转及其应用。

与上面"万有引力定律"单元一样,我们采用知识结构图的形式梳理出学生已有的学习基础和本单元学习所面临的挑战,如图 1-4 所示。此外,我们还重点呈现了对研究方法的思考和提炼,以及对"场"这一物质的描述。

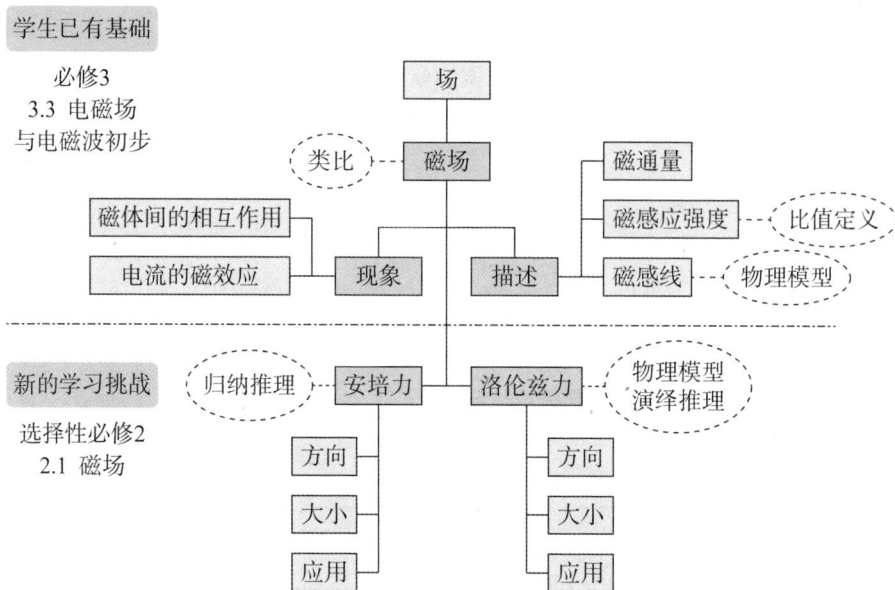

图 1-4

对本单元的核心素养培育,我们从物理观念、科学思维、科学探究和科学态度与责任四个方面进行了分析、解构。

【物理观念】认识安培力和洛伦兹力,了解它们在生产生活中的应用,建立磁场的物质观和相互作用观。

【科学思维】经历模型建构、归纳推理、演绎推理等思维过程,认识通电导线、运动电荷在磁场中所受的力的大小和方向。

【科学探究】通过实验探究安培力、磁感应强度和电流三者方向之间的关系,通过实验观察洛伦兹力的方向,经历科学探究过程。

【科学态度与责任】通过对是否需要建造加速器问题的调查研究,认识科学和社会的关系,形成实事求是的科学态度,知道科技发展对生产生活的巨大推动作用。

在此基础上,我们确定本单元的核心任务是探究磁场中的运动。首先,通过对电磁炮和电动机的探究,认识安培力——磁场对通电导线的作用;通过实验探究安培力的大小和方向;通过动手制作简易电动机,了解安培力在生产生活中的应用。其次,通过对极光这一天文现象的探秘,认识磁场对带电粒子的作用;通过实验观察和推理论证,探究洛伦兹力的方向和大小。最后,通过对中国是否需要建造环形正负电子对撞机(CEPC)问题的调查研究,认识科学和社会的关系,体会科学技术对社会发展的意义。表1-3是该单元的单元核心任务及分解,具体到课时和对应的教学内容。

表1-3　单元核心任务及分解

单元核心任务	子任务	教学内容	课时安排
探究磁场中的运动	探秘电磁炮	安培力	1
	制作直流电动机	安培力在生产生活中的应用	1
	揭秘极光	洛伦兹力	2
	调研CEPC之争	① 带电粒子在匀强磁场中的圆周运动 ② 质谱仪与回旋加速器的原理	3

我们从素养培育的角度深度挖掘每一个子任务的设计思路和意图,使每一个子任务不仅推动了学科知识内容的学习,而且能有效地指向素养培育的目标和落实。表1-4呈现的就是"磁场"单元教学中各子任务的重点活动以及所对应的设

计思路和意图[1],它清晰地展示了各子任务对学生素养培育的目标和落实。

表1-4　"磁场"单元教学中各子任务的重点活动以及所对应的设计思路和意图

子任务	重点活动	设计思路和意图
任务一 探秘电磁炮	1. 实验演示:电磁炮的发射。引导学生思考电磁炮弹强大的动能是靠什么推动而获得的。	通过对电磁炮的研究,引导学生观察、分析物理现象,从物理视角分析问题,从实际情境中获取和处理信息。
	2. 分析讨论:观察电磁炮的结构,分析讨论电磁炮的动力学原因。知道通电导线在磁场中会受到力的作用。	
	3. 学生实验:探究安培力方向与磁场方向、电流方向之间的关系。体验三维立体空间的方位感,学会识别立体的三视图和绘制平面图。	从实际情境中将主要问题抽离出来,引导学生构建物理模型,获取证据、解决问题,体验学习的挑战和乐趣。
	4. 归纳提炼:安培力方向与磁场方向、电流方向有固定的对应关系,进一步学习三者方向的判断和记忆法则——左手定则。	
	5. 学生实验:探究安培力大小与电流、导线长度的定量关系。设计实验方案,记录实验数据,归纳实验结论。	经历提出假设、设计方案、实验操作、交流解释的过程,通过讨论、协作增加团队意识。通过设计对应的评价量表,引导学生在交流过程中进行自我评价和小组互评,对实验过程作出过程性评价。
任务二 制作直流电动机	1. 自主活动:观察教学演示用大型磁电式电流表的结构组成,运用所学的力矩、安培力等相关知识分析其工作原理。同时为后续进一步研究电动机中线圈持续转动作铺垫。	对物理问题进行分析、推理并作出解释,体会物理规律的应用。

---

①　"磁场"单元教学由上海交通大学附属中学周之翌、陈暄、胡名翔、刘一波四位老师合作设计和实施。

（续表）

子任务	重点活动	设计思路和意图
任务二 制作直流电动机	2. 观察分析:拆解一个小型电动机模型,结合说明书,画出电动机草图,了解其基本的工作原理。	通过学生自主设计,选用合适的器材来实现电动机的功能。体会物理知识在生产实践中的应用。经历科学探究过程,用学过的物理知识进行实践探索。
	3. 动手实践:提供铜丝、直流电源、蹄形磁铁,动手制作线圈——自制简易直流电动机。通过观察通电线圈不能持续转动而只能在磁场中来回摆动,进一步提出换向器的作用。	
	4. 展示交流:各组展示自制直流电动机,交流制作体会和感悟。介绍电动机在生活中的各类应用。	
任务三 揭秘极光	1. 播放视频:观看视频"极光",回忆地理课学过的知识,通过讨论,了解极光是由于磁场对运动的带电粒子的作用产生的。引出洛伦兹力。	从自然现象出发,建立物理与自然的联系,引发学生探索自然奥秘、解释自然现象的兴趣。从地磁场中的极光现象出发,通过观察、分析、类比引出洛伦兹力的概念。
	2. 演示实验:电子束(阴极射线)在磁场中的偏转。观察现象,思考洛伦兹力与安培力的关系,通过电流的微观模型,从安培力的方向推导出洛伦兹力的方向。	通过逻辑推理进行假设,建立物理模型,用实验完成科学探究过程。
	3. 演绎推导:通过电流的微观模型,从安培力的表达式演绎推导得出洛伦兹力的表达式。	通过模型建构、科学推理、科学论证,获得结论。
	4. 交流讨论:查阅资料,结合所学内容,解释极光只能在地球两极附近被观测到的原因。	利用所学知识解释现象、解决问题,培养严谨求真的科学态度与责任。

（续表）

子任务	重点活动	设计思路和意图
任务四 调研 CEPC 之争	1. 演示实验:用洛仑兹力演示仪分别观察在无磁场和有匀强磁场时电子束的运动径迹。	理论与实验相结合,体会逻辑推理在科学探究中的重要作用,进一步深化磁场中的运动与相互作用观念。
	2. 理论分析:论证带电粒子在匀强磁场中做匀速圆周运动,并推导带电粒子做圆周运动的半径和周期公式。	
	3. 实例分析:阅读质谱仪的相关材料,了解质谱仪测定粒子质量的原理。	培养从资料中获取信息的能力,将实际问题中的对象和过程抽象成所学的物理模型。通过资料调研和讨论,引导学生树立正确的科学观,认识科学和社会发展之间的关系。
	4. 小组讨论:观看视频和资料文本,了解回旋加速器的用途和基本结构,了解 CEPC 争论的焦点。	
	5. 课题报告:课后完成一份有关 CEPC 的调查研究报告。	

第二节　设计单元学习活动

一、实践初探

以往的课堂教学一般以课时设计为主,不论是平时的家常课还是各级各类教学大奖赛的展示课,都是在一节课里进行各种学生活动的设计和实施。《新课标》提出:"学科核心素养是学科育人价值的集中体现,是学生通过学科学习而逐步形成的正确价值观、必备品格和关键能力。物理学科核心素养主要包括'物理观念''科学思维''科学探究''科学态度与责任'四个方面。"可见,素养的培育需要循序渐进、逐步提升,而以课时为单位的教学设计难以有效落实物理学科核心素养的培育目标。

单元是依据课程标准或课程纲要,围绕主题或活动等选择学习材料并进行结构化组织的学习单位。单元教学设计是课程实施者分解、传递和落实课程目标的关键一环,是确定单元内所有课时目标、优化和重组各教学要素的主要手段,是对教学内容做"结构化"处理的主要抓手。单元教学设计和实施应体现以单元为单位的学习内容整体化、结构化、去碎片化和对学生素养培育的持续性与进阶性,即单元的学习活动应紧扣单元核心知识,注重单元学习内容间的内在逻辑关联,使学生能融会贯通地运用学习的知识解释简单的自然现象,解决比较容易的物理问题。

但在区域实践初始,我们发现教师在进行单元学习活动的设计和实施过程中,容易陷入以下误区。

1. 单元学习活动盲目拔高要求,无法真正实施

可能是试图体现单元核心任务之重要,有些教师在进行单元学习活动设计时,多个子任务中对应的单元学习活动都是制作类的,在有限的课时和中学实验室的条件下根本无法完成。比如,在选择性必修 2"第七章 电磁感应定律的应用"中设计了"设计和制作交流发电机""制作变压器"等设计制作类的学生活动。而课程标准对这两个内容的要求是:"2.2.4 通过实验,认识交变电流。能用公式和图像描述正弦交变电流";"2.2.5 通过实验,探究并了解变压器原、副线圈电压与匝数的关系。知道远距离输电时通常采用高压输电的原因"。可见,这些学习活动的设计远超课程标准的要求,且在尚未开展相关内容的学习时就要求学生设计和制作较为繁复的电学设备,不符合学生的认知规律。

2. 单元学习活动只是课时活动的堆砌,缺少内在关联

如果教师在进行单元学习活动设计时没有改变原有的堆砌活动的"设计思维惯性",只是将原来每一课时的学习活动拼凑在一起,那仍旧是碎片化的知识的堆砌,缺少对单元中各知识内容间内在联系的挖掘和呈现,单元核心任务没有起到统领整个单元学习的作用,各子任务间没有承接、递进、提高的作用。比如,在必修 1"第一章 运动的描述"中将单元核心任务设计为"利用传感器及电动汽车模型获得做直线运动的汽车的启动、行驶、制动的 $x-t$ 图像及 $v-t$ 图像,并能从 $x-t$ 图像及 $v-t$ 图像中分析物体在各阶段的物理量",表 1 − 5 是根据这个单元核心任务分解子任务并进行的活动设计。

表1-5 单元核心任务分解及对应的重点活动

单元核心任务分解	重点活动
初步学会建立物理模型	1. 情景引入:鸟儿飞翔时,各个部位的运动情况是否一样? 如果研究从哪里飞到哪里时,可以把它看成一个点吗?
	2. 分析讨论:列出一些具体的运动情景,讨论哪些情景中的运动物体可以用一个点来代替。
	3. 理论分析:运动的物体可以用一个点来代替时,应符合哪些条件?
	4. 实例分析:火车在过桥时能否被看成一个点? 在研究从上海站到乌鲁木齐站的路程时,火车能否被看成一个点?
	5. 实例分析:"香蕉球""繁化曲线"等模型中运动物体各点的轨迹。
	6. 理论推导:归纳运动物体可以被看作"点"的条件,引出理想模型的概念,建立质点的概念。
会用分体式位移传感器测量直线运动的位移大小	1. 情景引入:由越野车的车辙复习机械运动的概念,能区分"时间"与"时刻"的不同概念,知道在时间轴上的表示。
	2. 情景引入:由课本中甲地到乙地的四种不同的交通路线选择,会用平面直角坐标系描述位置及位置变化。
	3. 分析讨论:分析四种不同交通路线选择下物理量的异同。
	4. 整理归纳:理解路程和位移都是描述物体运动的物理量,了解矢量和标量。
	5. 实例分析:描述游泳运动员比赛时的位置变化情况,分别计算路程和位移,会用直线坐标轴描述直线运动。
	6. 自主活动:学会用分体式位移传感器测量做直线运动的物体的位移大小。
	7. 归纳小结:知道文字叙述、数学解析、图像描绘是表述物理规律的三种常用方法。
利用实验器材,测量变速运动物体在某一位置的瞬时速度	1. 自主活动:分别得到不同物体的 x-t 图像,分析比较处于静止、匀速运动、变速运动等状态的物体的 x-t 图像。
	2. 复习思考:回顾初中的速度定义,思考如果物体运动快慢一样,但是沿不同轨迹,位置变化情况是否相同。

（续表）

单元核心任务分解	重点活动
利用实验器材,测量变速运动物体在某一位置的瞬时速度	3. 归纳小结:理解位置变化情况即运动快慢,也与运动方向有关;速度有方向,用位移与时间的比值定义。
	4. 回忆思考:比较 $x-t$ 图像上两条不同倾斜程度的直线,分析异同点,得出 $x-t$ 图像中图线的斜率表示速度。
	5. 思考交流:分析变速直线运动的 $x-t$ 图像中,如何表示一段时间的平均速度及某一时刻的瞬时速度?
	6. 归纳小结:在 $x-t$ 图像中认识瞬时速度的概念,体会"无限逼近"的物理思想。
	7. 活动交流:设计测量变速运动中某一点的瞬时速度的方案,分小组讨论交流。
	8. 操作实验:利用光电门传感器测量变速运动中某一点的瞬时速度,完成实验报告。
分析跳伞运动员下落过程的 $v-t$ 图像,体会加速度发生变化的情况	1. 情景引入:分析一组运动物体,分别比较各自的速度、速度变化量、速度变化快慢的情况。
	2. 引导思考:如何描述做变速直线运动的物体速度变化的快慢,得到加速度的定义式?
	3. 交流讨论:分析比较加速度、速度、速度变化量、速度变化率之间的关系,得出相关的结论。
	4. 观察交流:通过实验演示得到做变速直线运动物体的 $v-t$ 图像,并在 $v-t$ 图像中分析可得到的物理信息。
	5. 分组讨论:如果只给出加速度的大小,物体速度变化的情况是否相同? 引出加速度的方向性特点。
	6. 活动思考:作出不同情况下物体的速度变化图像,思考如何利用作图法描述速度变化量,归纳加速度的方向特点。

将这些单元学习活动拆分放在对应的每一课时中都有其可取之处,有情景、探究、应用等重要环节,但将这些活动放在一起就会发现问题:在这个单元中研究了很多物体的运动情况,研究对象在不断地变换,这么多活动之间没有联系,没有

一条主线能将它们串接起来。

3. 单元学习活动只有知识内容的教学设计,缺少素养培育

单元学习活动中只有知识内容的教学设计,所有活动都围绕知识的学习展开,甚至所谓的学习活动就是知识的传授,没有基于素养培育的设计视角,没有素养培育的手段和方法。比如,对于必修1"第四章　牛顿运动定律",单元学习活动的设计流程为:

(1)力和运动专题　力和运动关系的探索历程→伽利略的斜面理想实验→牛顿第一定律→惯性→牛顿第一定律的运用→实验探究加速度与作用力、质量的关系→牛顿第二定律;

(2)相互作用专题　作用力和反作用力→牛顿第三定律→DIS 验证牛顿第三定律;

(3)牛顿定律的应用专题　国际单位制→已知物体的受力情况求物体的运动情况→已知物体的运动情况求物体的受力情况→失重、超重问题。

整个单元学习活动涵盖了牛顿运动定律的全部内容,但没有对牛顿运动定律中所蕴含的科学推理、科学论证、质疑创新、问题、证据、解释、交流等素养要素进行提炼,缺少建构运动与相互作用观念的培养路径和方法,更没有对学生科学态度与责任的培养环节。

4. 单元学习活动设计与课堂实践脱节,课堂上"不按剧本演出"

还有一种较为常见的情况是,单元学习活动设计文本写得非常好,紧扣单元核心任务,将单元教学设计的理念融入单元教学设计中,让人对课堂教学实施的开展和达到的教学效果非常期待,但在课堂上却不按设计进行教学,仍旧按照原有的教学方式和内容展开,文本仅停留在设计环节。这类"纸上谈兵"式的单元学习活动设计没有经历真实的实施过程,不具备可研究和可推广的价值。

二、破解之道

单元学习活动的持续进阶,需要教师在进行单元学习活动设计时严格围绕本单元的核心任务展开,确定单元学习目标是培养核心素养的哪个或哪几个方面,

决不能求全求多。然后基于这个学习目标进行逆向设计,从想要达到的学习结果开始逆向思考,思考学生为了达到学习目标,需要哪些学习支架、经历哪些学习过程,使单元内的系列学习活动能真正聚焦素养培育的持续提升。

单元学习活动如何才能有序开展,围绕核心任务逐步递进以实现对素养培育的持续进阶呢?这就需要设计者有一个主旨贯穿在整个单元设计之中,就像古典名著《红楼梦》的写作特点那样——草蛇灰线、伏脉千里,确保学生经历的系列学习活动围绕核心任务展开,通过单元整体设计单元内的全部学习活动甚至跨单元整合重构,对核心素养进行持续进阶的培育。

单元学习活动围绕单元核心任务展开,应遵循"两条主线、明暗并行、素养提升、持续进阶"的设计思路。两条主线一明一暗,明线是单元核心知识的学习,暗线是素养培育,两条主线并行,并无主次之分。对单元核心知识进行梳理和提炼,形成单元知识结构图,统领整个单元知识内容的学习持续推进。这是教师们比较熟悉,也较容易理解和实施的一条明线,在教学过程中较容易观察和评估。把素养培育称为暗线并不是说它不重要,而是指素养培育应潜移默化、和风细雨、"润物细无声"地进行,如果过度强调素养容易陷入"贴标签、唱高调"的误区。有些单元设计里到处都是"素养"的表述,但设计的活动并不能真正落实素养的培育,流于形式,这样的单元设计经不起课堂实践,如果用它来指导上课,会发现根本没法按"剧本"开展。

为了实现学习活动的持续进阶,我们进行了大量的单元设计实践,如必修 2 "第六章 万有引力定律"、必修 3 "第十章 电路及其应用"、选择性必修 1 "第四章 光"、选择性必修 2 "第七章 电磁感应定律的应用"等,总结出了两条破解方法。

1. 围绕物理观念、科学思维、科学探究、科学态度与责任等中的一两个素养目标精心设计和实施学习活动。也就是说,应该依据单元学习目标中的素养培育目标,进行相对应的学习活动的设计和实施,而不是先设计一大堆学生活动和实验,再去挖掘素养培育目标和方法。

2. 深入挖掘学生实验能力的持续进阶培养。实验能力的培育也应遵循循序渐进的培养原则,将单元内的学生实验、演示实验、自主活动等串成一个活动链系列。

每一个学习活动就像一颗珍珠，分散在单元内的每一课时中，单独完成时也具有其相应的学习目标和学习要求。但当把它们在一个单元内串接起来时，就能形成一串光彩夺目的珍珠项链，可以实现素养持续进阶的培育目标。

三、案例列举

下面以两个具体案例为例说明如何进行整体化和连贯性的单元学习活动设计，将单元核心知识作为明线、素养培育作为暗线，使单元学习活动前后呼应，有序推进，来达成素养培育的持续提升。

1. "万有引力定律"单元素养培育的持续进阶——认识物理模型在探索自然规律中的作用

在"万有引力定律"单元中，学生将综合运用前面学过的运动学、动力学等知识解决天体运动问题。在完成单元核心任务的建构与分解后，我们在设计本单元的系列学习活动时，除了确定本单元的核心知识主线（详见第一节）外，还确定了一条暗线——通过古今中外一系列天体运动的模型建构引导学生运用科学思维方法进行科学探究，寻找证据、作出解释，在原有基础上进一步强化运动与相互作用观念，体会人类对自然规律的探索历程。这条暗线是本单元素养培育的目标，贯穿整个单元的学习，通过整体设计的系列单元学习活动进阶来逐步实施。

为什么"万有引力定律"这个单元的系列学习活动要围绕"古今中外一系列天体运动的模型建构"进行设计呢？从科学发展史来看，人类对宇宙天体运动的认识过程经历了漫长的历史发展阶段。从古希腊到古代中国，人们基于最朴素的自然哲学思想，对宇宙中各类天体运行进行了长期的观察，归纳提炼观测数据，建立了各种模型来解释天体运行的规律。比如，"地心说"就是基于人类站在地球表面对地球周围的天体进行观测而提出的模型，它能很好地解释在地球上观测到的太阳、月球的运转情况。当人类的观测不断深入宇宙更深处，观测到有些行星的逆行现象，原有的理论不能很好地进行解释，于是托勒密就提出了以地球为中心的本轮和均轮的模型。但一个本轮和一个均轮还不能十分准确地解释行星的运行，为了使观测结果与这个模型更好地匹配，每一个行星还得加轮子来修正。当"轮上轮"的总数达到 80 多个且不得不引入"偏心点"和"偏心等距点"等复杂的概念时,新的模型就"呼之欲出"了。哥白尼坚信宇宙的简洁、和谐,提出行星和地球绕太阳做匀速圆周运动的"日心说"模型。而开普勒基于第谷多年观测数据的提炼提出开普勒三大行星运动定律,证明了哥白尼理论的正确性并奠定了牛顿万有引力定律的基础。万有引力定律的形成过程就是人类对科学不懈追求的艰难探索历程,用一个又一个模型来解释观测到的各种天文现象,不断推动对宇宙天体运行的原理探索。学生结合匀速圆周运动的受力特征并运用万有引力定律来"称量"各种天体的质量,理解"称量"地球质量和太阳质量的不同模型背后的原理,运用万有引力定律发现新的天体的科学发展史实,推导第一宇宙速度并了解第二宇宙速度、第三宇宙速度,从"嫦娥五号"飞行数据中获取地球、月球运行的各类数据……所有这些问题的解决都需要万有引力提供天体做圆周运动的向心力这一模型。因此,这个单元的系列学习活动用科学思维中的"模型建构"作为暗线来串接各知识内容就再合适不过了。

表 1-6 呈现了"万有引力定律"单元的系列活动[①]。我们从表中可以清晰地看出,整个单元中学习活动如何持续进阶地设计和实施,对应的素养培育如何持续进阶地推进和落实。

表 1-6 "万有引力定律"单元的系列活动

课时	持续进阶的学习活动	持续进阶的素养培育
第 1 课时	任务布置:从"嫦娥奔月"神话到"嫦娥探月工程",学生组建学习小组,查找"嫦娥五号"从发射入轨到返回器再入回收全程的 11 个阶段飞行数据,运用本单元学习的知识进行解释和交流。在本单元学习结束时,各小组完成一篇微报告(可以重点研究"嫦娥五号"飞行中的某个阶段,根据数据作出分析和解释)。	√ 科学思维:模型建构、科学论证。 √ 科学探究:问题、证据、解释、交流。 √ 科学态度与责任:科学态度、社会责任。

① "万有引力定律"单元教学设计由上海交通大学附属中学胡名翔、同济大学第一附属中学鲁丹枫、上海市市东实验学校(上海市市东中学)何颖垚、复旦大学附属中学张楠、上海市控江中学刘宗民等 5 位老师合作完成。其中,第 5 课时由何颖垚、刘宗民两位老师分别进行了同课异构。

课时	持续进阶的学习活动	持续进阶的素养培育
第1课时	交流思考：交流对"地心说"和"日心说"这两种重要学说的认识，在教师引导下观察行星逆行及不同视角下观测天体的运动，思考为什么"地心说"先于"日心说"被人们接受及人们为什么最终接受了"日心说"。	✓ 科学思维：模型建构、科学推理、质疑创新。 ✓ 科学探究：问题、解释、交流。 ✓ 科学态度与责任：科学本质。
	探究实践：绘制不同偏心率的椭圆轨迹，观察地球绕太阳运行分别在近日点、远日点的运动快慢变化以及运用Excel、几何画板等现代计算机技术手段定量分析太阳系行星轨道半长轴与周期的关系，了解开普勒行星运动三定律。	✓ 物理观念：运动与相互作用观念。 ✓ 科学思维：模型建构、科学论证。 ✓ 科学探究：问题、证据、解释。 ✓ 科学态度与责任：科学态度。
第2课时	思考推演：思考情境"从苹果到月亮"，提出"使苹果向地面下落的力是不是也同样使月球向地球下落？"，从平抛运动的规律推演到匀速圆周运动的规律，把地上的运动与天上的运动统一起来。	✓ 物理观念：运动与相互作用观。 ✓ 科学思维：模型建构、科学推理。 ✓ 科学态度与责任：科学本质。
	演绎推理：通过假设、演绎、分析、推理等方法，经历从行星运动规律到万有引力定律的建立过程，得出万有引力定律。感受牛顿力求探索自然界物理法则的统一思想。	✓ 科学思维：模型建构、科学推理、科学论证。 ✓ 科学态度与责任：科学本质、科学态度。
	观看交流：介绍卡文迪什扭秤实验的设计，如何将物体间的微小力显示并测量出来，体会物理实验在物理定律建立过程中的重要性和实验中微小量放大的科学方法。	✓ 科学探究：问题、证据、解释。 ✓ 科学态度与责任：科学态度。

（续表）

课时	持续进阶的学习活动	持续进阶的素养培育
第3课时	问题解决:从教材中"嫦娥四号"月球软着陆的情境入手尝试运用万有引力定律解决天体运行的各类实际问题。从"称量"地球质量入手建立、比较不同的物理模型的适用范围,进一步解决"称量"太阳质量的问题。从"嫦娥五号"飞行数据中选取有用的信息"称量"月球质量,应用所学的知识对真实的天体质量进行求解。	✓ 物理观念:运动与相互作用观念。 ✓ 科学思维:模型建构、质疑创新。 ✓ 科学探究:问题、证据、解释。 ✓ 科学态度与责任:科学本质。
	阅读交流:了解万有引力定律在预测哈雷彗星的回归、预言并发现海王星等天文学上的贡献,体会万有引力定律的伟大科学成就,进一步建立运动与相互作用观念。	✓ 物理观念:运动与相互作用观念。 ✓ 科学思维:模型建构、质疑创新。 ✓ 科学态度与责任:科学态度。
第4课时	理解分析:从万户"飞天逐梦"尝试用火箭飞天的故事开始,应用万有引力定律和上一节课建立的模型计算人造地球卫星环绕地球飞行的速度。从行星绕日飞行的周期数据入手理解地球同步卫星、北斗卫星导航系统的特征和原理,进而理解第一宇宙速度。	✓ 科学思维:模型建构、科学推理、科学论证。 ✓ 科学态度与责任:科学态度。
	阅读交流:思考"如何把卫星发射升空?",阅读材料,了解第二宇宙速度、第三宇宙速度的含义和区别。介绍"嫦娥五号"月球取土的11个环节,感悟我国航天技术的高速发展,学习为我国航天事业作出重大贡献的科学家的事迹。	✓ 科学思维:模型建构、科学推理。 ✓ 科学态度与责任:社会责任。
第5课时	观念形成:学生思考已经学过的各种运动,如匀速直线运动、匀加速直线运动、匀速圆周运动、竖直上抛运动、平抛运动等。在"分门别类""追本溯源"环节,对这些运动进行分类并讨论分类的依据,引出物体运动和物体受力之间的内在关系。在"应用明理""拓展视野"环节,观察、思考、建模,解决真实问题,进一步建立运动与相互作用观念。	✓ 物理观念:运动与相互作用观念。 ✓ 科学思维:模型建构、科学推理、科学论证。 ✓ 科学态度与责任:科学本质、科学态度。

2."加速度计的制作"实验大单元素养培育的持续进阶——基于科学探究的实验能力提升

物理学科属于自然科学领域的一门基础学科,《新课标》中对"课程性质"的表述是:"物理学基于观察与实验,建构物理模型,应用数学等工具,通过科学推理和论证,形成系统的研究方法和理论体系。"相比上海"二期课改"(上海市中小学课程教材改革第二期工程的简称)教材,新教材除增加了多个学生实验外,还提出了"科学探究"这一素养,明确指出学生应"具有科学探究意识,能在观察和实验中发现问题、提出合理猜想与假设;具有设计探究方案和获取证据的能力,能正确实施探究方案,使用不同方法和手段分析、处理信息,描述并解释探究结果和变化趋势;具有交流的意愿与能力,能准确表述、评估和反思探究过程与结果"。

科学探究素养的培育需要深挖每一个实验所蕴含的科学探究素养要素,并思考如何持续进阶式地提升。在教学实践中,我们尝试以科学探究能力培育为目标的实验大单元来进行实验能力的持续培育。在单元设计中,我们打破教材中自然章的界限,引导学生通过精心设计、立足素养培育的系列实验,逐渐形成物质、运动与相互作用、能量等物理观念,在实验探究中引导学生运用科学思维理解所学的物理概念和规律,正确地从物理学视角解释自然现象和解决真实问题,树立严谨求真的科学态度。

以沪科技版教材高中物理必修1为例,这册教材注重在机械运动情境下培养学生的运动与相互作用观念,根据必修1中所学的模型特点,从多个角度创设情境,分析自然与生活中的简单物理问题。其中,"第四章 牛顿运动定律"是牛顿力学的核心,是学生形成"运动与相互作用观念"的关键,是进一步学习其他内容的基础。学生通过必修1的学习,在"第四章 牛顿运动定律"中要完成一个学期活动:设计并制作一个能动态显示加速度大小的加速度计。这是一个制作活动,要求设计并制作一个可以用于实际测量的加速度计。

学期活动：设计并制作一个能动态显示加速度大小的加速度计

交通工具的加速度过大会引起乘客的不适，甚至会造成安全事故。如何测量加速度？以地铁加速出站、减速进站或竖直升降电梯的升降为场景，根据牛顿第二定律设计一个置于地铁或电梯内能测量加速度的装置——加速度计。以小组为单位制作实物，撰写配套的操作说明书。

活动要求：

（1）说明测量地铁或电梯加速度的原理。

（2）根据所选场景的需要，设计制作加速度计的方案。说明使用的主要器材和配件，画出加速度计的结构示意图。

（3）制作加速度计。

（4）分别用制作的加速度计测量地铁或电梯升降的加速度。

（5）根据实际测量的过程和数据，对制作的加速度计进行评价，提出改进措施。

（6）撰写操作说明书，进行实物展示和交流。

（7）在制作与测量过程中注意安全。

学期活动是沪科技版教材的一大特色，通过学期活动来对学生素养能力进行持续培育。上海市控江中学张昊旻老师和上海交通大学附属中学周之翌老师对这一学期活动进行打破自然章、重组必修1整册实验教学要求的大单元整合，运用同单元异构的形式，设计并实施了"运动和相互作用"实验大单元。两位教师通力合作，较为全面地呈现了这个学期活动的实施过程。学生在课内外进行了各种实验，收获了很多有价值、有乐趣、有感悟的宝贵经验。

表1-7是"运动和相互作用"实验大单元知识内容和实验能力培育的持续进阶。

表1-7　"运动和相互作用"实验大单元知识内容和实验能力培育的持续进阶

必修1	知识内容	实验能力
第一章　运动的描述	理解加速度，经历建构加速度这一重要物理概念的过程。体会物理问题研究中的极限方法和抽象思维方法。	了解测量加速度这一物理量的方法。会用DIS测量运动物体的加速度。

（续表）

必修 1	知识内容	实验能力
第二章　匀变速直线运动	能用公式、图像等方法描述匀变速直线运动，理解匀变速直线运动的规律，能运用其解决实际问题。	通过实验，探究匀变速直线运动的特点。学习如何定量描述生活中物体运动的方法。
第三章　相互作用与力的平衡	认识重力、弹力与摩擦力。通过实验，了解胡克定律。知道滑动摩擦和静摩擦现象，能用动摩擦因数计算滑动摩擦力的大小。知道矢量和标量。能用共点力的平衡条件分析生产生活中的问题。	通过实验，了解胡克定律。通过实验，了解力的合成与分解。通过探究物体间相互作用的实验，运用控制变量等研究方法设计实验方案，学会分析和处理实验数据的方法，提高科学探究能力。
第四章　牛顿运动定律	理解牛顿运动定律，能用牛顿运动定律解释生产生活中的有关现象，解决有关问题。	通过实验，探究物体运动的加速度与物体受力、物体质量的关系。明确科学探究实验所要解决的问题，知道制订实验方案是重要的，有控制变量的意识。会使用基本的力学实验器材获取数据，能用物理图像描述实验数据，能根据数据得出实验结论，知道实验存在误差。能表达科学探究的过程和结果。
学期活动：设计并制作一个能动态显示加速度大小的加速度计	制作加速度计作为必修 1 整册教材的学期活动，需要学生整合这一个学期学习的全部物理知识，是整个必修 1 四个单元内容的整合。	制作加速度计的最终要求是生产一个可用于实际测量的产品。需要在明确测量原理的基础上，自行选择合适的材料，考虑如何定标、动手制作、分析误差、撰写报告、给出使用说明等，对高一学生而言极具挑战性，需要小组分工协作，经历较长的周期完成。

　　学期活动"设计并制作一个能动态显示加速度大小的加速度计"，是这册教材的"收官"之作，而且要求加速度的测量值能动态显示。这已经超出了一般学生实验的要求，是引导学生运用学过的物理知识解决实际问题，对学过的物理模型进

行实际应用并转化为实体产品的升华,是整个高一年级第一学期物理学习的最高潮。完成这个学期活动,学生需要调动这学期学过的全部知识和实验技能,比如知道什么是加速度、如何测量加速度、如何搭建实验装置、如何显示加速度值等,这也是把这个设计制作环节放在整册教材最后作为学期活动的原因。

需要指出的是,虽然这是一个学期活动,但并不意味着必须到第四章教学结束时才布置这个任务,可以在必修 1 开始学习时就布置相关任务,让学生在学习必修 1 整本教材的过程中不断地积累实验方面的知识与技能,提高实验素养,最终能在学期末完成这个富有创意的学期活动。这就需要教师在进行必修1 的教学过程中始终紧扣实验素养能力提升这一暗线,在每一个学生实验活动的设计和实施过程中不断持续推动学生实验能力提升,将一个个看似独立的学生实验用实验能力素养培育目标串接起来,以达到持续进阶地培养学生实验能力的目的。

第三节　评价单元学习活动

一、传统方式

对于评价,绝大多数教师的第一反应就是纸笔测试。我国古代的科举考试主要是纸笔测试,其命题、考场组织、审卷之严格,在各类正史野传中都有记载。严格的考试制度,是我国常用的一种检测手段,其目的是在参与考试的人群中检测出命题方所需要的具备某些方面超出其他测试者水平和能力的人,从而能从事某些方面的工作或进入高一级学府深造等。这种评估方式已深深根植于我们日常的信仰、观点、态度和价值观,而根植于整个社会共同认可的价值观和依据传统的评估方式具有持久性和稳定性,其权威性和公平性较高,能被绝大多数人所接受。

目前学校中主要的评价形式还是纸笔测试。不论是选拔高中学生进入高等学府所经历的高考,还是学生在校经历的各类阶段测试、期中和期末考试等,都是让学生在规定的时间内完成一份试卷,然后批阅后给出具体的分数。这种沿袭了很多年的评价方式存在哪些问题呢？

1. 教师的教和学生的学都以应试为导向

由于学生升学主要依赖这种评价模式，教师在教学中就会对物理概念和规律的形成过程极度简化，直奔习题而去，对习题的讲解采取一题多解、多题一解，各种方法、套路、口诀传授齐上阵。这样的后果是，学生初学此概念、规律时觉得似乎掌握得很好，能够顺利地完成一些常规的传统试题，但遇到设计新颖、没有套路可循的问题时就无从下笔，最终败下阵来。《新课标》所倡导的以学生发展为本、基于物理学科核心素养的评价已经推动了现行的考试评价方式的革新，近几年全国各地涌现出很多基于真实问题解决的新情境的物理试题，就是希望能改变原有的评价模式，客观全面地考查学生的物理学科素养水平。

2. 学生的学习侧重记忆和碎片化的知识

纸笔测试需要在规定时间内完成，命题时就要考虑整卷的阅读量、难度分布、知识点覆盖等因素，因此试卷内会有较多考查基本概念、基本规律的题目，学生只要平时认真学习，多做练习，把教材上的知识点都复习到位，一般就能考出较为理想的分数。这种评价方式能考查学生对知识的掌握程度，但如果所有评价都只采用纸笔测试这一模式，就会导致学生在学习时热衷于让教师划出所谓的重点知识，侧重对物理概念、规律的记忆和解题套路的记忆，甚至对经典试题的记忆，考试时套用记忆中的解题方法来求解，完全不辨析自己所面对的这道题是否适用这种方法，是否有概念上的本质区别。

此外，因为很多试题只需用单一的知识就能解决，无须建立知识间的相关联系，所以教师在平时教学中只关注单个知识点的讲解，导致学生学习的都是独立的、割裂的"知识点"，无法形成系统的知识结构体系。割裂的碎片化知识在解决高度建模、剥离真实情境的试题时尚能发挥一定的作用，但在面对源自自然世界的真实问题、需要综合各方面的知识系统地分析和处理时就会无从下手，不知道该套用哪个现成的解题方法来解决，对这些年高考中学生在这类高考试题上的得分数据分析已经很好地暴露了这一问题。而且这类问题较为隐蔽，不容易被学生在学习的过程中发现，等学生到高年级需要综合运用物理知识系统地解决问题时才会意识到，但已经难以补救。很多学生走出考场后，不到半年时间就基本忘记了所学的物理知识，就是因为学的知识过于细碎，没有建立联系，也就不能用来解决生活中的具体问题，当然容易被遗忘。

3. 易引发学生过重的心理压力

纸笔测试的结果往往只以分数的形式呈现，学校可以依据分数高低进行排名或者划出等第，然后将评价结果通过直接或间接的方式反馈给学生本人及家长。学生学习的认知水平和效果仅通过分数来评价，这种唯分数为导向的评价方式容易挫败学生学习的积极性，引发学生对分数、等第高低的焦虑，不能很好地引导学生把关注度聚焦在提高学习兴趣、改变学习方法、改进学习习惯等更为重要和根本的学习策略上。家长一旦看到孩子在学校的排名下降就会给孩子报更多的课外补习班、上更多的课，如果成绩并未提升甚至下降时，会引发家长和学生更严重的焦虑和对立情绪，近年来这方面惨痛的事例太多了。如果能让学生看到提升的空间，领悟到学习的真谛，真正享受学习的过程，得到正向激励的评价，就能帮助他们走出困境，更快乐地投入学习生活中。

二、评价变革

1. 评价目标为激励和促进学生学习

随着近年来对评价的研究逐步深入，关于评价目标出现了两种形式：对学习结果的评价（assessment of learning）和促进学习的评价（assessment for learning）。对学习结果的评价是我们非常熟悉的传统评价目标，它越来越多地呈现出负面影响。除了以选拔学生进入高等学府为目标而进行的高考外，学生在学校里经历的评价如果都是对学习结果的评价，会严重挫伤学生学习的积极性，容易引发各种问题。而促进学习的评价目标是帮助学生分析和评估自己的学习情况，促进学生提高学习能力和学习水平，伴随学生学习的全过程，不断给予学生学习的信心，有效激发学习兴趣，改善学习环境，使学生能对自我学习进行科学、客观的评估，从而不断提高学习的动力和正确评价自身的学习成果、取得的进步。

《新课标》明确提出，高中物理学习的评价是基于物理学科核心素养的评价，其目的在于促进学生学习和改进教师教学。这就是评价目标的转变,从对学习结果的评价转变为对促进学习的评价。要落实好立德树人这一根本任务,就需要基层教师转变评价观念,改变评价的方法和手段,以素养培育为宗旨研究和实践新的评价体系。

2. 评价方式要多样,评价主体要多元

(1) 评价方式要多样

依据评价目的不同,我们可以把评价分为诊断性评价、形成性评价和终结性评价。

诊断性评价是在开展某一单元的学习前进行的测定性评价。它是对学生开展这一单元学习前所具备的早期知识、技能和素养水平的调查研究。教师在开展单元教学前应通过诊断性评价对学生的前认知基础进行调研,从而进行学情分析。诊断内容应全面,比如知识、疑问、经验、兴趣和潜力等;诊断方法应客观,比如测验、问卷、访谈、资料分析和观察等。在进行诊断性评价后,教师应依据收到的学生反馈来制订单元教学设计。

形成性评价在单元学习过程中进行,由教师对学生学习过程进行评价,又称过程性评价。形成性评价对学习改进具有实质性的积极促进作用,主要体现在对教学的导向、对学习水平的诊断,它对教师和学生都形成反馈,能对学生产生激励效果,能改进学生的学习和促进更长远的发展。形成性评价所收集的信息主要用于改进。形成性评价不能简单等同于平时分数记录簿和学生成长记录册。其评价手段较为多样,除平时作业和小测验外,课堂提问、师生互动、小组互动、小组讨论、实验报告、课外活动等都可以作为学生自我评估的依据,也是教师评价学生学习、促进自身教学反思和改进的重要依据。

终结性评价是在某一单元或某一阶段的学习结束后对其最终学习结果进行的评价。它主要依据事先设定的单元学习目标来进行评价。终结性评价会与学习伙伴间进行某种程度的对比,某种程度上可认为其受控于学习伙伴群体的水平。布鲁姆等人曾用恒温器和寒暑表来类比形成性评价和终结性评价的区别:寒暑表(类比终结性评价)可能十分精确,但除了记录和显示温度外,对调节室温没有作用;恒温器(类比形成性评价)根据记录的室温制订各种改正程序,直到室温达到既定的目标温度。所以,寒暑表只能提供信息,而恒温器却能提供反馈与各种改正办法。这个比喻非常形象地说明两者所起的不同作用,即学生学习的激励和引导作用不同。特别要说明的是,终结性评价与形成性评价的区别是相对的,单元测验对这个单元而言是终结性评价,但相对整个学期的教学来说又是形成性评价。

综上所述,一个单元内的学习评价应对整个单元的教学具有诊断、激励和调节的功能。形成性评价更加注重激励作用,通常在单元学习活动开展的过程中进行,平时的单元作业也是形成性评价的一部分,其不仅要能够检测学生学习掌握的程度,更要能够促进学生的发展。这些评价都需要采用多样的评价方式,特别不能仅采用打分或分等第的方式进行。总之,要让学生明确自己的学习目标,了解自己学习上的发展并找到突破口,能从评价反馈中得到激励和信心。

(2) 评价主体要多元

评价主体要多元化,不仅要有外部评价,还要有学生的自我评价;要发挥学校、教师和学生等不同角色在评价中的作用,通过不同的评价视角共同构建立体而全面的评价。以往的评价方式往往是纸笔测试,其评价主体就是教师,教师通过测试对学生作出评价,评价目标、评价内容等完全由教师主导。学生只是被动地"被评价",在评价前学生可能根本不清楚评价目标、评价内容等,没有发表自己观点和意见的机会。也就是说,作为被评价的一方,学生完全被剥夺了参与评价、主观能动的地位。

评价主体除教师外,还应有学生本人和同伴,他们一起构成多元化的评价视角。学生为何应成为评价主体呢?《新课标》提出"为学生终身发展、应对现代和未来社会发展的挑战打下基础",将学生教育成为自主的终身学习者。如果我们培养的学生有意愿利用所学知识和技能去批判性地思考问题和解决问题,那么他们就必须学会自我评估,不能只是等待别人告诉他们正确答案。学生要学会自我评估,明确主要的学习目标,从而领会达成目标的方法。同时,教师必须给学生充裕的时间和足够多的机会去学习并检验他们的想法,培养他们的自我评价能力,使他们更加积极地投入学习过程中。教师需要对学生进行指导性教学,给予学生表达他们想法的机会，并将这一内容纳入教学设计中。学生参与评价将激发互动，形成性评价可据此促进学生的学习。

多样化的评价方式，如课堂提问、师生互动、小组互动、小组讨论、实验报告、课外活动等都需要学生组成团体进行各类活动。《新课标》在"课程目标"中也明确提出"能主动与他人合作，尊重他人"，所以来自学生同伴的评价视角也非常重要，不可或缺。比如：对于由小组合作形式完成的活动，对活动表现的评价应引导学生进行自我评价和小组成员间经讨论形成小组评价。自我评价注重对自我表现的评估和反思，如果自我评价和小组评价有较大差距，过高或过低，都可以引导学生思考其原因所在，是否过于自信或者缺乏信心。小组评价应在小组成员集体讨论的基础上由小组长汇总而成，是小组对该成员的共同评价，可以帮助各成员较正确地认识自己做得突出的和需要改进的地方。小组长可以由小组成员轮流担任，避免由一位学生长时间担任。这项评价由于是评价小组合作形式的活动，所以应注重评价小组成员在小组内是否能起到应有的作用，是否对小组完成某项任务作出了相应的贡献，是否有合作的精神和乐于帮助他人等。很多小组评价中都会加入"倾听"这一项，这是小组成员间合作的重要基础，是对小组合作活动评价的一项必不可少的指标。在此基础上，教师对小组进行整体评价，在评价中应关注小组整体的活动情况，特别是学生个体在小组内是否发挥积极作用，小组活动中是否能对学习有困难的同学进行帮助和支持，小组成员在小组活动中是否有所进步。同时，教师应该意识到，以小组合作的形式进行教学和评价时，学生需要花费一段时间去适应，因此要耐心引导，逐步培养团队合作的意识和责任感。

三、案例列举

基于帮助和促进学习的评价应在学习过程中伴随学生的学习展开，其评价方式多种多样，评价视角来自学生自己、组内同伴、小组之间以及教师等。基于正向激励的多元评价能有效激发学生的学习兴趣。杨浦区"创智课堂"多年来一直致力于培养学生的高阶思维能力发展。高中物理学科在起始年级，通过课堂演示实验、学生必做实验等启智激疑,激发学生学习物理的兴趣,引导学生思考,提出有质量的问题;随着学习的深入,引导学生运智破疑,尝试运用学过的物理知识来解决难题;在高年级阶段,引导学生树立正确的物理观念,达到较高层级的科学思维水平,具备科学探究的能力,掌握正确的科学探究方法,形成严谨踏实的科学态度与责任,达到提智释疑的最高层级。

如果单元学习活动能围绕单元核心任务展开,整个单元内的学习活动遵循"两条主线、明暗并行、素养提升、持续进阶"的设计思路,学生的学习过程是持续的、不断提升进阶的,那么与之对应的学习活动评价也就能对学生的素养能力进行不同的水平评价,其评价的视角也能实现多元化。引导教师重视学习活动评价的多元视角,能帮助教师有效诊断和检测学生的学习状态,更重要的是能体现教师对教学的深入思考,更好契合不同的教学内容,更能激发学生的学习兴趣和热情。

下面通过两个案例来具体呈现如何用多元视角评价学生的学习活动。

1. 立足课堂内学生活动的评价

在完成"万有引力定律"单元教学后,我们设计并开设了一节教学展示课——研究各种物体的运动[①]。此时,学生已经学习了直线运动、牛顿运动定律、曲线运动和万有引力定律等知识,这节课将引导学生对运动模型进行归纳梳理,总结影响物体运动的因素,进一步提升关于力与运动关系的认识。也就是说,通过在真实情境中建构物理模型,培养运用物理规律解决实际问题的素养。

这节课要突出的重点是:对运动模型进行归类,分析力与运动的内在联系。通过小组讨论、绘制树状结构图、小组交流等活动,引导学生充分表达、互相补充,帮助学生对知识进行归纳和梳理。要突破的难点是:运用物理模型解决实际问题。运用新闻资料创设情境,以问题链的形式引导学生建立模型、收集证据、推理论证,形成运用物理规律解决实际问题的一般方法。

表1-8呈现了这节课如何通过各种具有挑战性的学生活动来对学生所具备的运动与相互作用观念、模型建构能力等进行外显,从而进行评价和反馈。

---

① 本案例由上海市市东实验学校(上海市市东中学)何颖垚老师提供。

表 1-8　"研究各种物体的运动"教学展示课的教学环节及其评价

教学环节	评价
大家谈：如何研究这些运动？ 　　▶建立物理模型 平稳行使的高铁列车　沿滑梯加速下滑的儿童　投出去的篮球 从屋檐滴落的雨滴　三峡大坝泄出的洪水　绕太阳公转的行星	在"大家谈"环节，从自然界中的真实运动入手，帮助学生体会建构物理模型是研究自然现象、解决真实问题的必要手段。
分门别类：如何将这些运动模型分类？ **请用树状结构图将六种运动模型进行分类和归纳** 匀速直线运动　　匀变速直线运动　　斜抛运动 轨迹是直线　　轨迹是直线　　轨迹是曲线 v恒定　　v变化　　v变化 $F_合=0$　　$F_合\neq 0$且恒定　　$F_合=G$ $a=0$　　$a\neq 0$且恒定 自由落体运动　　平抛运动　　匀速圆周运动 轨迹是直线　　轨迹是曲线　　轨迹是曲线 v变化　　v变化　　v大小不变，方向改变 $F_合=G$　　$F_合=G$　　$F_合=F_向$ $a=g$　　$a=g$　　$a=a_向$	在"分门别类"环节，引导学生回顾各类运动模型的特点，并组织小组讨论，用树状结构图将模型分类，以小组为单位向全班同学解释本组的分类依据和思路，从而呈现学生对运动模型的认知水平。
追根溯源：决定物体的运动的因素 **受力特征**　◀运动模型　**运动特征**　　**归纳明理** $F_合=0$　匀速直线运动　v恒定　　$F_合=0\to$匀速直线运动或静止 $F_合=G$　竖直上抛运动（匀减速直线运动）　v_0向上　　$F_合$与v_0反向$\to$减速直线运动 $F_合=G$　竖直下抛运动（匀加速直线运动）　v_0向下　　$F_合$与v_0同向$\to$加速直线运动 $F_合=G$　平抛运动　v_0水平　曲线运动　$F_合$与v_0不共线$\to$曲线运动 $F_合$指向圆心且与v始终垂直　匀速圆周运动　v大小不变方向改变　$F_合$与v始终垂直$\to$匀速圆周运动	在"追根溯源"环节，结合天宫授课片段和教师演示实验，引导学生从相互作用和运动两个角度分析五种运动模型，归纳导致不同运动形态的本质原因，阐释力与运动的内在联系。

（续表）

教学环节	评价
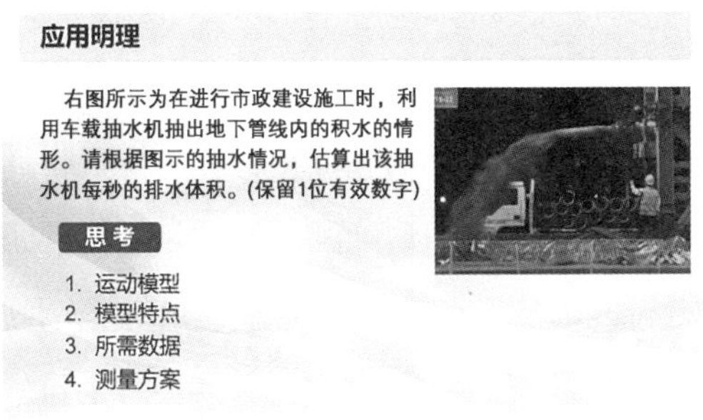 **应用明理** 　　右图所示为在进行市政建设施工时,利用车载抽水机抽出地下管线内的积水的情形。请根据图示的抽水情况,估算出该抽水机每秒的排水体积。(保留1位有效数字) 　**思 考** 1. 运动模型 2. 模型特点 3. 所需数据 4. 测量方案	在"应用明理"环节,通过对一张新闻照片的分析,培养学生模型建构的意识和能力。 　　通过了解"北斗三号"系统的轨道设计,提升学生的推理论证能力和应用运动模型解决真实问题能力,同时激发学生的爱国热情。
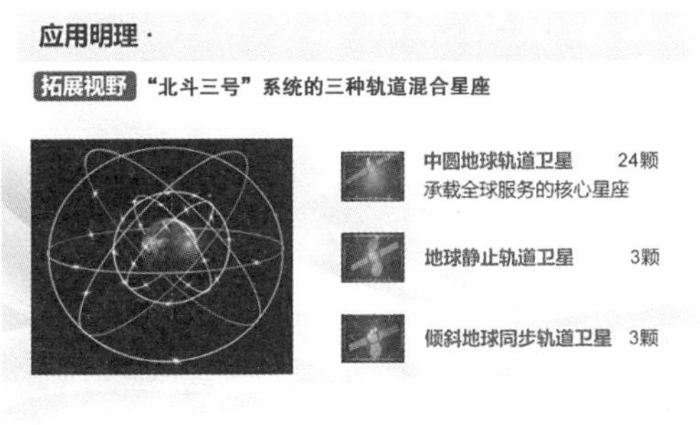 **应用明理**· **拓展视野** "北斗三号"系统的三种轨道混合星座 中圆地球轨道卫星　　24颗 承载全球服务的核心星座 地球静止轨道卫星　　3颗 倾斜地球同步轨道卫星　　3颗	
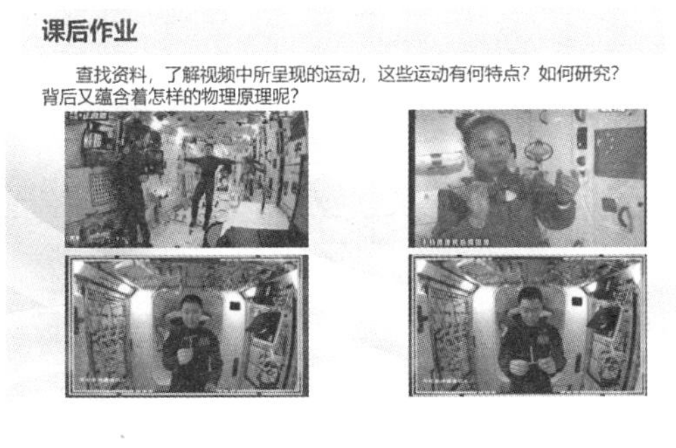 **课后作业** 　　查找资料,了解视频中所呈现的运动,这些运动有何特点?如何研究?背л又蕴含着怎样的物理原理呢?	在"课后作业"环节,引导学生在课后对天宫课堂中展示的物理实验现象进行分析,提炼模型,探索其蕴含的物理原理,进一步巩固运动与相互作用观和建构模型的能力。

　　在课堂上,教师通过精心设计的一系列持续进阶的学生活动开展教学,学生在这些活动中经历了小组合作、交流反馈等环节,充分运用所学知识解决真实情境下的物体运动问题。最后,教师通过观察学生课堂表现、小组评价等对学生作出较为全面的形成性评价。

2. 课内外相结合的评价

针对学期活动"设计并制作一个能动态显示加速度大小的加速度计",在课堂上提出本节课的任务:设计一个能显示加速度大小的简易加速度计。以小组为单位,让学生对设计方案进行讨论。在讨论中,以学生小组互评量表(表1-9)为设计导向,引导学生注重方案原理可行、装置简单、操作方便、测量范围广等原则,使学生的创新思维能力得到了提升,最终每个小组都设计出了一个方案。之后,将各组方案张贴展示,由学生进行评价,然后挑选几个具有代表性的方案,让学生进行交流展示,比较不同设计方案的优缺点以及改进措施,锻炼了学生基于证据解释交流的能力[①]。

表1-9　学生小组互评量表

评价标准	第一组	第二组	第三组	第四组	第五组	第六组
物理原理正确合理,论述清晰(50分)						
测量方便,读数容易,操作安全(20分)						
方案可行性高,制作方便,材料易得(15分)						
设计方案新颖、有创新(15分)						
总分(100分)						

最后,要求学生在课外自主完成、完善加速度计的制作和实际测量,撰写实验报告,并在课堂上交流分享。对于同学们的作品,设计如表1-10所示的"制作加速度计"实验评价表,通过3个一级指标、8个二级指标,对学生作品进行评价,评价由教师与学生共同完成。其中,额外加分一项为选填,分值不大于5分[②]。

---

① 本案例由上海交通大学附属中学周之翌老师提供。
② 本案例由上海市控江中学张昊旻老师提供。

表 1 - 10 "制作加速度计"实验评价表

小组成员		时间	
评价者	教师□　　　学生□		
一级指标	二级指标	满分	得分
实验学习过程	实验方案设计	20	
	实验过程	20	
	数据处理	20	
	交流与合作	15	
加速度计制作过程	制作加速度计	10	
	成本控制、美术美化	5	
科学态度与责任	科学态度与情感	5	
	科学价值观	5	
※额外加分(满分5分)	加分理由：		
总分		100	

关于表 1 - 10 中的评价指标说明如下：

（1）一级指标

一级指标主要依据前人已有观点,分为"实验学习过程""加速度计制作过程""科学态度与责任"三个方面。其中,"实验学习过程"主要评价学生的实验方案是否可行,是否能够科学地设计、完成实验,是否能对数据进行正确的处理,是否能够完成研究报告、交流分享等;"加速度计制作过程"主要评价最终作品的完成度与复杂程度;"科学态度与责任"主要评价学生的科学态度与责任素养,是否能够科学、严谨地完成此次研究活动。

（2）二级指标

"实验学习过程"下设四个二级指标,分别为"实验方案设计""实验过程""数据处理""交流与合作"。

"实验方案设计"主要关注并评价学生是否明确实验目的,能否提出合理可行并且科学的实验方案、选择合理的实验仪器、列出具体的实验步骤;"实验过程"主要关注并评价学生在进行实验的过程中操作是否规范,能否安全合理地使用仪器,能否得到合理的实验数据,实验过程中遇到的问题能否及时解决;"数据处理"主要关注并评价学生是否具有基本的数据分析和处理能力,是否能够对实验误差进行分析、对实验结果进行评估,能否得到实验结论,形成完整的实验报告,反思实验过程,提出改进意见;"交流与合作"主要关注并评价学生是否能够在小组内以及小组之间分享自己的作品,是否能够认真听取别人发言,并客观评价自己和他人的作品。

"加速度计制作过程"下设两个二级指标,分别为"制作加速度计""成本控制、美术美化"。"制作加速度计"主要关注并评价每个小组的最终作品的完成度与复杂程度,是否能够用于真实环境下的实际测量,是否操作简便、便于携带;"成本控制、美术美化"主要关注并评价最终作品的制作成本是否合理,是否与其功能和准确度相匹配,作品是否美观。

"科学态度与责任"下设两个二级指标,分别为"科学态度与情感""科学价值观"。"科学态度与情感"主要关注并评价学生是否具有严谨的科学态度,是否能尊重科学事实,遇到困难是否能坚持实验,是否对实验内容抱有一定的兴趣;"科学价值观"主要关注并评价学生是否初步形成创新实践的科学精神。

结　语

在单元教学设计和实施过程中,我们指导杨浦区基层学校广泛地进行单元教学设计实践,收集了其中的优秀案例进行反复研究打磨。在此过程中,我们借鉴模型建构的科学方法,总结和提炼出单元教学设计的关键问题,形成具有普适性的实施路径和操作方法,提升了基层教师单元教学设计的意识和能力。

杨浦区高中物理学科在推进单元教学设计和实施过程中,积极主动地参加教育部各项培训、研修和展示活动,并做了案例研究和分享,起到了示范引领的作用。比如:杨浦区高中物理学科在全国深度学习教学改进项目第一、二期研修班中做了案例研究和分享,分别为万有引力定律、机械能守恒定律、磁场、电磁感应定律等单元。这些活动有效推动了全区教师深入理解新课标新教材,各校教研组通过深度教研使单元教学设计和实践校本化,真正落实在"双新"课改的主阵地上。

　　需要指出的是,教师在进行单元教学设计实践过程中,应充分考虑本校学生的实际情况,从学生视角出发设计合适的学生活动。学生活动应"一校一策",避免单一追求活动的多样化和复杂化。教研组在进行深度学习的教学改进项目的实施过程中,可以尝试先集体研讨完成一个单元的教学设计和实践,积累一线教学的实际经验,反思提炼实施的要点和需要避免的误区,在此基础上再推动多个单元的教学设计和实践。最后,全区范围内可以通过各类同课异构、同单元异构等区域主题教研活动,进行分享交流和宣传推广。

第二章　聚合实验教学

引　子

2019 年 11 月,教育部发布《关于加强和改进中小学实验教学的意见》,其中明确指出:"实验教学是国家课程方案和课程标准规定的重要教学内容,是培养创新人才的重要途径……构建与德智体美劳全面培养的教育体系相适应、与课程标准要求相统一的实验教学体系。"《新课标》在物理学科的课程性质中明确指出物理学基于观察与实验。从文件和课程标准的表述可以看出,国家高度重视实验教学。

近年来,从早期的实验器材开发到数字化实验系统(DIS)研发,从参加比赛课展示课设计一个新颖的物理实验吸引学生到深度挖掘实验所蕴含的培养学生实验素养的价值,物理实验在教学中的地位和作用不断得到提升和加强。上海高中物理学科在实验开发和创新设计上一直走在全国前列。杨浦区作为普通高中新课程新教材实施国家级示范区,积极探索传统实验教学与数字化技术的融合,加强对物理教师实验教学能力的专项系列培训,促进了区域实验教学质量的整体提升。在教学中我们关注世界科技发展最新前沿技术,挖掘其中与现行高中物理学科相关联的内容,努力将科技领域的新成果融入课堂内的实验教学中,同时注重挖掘传统物理实验的育人价值,改进实验教学方式,构建新的实验教学体系。在新课标新教材的引领下,我们还运用实验创设学习情境,关注实验操作技能训练,注重科学探究精神培养,极大提升了学生学习物理的兴趣和热情。

第一节　实验教学时代发展

一、学科本源

在亚里士多德的著作里,"physics"一词指代希腊人所说的"phusis"(或

"physis")科学。该词内涵丰富,常被译为"自然""涌现""本性"等。"自然"是自然事物的集合,涵盖山川、动植物等一切自然存在;"涌现"描述事物从潜在迈向现实的过程,像种子成长为大树,将内在潜能逐步展现;"本性"是指事物固有的本质特征与内在原则,决定事物的行为、发展,如石头因本性而向下坠落。亚里士多德说,一件事物的"自然"("性质")就是它的目的。物理学是研究物质及其运动规律的科学,是一门以实验为基础的学科。物理学致力于探索自然世界的奥秘,用理论和实验来揭秘自然现象,解决实际问题。

要从物理学科的本源来研究物理实验教学,真正理解物理实验在人类历史发展中的重要作用,才能真正挖掘实验教学的维度,才能真正落实实验教学对学生素养的培育。观察、测量、解释、应用、假设、验证是从科学发展史的角度提炼而得到的,是人类在开展各类生产生活的过程中所需要用到的实验素养,它们源自人类发展历史上对大量真实问题解决的基本能力,因此所有的实验教学都离不开这六个素养的培育,如图2-1所示。下面从科学发展史的视角通过一些有趣的史实来具体阐述。

图2-1

1.观察和测量

在人类社会早期,人们自觉不自觉地观察着在自己周围发生的各种事物,比如:太阳东升西落;月亮28天为一个周期显示盈缺的月相变化;古巴比伦天文学家西德纳观察到被称为岁差的黄道上二分点的缓慢运动(约每世纪1.2°),这项观察的精确性令人惊叹。历史上著名的"地心说"和"日心说"就是基于观察提出来的。古人在地球上以自己为参照观察天体运转,抛开宗教因素影响,最早期的"地心说"就是基于最朴素的直接观察得出的。随着社会的发展、观察手段的升级,人们观察到了火星逆行现象——大约每过两年,地球会在绕日的轨道上超越火星,在此期间火星显得非常大而亮,这段时间内观察火星会发现它在天空中"倒着走"。"地心说"因为无法解释火星逆行现象而受到质疑,"地心说"的地位开始动摇。后来,伽利略利用自己制造的望远镜观察到了月亮上的山岭和火山口、木星的卫星、土星的环、太阳黑子等,这些观察都证实了"日心说"的正确性。我国古代也有很多科学发现与观察有关的例子。公元前2世纪,韩婴在其所著的《韩诗外传》中记载了对六角形雪花的观察;宋代的沈括观察陨石后推断,它们是来自外天体;古人通过观察烧制陶土、熔铸金属时火焰的颜色变化来判断温度高低。因此可以说,观察是人类为了了解生活的环境、延续自身发展的需要而形成的一种素养。

测量也是伴随着人们生产生活的需要而产生的。写在埃及纸草"爱伯斯"(Ebers)上的药方说明,当时的梁式天平(beam-balance)的有效称重可精确到0.71克,据说这种天平主要用于称量药物和贵重物品。相传,阿基米德的浮力原理源于他对王冠是否是纯金的测量。我国古代历史上一次著名的测量是唐代僧一行和南宫说等人在开元十二年(公元724年)前后赶赴十几个地方测量北极高度和圭表日影长度,这是世界上第一次对子午线长度的实际测量。此外,我国在古代就已经发明了两种在生产生活中必备的仪器:宋代的表面张力演示仪,用于观察桐油的优劣;元代的液体比重计,用于测量盐水的浓度。表面张力演示仪的工作原理是:将细竹篾一头扎成圆圈,蘸上桐油,若桐油是上等的,则竹圆圈上有一薄层油面;若为劣等桐油,则油面不能附着在竹圆圈上,因为劣等桐油中的杂质破坏了薄膜的形成。液体比重计的工作原理是:先把莲子分别浸在已知的四等盐水(最咸、三份盐一份水、半份盐半份水、一份盐三份水)中,然后将莲子浸入未知浓度的盐水中,根据莲子在已知浓度和未知浓度盐水中的浮沉状态就可判断未知盐水的浓度大小。人类社会生产生活的发展需要不断提高测量的精度,改进测量的手段方法,因此测量也成为实验中必不可少的一种素养。

观察和测量时需要对观察到的现象、测量得到的数据进行记录。比如:公元139年,亚历山大城的天文学家托勒密测量了光的入射角和折射角,并把结果整理成一张表,从而发现入射角和折射角在角度较小的情况下近似成比例。战国时期(公元前475—前221)的《管子·地员篇》中第一次记载了我国定律调音的"三分损益法",以某一律音的弦长为标准,其他各律依标准弦长逐次乘$\frac{2}{3}$(三分损一)或$\frac{4}{3}$(三分益一)而得,这是对弦长和音高关系所做的定量理论总结的精准记录。因为观察和测量两个素养必定包括详细、科学、精准的记录,所以就不把记录作为一个素养单独列出来了。

2. 解释和应用

从古至今人们不断地对观察到的现象作出自己的解释,这种解释受当时的社会发展和人类认知限制,随着时代的发展常常会被推翻。亚里士多德观察到月偏食时大地在月亮上的圆形阴影,证明大地是一个球形,亚里士多德能在当时得出这一正确结论非常了不起。在古希腊,人们用本轮和偏心说来解释行星的运动。到了文艺复兴时期,开普勒作为丹麦天文学家第谷·布拉埃的助手,研究第谷记录下来的各种行星观测资料,发现没有任何一种圆的复合运动与火星的实际观测资料相吻合。他尝试了各种不同形状的轨道,最终发现用椭圆形轨道来解释火星的运转是适合的。在这个基础上,他提出了著名的"开普勒三定律"来解释以太阳为中心的太阳系各行星的运转规律,这也为牛顿万有引力定律的提出奠定了基础。东汉时期的张衡在《灵宪》中对月光及月食现象作出正确的解释:"月光生于日之所照,魄生于日之所蔽,当日则光盈,就日则光尽也。众星被耀,因水转光。当日之冲,光常不合者,蔽于地也。是谓暗虚。"露、霜、雨、雪与农业生产息息相关。对于露、霜、雨、雪和温度的对应关系,王充在《论衡》中作了非常清晰、正确的解释:"云雾,雨之征也,夏则为露,冬则为霜,温则为雨,寒则为雪。雨露冻凝者,皆由地发,不从天降也。"这段话反映了自然界中的热现象和物态变化。

人类基于观察到的客观现象和掌握的知识对自然现象进行分析、归纳,从而作出合理的解释。在实验中,科学家要对观察到的现象作出正确的解释,或运用物理规律对测得的数据进行解释。

在通过解释自然现象了解其成因后,人类开始想办法利用所掌握的知识来对付不利的自然环境,进行发明创造,从而改善生活,这就是应用的开始。比如:北魏时期,为了防霜,人们通过烧柴草的办法使地面蒙上一层很薄的烟尘,利用烟尘的隔热作用来提高地面附近的气温;五代时期,人们利用热空气的浮升原理制作信号灯,并用于军事通信。世界上的几个文明古国都是基于农牧业发展的需求对天文进行观察,进而提炼、总结出规律,然后再将规律应用到生产生活中。比如,从法老时代直至 20 世纪中期,尼罗河水一年一度的泛滥决定了埃及人的生活周期。古埃及人通过多年的观察发现,当天狼星与太阳同时出现在地平线上时尼罗河水也开始上涨,而天狼星出现的周期约为 365 天,就把这一天定为一年之始,这是世界上最早的太阳历的由来。他们进一步计算尼罗河水的涨落来确定各种劳作的日子,创造出一年分成三季的自然历法来指导农作物的耕种,从而产生了埃及天文学。古巴比伦应用御夫座 α 星的晨升来作为春天的到来。我国古代把心宿二黄昏时在地平线上的出现定为黄河、淮河流域春耕季节的开始。伽利略发现摆的等时性并通过实验归纳得出结论:摆做周期运动的时间不依赖于摆的质量和材料,而与摆长的平方根成正比。惠更斯应用这一规律发明了摆钟。

随着人类文明的发展,人们开始对观察到的自然现象、测量得到的数据进行分析、归纳,试图作出解释,并进一步加以实践应用。因此,解释和应用也是实验素养之一,需要运用更高阶的思维来进行培育。

3. 假设和验证

伽利略被称为"现代物理学之父",他的伟大成就之一就是把实验作为物理学研究的重要方法,使物理学发生了革命性的变化。我们可以从伽利略对落体运动的实验研究的史实中提炼出现代物理学研究中两个非常重要的实验素养——假设和验证。

若物体初速度为零,且速度随时间均匀变化,伽利略通过数学运算推导得出物体位移正比于所用时间的平方。要检验该物体的速度是否随时间均匀变化,只需测出物体通过不同位移所用的时间。在此基础上,伽利略假设落体速度与下落时间成比例,然后开始实验验证。他首先证明了从斜面上滚下的球的运动与自由下落的球的运动具有相同的运动性质。当小球在斜面上运动时,其加速度比竖直下落时小,用时更长,使时间的测量变得容易,就可通过定量的斜面实验来验证自己的假设,这就是科学史上著名的"冲淡重力"的方法。他把一块长 12 码(相当于

11 米)的木板作为斜面,在中间划出一条一英寸宽的笔直沟槽,并用非常光滑的羊皮纸覆盖,让一个光滑浑圆的黄铜球从斜度约为 5° 的木板上滚下。因当时的计时手段非常有限,用"水钟"测量时间间隔。在各个连续相等时间间隔内,测得的小球滚下的距离与奇数 1、3、5……成正比;进而得出小球运动的总距离与 1、(1+3)、(1+3+5)……成正比,即与整数 1、2、3……的平方成正比。改变小球质量和木板倾角多次测量,都得到相同的结论。而当木板的倾角一定时,不论如何改变小球质量和从木板上释放的高度,测得的小球的加速度都相同。这样就得出沿斜面滚下的小球的速度与时间成正比,小球做匀加速直线运动。伽利略将这一结果作了合理外推:当斜面倾角很大时,小球的运动就与落体运动差不多,当倾角增大到 90° 时,小球的运动就是自由落体运动! 伽利略通过假设和验证得到了自由落体运动的正确结论。

在近现代物理学发展中,假设和验证几乎总是成对出现的。引用科学哲学家卡尔·波帕的观点:好的理论给出的预言可被观测所否定或证伪。若观察到与预言相符合的新实验,则该理论幸存并增加可信度;若不符合,只能修正或抛弃原有的理论。一个非常著名的例子是爱因斯坦的广义相对论。爱因斯坦在 1915 年建立广义相对论后提出了三大经典验证——水星公转轨道的近日点进动、光在引力场中的偏折和引力红移。后来这三大预言陆续得到了验证,如广义相对论对水星轨道的计算得出的进动修正值与观测得到的数据非常一致。迄今为止,还有多个实验从不同角度验证了广义相对论。

古希腊人很少或从未试图以实验证据来验证他们的思辨。而在现代物理学中,观察能力是实验素养的一部分,所有的实验现象都需要观察,观察是实验中必不可少的一个重要环节,也是学生需要养成的实验素养之一。在研究过程中,需要建立理论来对观察到的现象作出解释,这就需要进行假设、设计方案进行测量,根据测量结果加以分析,而当理论被验证后就可以加以应用。可见,观察、测量、解释、应用、假设、验证是从物理学科历史发展中提炼、分析得到的,是科学思维和科学探究必备的几个关键要素,是物理实验教学中需要重点培育的素养。

二、上海成果

上海中学物理学科在实验教学方面一直处于全国领先地位。近几十年来,上海中学物理教师锐意进取,不断攀登新的实验教学高峰,取得了丰硕成果。上海中学物理学科的实验教学发展历程大致可以分为以下三个阶段。

1.实验设计的开发

1995 年,上海教育出版社出版了《中学物理实验大全》一书,代表了这一时期上海中学物理学科在实验教学方面达到了一个新的高度、广度和深度。此书由中国核科学的奠基人和开拓者之一、"两弹一星功勋奖章"获得者王淦昌先生作序,他在序言中深情回忆了自己在清华读书时聆听吴有训先生讲授物理课的情景。吴有训先生注重实验教学,大力倡导培养学生的动手能力,强调理论与实验并重,在课上常常用普通的器材演示各类物理实验,让学生印象深刻。王淦昌先生为该书作序,希望这本书能提高中学物理实验教学的水平,对我国基础教育的发展作出贡献。《中学物理实验大全》收集了上海及全国其他地区物理教师设计的近400 个物理实验,其中力学 129 个、热学 58 个、电磁学 143 个、光学和原子物理学58 个,而且每一个实验还有多种做法。更令人敬佩的是,为确保实验原理的正确和操作方法的切实可行,作者对书中所有实验都进行了严格审核,并组织上海市物理实验开展较好的中学负责对书中的大部分实验进行验证。比如:部分力学实验由上海市南洋模范中学白日豪、王嘉昌、宋宁生、张志峰、施钧、夏宗农、刘伟源验证,部分热学实验由上海市金山县中张大有、范鑑明验证,部分电磁学实验由上海市市北中学王泰俊、张静可、朱金春验证。该书汇集的实验全面详尽,对中学物理实验教学的指导意义非凡。以"208 平行板电容器的电容"这一实验为例,其实验目的是:演示平行板电容器的电容量与两板间的距离、两板正对面积、板间电介质等因素的关系。书中提供了三种实验方法,每种方法的器材、操作、注意事项和说明都写得非常详细,并配以手绘实验装置图片。方法一使用当时常见的静电计(指针验电器);方法二采用数字电容表;方法三使用自制悬挂式电容器,并介绍了自制电容器的制作方法和操作过程。如此清晰、详尽的实验设计能有效指导中学物理教师在自己的学校里自制实验器材进行各类实验教学。该书的出版在中学物理界产生了巨大反响,好评如潮,极大推动了上海中学物理实验教学的发展。

在该书出版的同一时期,上海中学物理界也涌现了很多热爱物理、多年投身物理实验教学创新并取得卓越成就的物理名师。上海市特级教师张越老师和冯容士老师是其中的杰出代表。张越老师在一次采访中回忆自己从小就喜欢动手拆装玩具。在高二时因老师上课讲到露点湿度计但没有做实验演示,这激发他用广口瓶、温度计、玻璃管、橡皮球和无水酒精等物品自制了一个湿度计并读出了露点。张越老师说:"只要有需要,我就会千方百计地设计、制作一些简单有趣的实验。我一直坚信'格物才能致知,动手才能悟理'。"他利用纸盒、筷子、饮料瓶、木夹等生活中常见的简易器材做实验,深受学生喜爱。他首创了用玻璃管中的浮子演示小船渡河时运动合成的实验,被写入各类教材和教学指导用书中。冯容士老师应用创造技法研究和改进物理实验,创造了缺点列举技法、逆向技法、强化技法、模拟技法、组合技法、比较技法、需求技法、替代技法、挖掘潜力技法等。这些技法灵活多变,交织创新,在原有实验上进行创新改进,关注学生的思维过程,从学生观察实验现象、解释实验原理的角度考虑学生可能的思维活动,打破学生已有的"惯性"思维,激发学生学习的热情和课堂投入度。他尤其提倡一物多用的小实验,比如:用电视机可做 10 个实验,用气球可做 20 个实验,用废灯泡可做 11 个实验……将实验设计开发"玩"到登峰造极!

上海市的物理教师在这些名师的言传身教下不断创造出新的实验装置,实验设计开发能力得到了极大提升,研发热情高涨。百花齐放,百家争鸣,新设计的实验的数量和质量不断提升,是这个阶段非常重要的特征。

2. 实验教学的革新

上海从 1998 年开始启动新一轮课程改革,按照教育部《基础教育课程改革纲要(试行)》(教基〔2001〕17 号)和上海市基础教育工作会议的要求,制订了《上海市普通中小学课程方案(试行稿)》(以下简称《课程方案》),编制了《上海市中学物理课程标准(试行稿)》(以下简称《物理课标》)。

《课程方案》提出:树立课程是为学生提供学习经历并获得学习经验的观念;以学生发展为本,构建体现时代特征和上海特点的课程体系。方案指出学习经历是学习目标、过程、内容和情境的综合体,强调学生对学习活动的主动参与和亲身体验,关注学生学习经验的形成、积累和建构。该方案明确要求中小学要为学生提供多种学习经历。

《物理课标》提出:中学物理课程是以科学探究为主线,以物理现象、概念和规律为载体,强调实验和科学方法。课标明确指出在物理教学中让学生主动参与科学探究的过程,在体验、实践中感悟科学方法,激发兴趣,培养科学能力和良好的科学态度。

《物理课标》在课程目标中对学生实验的要求分为"初步学会"(A)、"学会"(B)、"设计"(C)三级学习水平。"初步学会"指能根据实验目的,按照具体的实验步骤,正确使用给定的器材,完成观察、测量、验证和探究等实验任务。"学会"指能根据实验目的,参照简要的实验步骤,合理选择实验器材,独立完成观察、测量、验证和探究等实验任务。"设计"指根据学习和研究的需要,确定实验目的,设计实验方案,选择或制作实验器材,独立完成比较复杂的观察、测量、验证和探究等实验任务。

在此之前,中学物理教师致力于对传统实验的改进和创新,设计制作了大量演示实验和学生实验,在物理课堂上大放异彩,吸引了学生的关注,激发了学生的热情,帮助学生更好地理解物理概念和规律。而《物理课标》对物理实验教学提出了新的教学要求,高屋建瓴地提出"对物理实验教学功能再认识"。它提出要深入开展物理课堂教学改革,使学生的学习从被动式学习转变为主动参与式学习,从模仿型的学习转变为探究型的学习,从单纯的知识学习转变为兼顾知识、方法、能力、态度的学习。它倡导在课堂中采用各种手段创设情境,形成探究的氛围。此时,物理实验不仅仅是教师传授物理知识的呈现载体,而且成为学生进行科学探究、参与物理学习、亲身体验的具体活动载体。教师对物理实验的研究不仅要能设计、制作新的实验设备,更要能对实验所承载的教学功能进行挖掘,设计实验教学的目标、方法和开展过程,为学生提供体验探究的具体情景和内容,引导学生沉浸在实验创设的研究情景中,从观察实验现象开始,提出假设、设计方案、进行测量、验证假设,并应用得到的结论解释身边的物理现象。因此,物理实验教学的重心从教师如何做好物理实验、提高实验精确度和清晰度,转变为通过实验教学为学生提供学习的支架,帮助学生通过自己的探究获得物理规律。

3.数字化实验的飞跃

物理课程与信息技术整合是社会发展的需求,也是物理课程发展的必然趋势。上海作为国家教育改革试验区,基于对中学物理实验教学的改革构想和多年实践,在1999年发布了《上海市面向21世纪物理学科教育改革行动纲领》,其中指出:"积极探索多媒体计算机与物理实验的结合,实现对物理实验的实时控制及对实验数据的自动化采集和处理,以更好地发挥实验教学功能。"2002年,上海"二期课改"启动,提出了"转变学生的学习方式"和"创建数字化学习环境"等改革目标,随后发布的《课程方案》则提出"大力推进新型技术在课程实施中的普遍应用,加快信息化环境建设"。《物理课标》在教学建议中明确提出:在实验教学中,除了运用传统的仪表进行数据采集和数据处理外,还应引进新的实验技术和手段来改进实验教学。数字化实验新技术在数据采集方面显得更为快捷方便,在数据处理方面可通过程序达到"自动化"。物理课程必须与信息技术整合,构筑信息技术平台,建立数字化信息系统(Digital Information System,简称DIS)实验室,充分运用教学软件和计算机网络实现信息共享和互动交流,增强在信息化环境下自主学习的意识和能力。

数字赋能物理实验教学经历了几个重要的发展阶段。研发起步阶段从DIS 1.0开始,分体式位移传感器的成功研发标志着实验测量技术的突破。上海市中小学数字化实验系统研发中心(以下简称"DIS研发中心")主任冯容士老师开创性地提出"一键OK"的设计原则,使当年很多信息技术能力较弱的老教师都能顺利使用DIS实验软件开展物理实验教学,DIS迅速得到推广应用。在试点改进阶段,上海53所"二期课改"试点学校在试用新教材的同时试用DIS。根据各校的实际使用情况,DIS研发中心不断改进实验,不断开发新的实验装置,如无线力传感器、数码小车、二维平面电磁定位板、无线向心力实验器等。针对一线教师创新实验教学设计的需要,DIS软件分为专用和通用两种。专用软件和教材配套,使用简便,不太会使用电脑的老教师也能游刃有余;通用软件功能强大,针对教师开发新的实验、满足个性化测量需求而研发。在推广应用阶段,DIS已经在上海高中物理课堂上扎根,它的普及应用极大地改变了原有的物理实验教学模式。引用张越老师的话："传感器改变了实验教学的传统模式,在测量工具上,由尺、表、测力计、打点器转变为传感器、采集器、计算机;在数据处理上,由手算、描点、作图转变为 DIS 界面上的选择、点击、图像转换、化曲为直,拟合得规律。这使原来传统上由少慢差繁的实验数据采集进化为多快简省的数字化实验系统,特别适合于探究教学。DIS 实验省时、高效,有利于重复研究、改变条件、分析误差或进一步深究。数字化实验与传统实验应互补。"DIS 增强了实验数据的图像识别和应用功能,推动高中物理实验教学在图像理解和分析上的进步。在深化拓展阶段,DIS 实验已经成为上海教材主要特色之一,它从依附、服务于教材发展到能动地促进了教材的改革。成功的设计使教材更科学地阐述物理规律,如变力作用下的动能定理和动量定理;成功的设计使教材增设或改写实验方案,如法拉第电磁感应定律实验器、二维运动传感器等。DIS 向系列化、空白处研发,为有需求的物理教师量身定做研发创新实验设备,助力上海物理教师在近年全国各级各类教学大奖赛和实验教学大奖赛上屡获佳绩。DIS 系统操作界面通俗易懂,实验原理清晰,能有效体现实验过程,帮助教师在开展教学时将重点放在探究物理规律本身上,使得研究更加全面、深入、直观。

作为目前全国唯一的教育数字化转型试点区,上海自 2021 年起以深化推进中小学教学数字化转型作为改革方向,通过打造数字基座创新教育场景示范应用,通过提升数字化与智能化水平推动信息技术与学科教学的深度融合,促进了基础教育的优质均衡发展。上海市依托上海智慧教育平台(上海微校),建设中小学数字化教学系统,研发备课助手、教学助手以及作业辅导助手(简称"三个助手"),融入数字教材、"空中课堂"视频课等优质资源,为师生打造线上线下深度融合的教学空间。数字赋能中学物理教学的行动进一步向纵深推进,新的教学改革正在进行中。

第二节　实验教学实践探索

笔者在 1998 年大学毕业后进入上海市市北中学工作,当时使用的还是"一期课改"(上海市中小学课程教材改革第一期工程的简称)教材。2002 年,市北中学作为"二期课改"试点学校开始试用"二期课改"教材。当时每个学期开学前，上海市都会组织全市试点学校的教师开展培训，教材主编张越老师亲自为教师上课，他常常就地取材演示各种有趣的物理小实验，让大家印象深刻，受益匪浅。市北中学在物理实验开发创新方面有着深厚的积淀，在本章第一节中已有介绍。笔者在物理教研组内老教师的指导下开设了多堂市、区级公开教学展示课，参加了全国、全市各级各类教学大赛并获得佳绩。同时，笔者在自制教具方面也做了很多开发创新工作，更为重要的是认识到物理实验能有效激发学生学习物理的兴趣，能帮助学生更好地理解物理概念和规律，能让学生学习物理的经历变得更加轻松愉悦。

一、过程探究

1. 探究环节的意义

《新课标》提出，在高中物理课程中应注重科学探究，尤其应注重物理实验，这在培养学生的探究能力和科学态度等方面具有重要地位。因此，教师应利用物理实验创设真实情境，引导学生观察实验现象，经历实验探究过程，启发学生发现问题、提出问题，进而运用所学知识解决问题。

学生在课堂上完成一个物理实验，其教学意义究竟是什么？只是"成功"地探究得出教材里的物理定律吗？其实，这些物理定律已经被很多代科学家反复验证过，通过探究得出它们意义不是很大。"成功"的真正意义在于，通过对科学规律的探究实验，让学生经历完整的科学探究过程，培养观察、测量、假设、解释、验证、应用等实验素养，从而形成物理学科核心素养。

在信息技术日益发达的今天，任何专业知识都可以上网搜索到，知识的获得非常容易。打个比方：去医院看病，化验单看不懂，医生也不耐烦解释，你完全不必着急上火，拿出手机上网查询即可。但就算将所有化验指标都搞清楚了，你也不具备判断病情、开具处方的能力，因为你只是知道某些医学名词、医学症状，但不具备全面的医学素养，没有能力进行判断、分析，有了病还得去医院。

21 世纪的学生处于类似的环境中，什么是牛顿运动定律，牛顿的生平事迹，甚至牛顿当年"死磕"的对手,在强大的搜索引擎下都无处遁形。甚至还有这样一些专门为学生提供题目详解的网站,你只需输入某道题的前面几个字或拍照,整道题包括详细解答都会一一呈现。在这样一个环境下,我们在课堂上传授的知识,学生或许早就知晓,至少文字表述、公式以及一些解释等都已经知道。

但,仅仅是"知道"是培养不出知识分子的,充其量只是"知道分子"。人脑的容量毕竟有限,比不过现今任何一台电脑。人的价值在于有创造能力,能运用知识解决实际问题,能发现新的物理规律,能发明新的产品并且不断地改良。而这一切都是网络搜索引擎所不具备的。教师的作用不是往学生的脑子里不断地灌输新的知识,再通过大量的练习以避免其遗忘,而是让学生经历科学探究的过程,形成观察实验、分析实验、设计实验的学科素养,为今后的深入学习打好坚实的地基。

在物理课堂上,过程的体验远远重于结果的完美,因为科学家们都是经历无数次的失败,走过很多曲折,历时多年才获得成功。如果在一堂课上,在教师精心的设计下,学生一步步再现教师的预设环节,最后得到"完美无缺"的几组数据,从而"得出"某某定律,某种程度上可以说是对科学的亵渎!没有一个定律的得来是如此容易,如此不严密。我们在课堂上能提供的只是一个体验的过程,一个学生亲历的探究经历。每一堂物理课的体验、动手实践经历的累加,会慢慢地引导学生走上科学探索的道路,会慢慢地把科学探究的方法渗透到学生的学习中去,这才是课堂教学最重要的价值。知识的传授只是一个载体,通过对某些具体知识的传授,让学生体验科学探究过程,学会科学探究方法才是物理学科的核心素养。所以,到了大学阶段,往往有很多版本的教材供学校自由选择,教材中有哪些知识并不重要,教材所传递的教学理念、科学探究方法才是重要的。掌握了科学方法,学生大可自学深造。没有科学素养,知道再多的物理知识又有何用?

笔者在芬兰于韦斯屈莱大学学习参观时,遇到过这样一个案例:我们参观的是当地的一所完中,教师正在给七年级的学生上劳技课,他要求学生根据黑板上所画的平面打孔图[见图 2-2(a)],在板上画出打孔位置[见图 2-2(b)](一个学生正在制作的板)。教师向我们展示了最后的成品,是一个电子触发器[见图 2-2(c)]。当时班级里的学生都在很投入地画图,当然有些学生画的有问题,如位置不正确,个别学生甚至还在摸索如何下笔。

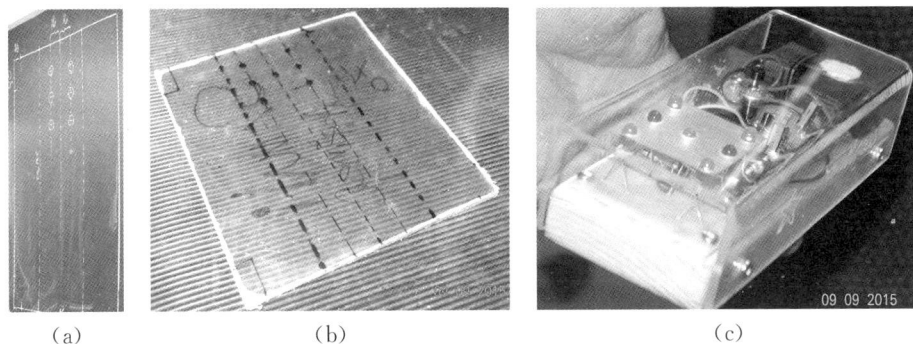

(a)　　　　　　　　(b)　　　　　　　　(c)

图 2-2

于是,课后我们向授课教师提出我们的困惑:是不是所有的学生都能成功地完成这个电子触发器? 如果学生在一个单元的动手实践后不能完成,该如何处置? 是否算不合格呢? 授课教师的回答道出了学生动手实践的教学真谛:"当然不是所有的学生都能完成这个劳技作品! 但劳技课动手实践的教学意义不是让所有的学生都能制作出一个电子触发器的成品,而是通过这个制作过程,学生能够学会如何看图、如何作图、如何打孔、如何连线、如何组装……学生亲历这个完整的过程才是重要的!"在芬兰教师看来,制作过程所传递的亲身体验和实践感悟才是动手制作的关键,而不是最终的成品! 这就是人们常说的:爬山路上看到的风景是最美的,目标不是登顶,而是一路行来的风景和体验!

芬兰于韦斯屈莱大学教授 Jouni Viiri 和 Sami Lehesvuori 向我们讲授了芬兰大力提倡的教学理论——以学生为中心的教学方法(Student-Centred Learning),它强调学习更多的是知识的建构,而不是事实的收集(Learning should be more about construction of knowledge rather than collection of facts.)。学生在课堂上的学习最有价值的部分应该是学习过程的体验,对知识的探究、对数据的处理、对实验的设计等。通过这些载体,学生将学会如何获取知识,如何分析思考,如何推理辨析,如何观察设计,如何动手实践。过程性的体验和探究是教学的重点,是课堂重点承载的教学重心。知识本身不是教学重点,如何获取知识,如何运用知识才是物理学科核心素养理论所大力提倡和引导的。

2. 教学案例剖析

如何在实验教学中真正落实学科核心素养，如何"润物细无声"地在实验教学探究过程中"滴灌"，而不是生硬地"灌输"？笔者以本人于 2014 年在上海市市北中学开设的全市公开教学展示课"直流电动机"为例进行阐述，当时的授课情景如图 2-3 所示。

图 2-3

【教学设计】

直流电动机

一、教学任务分析

直流电动机是"第十章　磁场"D 节内容，是这一章知识学习后的一个重要应用——运用学过的磁场、安培力等知识来解释和理解直流电动机的工作原理，并知道直流电动机在生活中的重要应用。本节的学习需要学生已经掌握匀强磁场、通电导线在磁场中的受力——左手定则、磁感应强度等知识，即前三节的内容。在主要方法以及有关情感态度与价值观上，经历学习直流电动机的基本工作原理的过程，体验技术革新在生产生活中的重要应用，激发善于观察的学习兴趣，体验自己动手制作成功的喜悦。

高二年级的学生经过一年的学习，已经具备了一定的分析处理物理问题的能力。但总体而言，直观的动手体验易于概念的抽象分析，定性的分析易于定量的计算。所以，本节课的设计注重学生动手体验的过程，并通过形象生动的 Flash 课件来破解教学中的难点。学生已经知道磁场对电流的作用，理解左手定则，学会用它来判断磁场力的方向。因此,对通电导线在磁场中做直线运动是能够理解和接受的,但如何使通电线圈在磁场作用下转动起来是一个思维和理解上的提升。

学生已经知道通电导线在磁场中受磁场力作用,也在"电路"一章中知道纯电阻电路和非纯电阻电路的区别,在初中也学过力矩知识。本节需要将这些知识糅合在一起,学习新的知识点——直流电动机,同时也是物理规律和原理转化为科技产品应用,推动人类社会进步的典型案例。

二、教学目标

1. 知识与技能:知道直流电动机的主要结构以及换向器的作用。

2. 过程与方法:经历"自制线圈在磁场中转动"这一探究过程,知道直流电动机的基本工作原理。

3. 情感态度与价值观:知道直流电动机在技术和生活中的应用,感悟电动机在经济和社会发展中的重要作用。

三、教学重点与难点

1. 教学重点:(1)直流电动机的主要结构;(2)探究直流电动机的基本工作原理的过程。

2. 教学难点:换向器的作用。

四、教学资源

1. 实验器材:(1)教师用直流电动机演示模型;(2)学生用可拆卸小型直流电动机模型、细铜丝、学生电源、导线、砂纸。

2. 媒体资源:(1)自制 Flash 动画课件、自制 PPT 课件;(2)摄像头、电脑等多媒体设备。

五、教学设计思路

本节课要突出的教学重点是:让学生通过观察电动机结构,画出电动机草图,提炼模型,知道直流电动机的主要结构;将学生分成若干个小组,每组两个学生,利用铜丝制作线圈,要求线圈在实验室提供的蹄形磁铁和电源作用下能转动起来——自制简易直流电动机,知道直流电动机的基本工作原理。

本节课要突破的教学难点是:通过观察通电线圈不能持续转动而在磁场中来

回摆动,进一步提出换向器的作用。教师用自制的 Flash 动画课件来演示换向器的作用,使学生认识到电动机的发明是一个技术创新的过程,体会到科技产品的制作和物理规律的学习不同,只有对制作工艺、制作技术不断改进才能制作出真正的科技产品。

六、教学流程

1. 教学流程图

本节课的教学流程如图 2-4 所示。

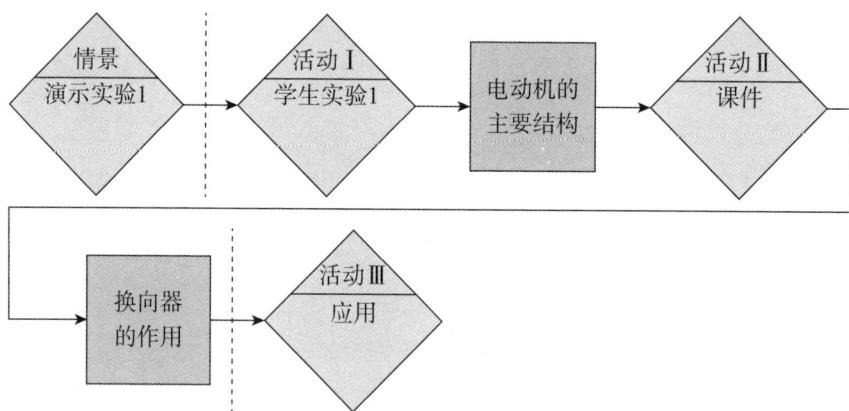

图 2-4

2. 流程图说明

情景:通过"爸爸去哪儿"的两张照片对比和教师演示大型直流电动机实验,导入新课。

活动Ⅰ:学生观察电动机结构,自制简易直流电动机,知道直流电动机的主要结构。

备注　活动Ⅰ是本节课的教学重点。以学生为探究活动的主体,包括两个探究环节:第一个环节,让学生观察电动机结构,画出电动机草图,提炼模型,知道直流电动机的主要结构;第二个环节,两个学生为一组,利用铜丝、直流电源、蹄形磁铁等完成简易直流电动机的制作。直流电动机的主要结构由学生通过自主探究活动得出。

活动Ⅱ:通过观察和受力分析讨论通电线圈在磁场中无法连续转动的情况,

引出用自制的多媒体动画课件来演示换向器的作用。

备注 活动Ⅱ是本节课的教学难点。换向器的工作原理和作用很难通过学生自己的探究过程得到,通过讨论线圈受力情况,理解线圈为什么无法连续转动,再观看 Flash 动画课件来演示换向器的作用,达到"知道"水平的教学要求。

活动Ⅲ:介绍电动机的发展历史及其在生活中的应用。

教学主要环节 本节课教学设计可分为三个教学环节。

第一环节 情景引入:通过照片对比激发学生兴趣,利用大型直流电动机演示实验引出课题。

第二环节 实验探究:通过一系列分步骤的学生探究实验,知道直流电动机的主要结构和基本工作原理,包括换向器的作用。

第三环节 科技应用:通过介绍电动机的发展历史及其在生活中的应用,感悟电动机在经济和社会发展中的重要作用。

【案例剖析】

1. 确定教学目标中的过程目标要求

在当时的高中物理教材中,直流电动机这一节的地位较为特殊。它不是对某个物理定律的学习,而是对一个生活中常见的科技产品的学习。在学习这一节前,学生通过"第十章 磁场"前三节内容的学习,已经掌握了匀强磁场、通电导线在磁场中的受力——左手定则、磁感应强度等知识。直流电动机的学习是在这基础上的一个重要应用——运用学过的磁场、安培力等知识来解释和理解直流电动机的工作原理。

在从与教材配套的教学参考资料中,我们可以得到如下教学要求:

课标要求:

知识点	学习水平	说明
直流电动机	A	知道直流电动机的基本结构和工作原理;知道电动机的效率,会用实验测定直流电动机的效率。

(一) 学习目标

1. 知道直流电动机的主要结构和基本工作原理,学会测定直流电动机的效率。

2. 通过观察、分析和讨论,理解电动机转动的原理,并认识到电动机的制成有一个技术创新的过程。

3. 通过对电动机应用的学习,感悟电动机在经济和社会发展中的重要作用。

（二）重点和难点

本节的重点是直流电动机的工作原理。

本节的难点是换向器的作用。

（三）课时安排建议

2 课时（含学生实验）。

通过对上述教学要求的研读分析,明确本节课的知识点学习水平要求是"知道（A级）",知识点本身的学习难度不高。但学习目标中的第二点"认识到电动机的制成有一个技术创新的过程"以及第三点"通过对电动机应用的学习,感悟电动机在经济和社会发展中的重要作用",才是本节课教学设计的难点所在。通过课堂教学让学生感悟到物理规律应用于实践并不容易,经过一代代科学家的技术改良才造就了现在的高科技发展,是教师在教学中必须考虑的;培养学生具备应有的实践动手能力和不屈不挠的探索精神,是教师的教学职责。让学生错误地认为任何科技产品的制造都轻而易举,将物理规律转化为生产实践都毫无障碍,培养不出真正的科技创新人才。只有经历了亲自动手、探究实践的过程,学生才能体会到科技产品的制作与单纯物理规律的学习不同,体会到在将知识转化为科技产品的过程中对制作工艺、制作技术不断地改进才能制作出真正的科技产品。这才是教材中这一节"直流电动机"的编写意图之所在,如何在教学中落实这一编写意图,让学生体会到这层含义,是这节课教学设计的关键。

2. 设计有效、合理的教学过程

（1）分析学生学情

高二年级的学生已经具备了一定的分析处理物理问题的能力。而且,通过对"第十章 磁场"前三节内容的学习,学生已经知道磁场对电流的作用,理解左手定则,学会用它来判断磁场力的方向。所以,对通电导线在磁场中做直线运动是能够理解和接受的,但如何使通电线圈在磁场作用下转动起来是一个思维和理解上的提升。学生需要将这些知识综合起来学习新的知识点——直流电动机,同时体验如何将物理规律和原理转化为科技产品应用。

（2）设计探究过程

基于上述分析,在活动 1 中,我将学生探究环节设计分为两步。（这两步探究过程的主体实施者为学生,学生是探究活动的主体。）

第一步探究过程　笔者提出观察任务:"请同学们观察手中的直流电动机,然后给它通电,电压为 2～4V,看它能否转动,再观察一下它有哪些结构。你能否提炼它的模型? 在我们的学案上画出简单的草图。"在这一探究过程中,学生饶有兴趣地开始连接电路,通电后观察电动机的转动情况,有的小组甚至将磁铁拆下来反向安装,观察电动机是否转动,转动方向是否会发生变化。这一过程给予充分的时间,让学生尽情地去拆、装、观察现象。在学生发言环节,绝大多数学生都找出了电动机电路的主要结构,如电源、通电螺线管(教师纠正为线圈)、磁铁、开关、导线。其他学生补充了转轴、软铁芯、电刷。至此,直流电动机的主要结构已经由学生通过这一自主探究过程得到。学生在这一过程中动手实践、细心观察、认真分析,较好地完成了教师预设的教学要求。

第二步探究过程　笔者提出制作任务:"请同学们用桌子上的铜丝,现场绕制一个线圈,在我们实验室提供的电源、蹄形磁铁的作用下,使它像讲台上的电动机那样转动起来。"这一过程暴露出来的问题较多。学生平时动手实践机会少,绕制出来的线圈要么太大,要么不成形……纷纷败下阵来。下面是一段师生对话的课堂实录:

教师:请大家集中一下,我的第二个任务是不是让大家很纠结? 我现场采访一下
　　　(问附近的一组学生),你说说看,这线圈好绕吗?

学生(摇头):不好绕。

教师:知道了原理,也知道了它应该有什么结构,我们也提供了一定的器材,但是
　　　大家发现要绕制一个线圈让它能够在磁场中转起来,还是很困难的。有同
　　　学刚才问了我一个问题:"老师,刚才它为什么不动?"(拿起这组同学绕制
　　　的线圈展示给全班同学看)我来解答他们的问题,同时也来继续探讨。大
　　　家一起来看一下,首先,这个工艺水平已经可以了(学生笑起来),这点是要
　　　肯定的。至少是一个线圈了,有些组绕制的连线圈的雏形都算不上。但这个

> 为什么不转呢？我已经看出了一些问题。（教师转向该组男生）小伙子，你
> 自己能说说看吗？
>
> 学生：不知道啊！
>
> 教师：我引导你观察一下，有没有发现线圈两端的颜色和其他地方不一样？
>
> 学生：还有颜色不一样啊！
>
> 教师：对啊！我刚才说过，我已经帮大家把两端绝缘漆刮掉了一点。如果发现没
> 有刮干净，你应该继续用砂纸刮。你说有什么不一样？
>
> 学生：那就不导电了。
>
> 教师：对啊！不通电啊！还有一个问题，你发现线圈比支架怎么样？
>
> 学生：大！（卡住了，所以无法转动）

从这段对话中可以发现，学生在动手制作过程中遇到的问题不少，这也使得在这节课上学生并没能成功地绕制一个线圈，动手完成"自制简易直流电动机"这一教学任务。那么，这是否说明笔者的教学设计有问题，设置的探究环节不合理呢？答案是否定的。

对于笔者的教学设计，从课堂上直观浅显地看，学生并没有完成教学任务。但笔者的教学目的根本不是要学生在一节课的时间里制作出一个直流电动机，而是通过这些动手实践的体验，感悟课标中提出的"认识电动机的制成有一个技术创新的过程"。学生完全可以在课后进行自己改进线圈的实验，并最终完成简易直流电动机的制作任务。总之，这是一个长时作业，不是一节课的任务。只有在课堂教学设计中真正落实"过程的探究体验"，才能在教学中通过学生经历实验过程的体验和感悟，培养学生严谨认真、实事求是的科学态度，这才是真正基于课程标准的物理实验教学，真正地体现"以学生的发展为本"的理念，帮助学生实现终身可持续发展。

二、数字赋能

自 2020 年起，上海市发布了一系列文件要求整体推进上海教育的数字化转型，为教育综合改革全方位赋能。而 2023 年上海市中小学中青年教师教学比赛

中学物理学科的主题为"数字化赋能物理课堂教学",旨在引导和促进物理学科教学数字化应用场景的研发,助力新课程实施。

早在 20 世纪 90 年代,上海市中小学就开始全面推广教育信息化技术。笔者参加工作不久,自制的课件被区里推选参加全市物理学科教学软件评比,后来又被选送到全国参加首届全国中小学现代技术课件评比。到了 2002 年后,随着"二期课改"的推进,上海物理学科大力研发和推广 DIS 系统,数字化实验在高中物理实验教学中开始出现,改变了传统的实验教学形式,提升了实验教学的技术手段,极大地推动了实验教学的革新。上海市市北中学作为"二期课改"试点学校之一,笔者在数字赋能物理实验教学方面进行了有益探索。

1. 改进数据采集方式

2007 年,笔者参加了全国中学物理改革创新大赛,公开教学展示课是"牛顿第二定律",用的就是 DIS 实验系统——用 DIS 实验探究牛顿第二定律,当时这在全国是从未有过的课堂实践,如图 2-5 所示。

图 2-5

【教学设计】

牛顿第二定律(一)

一、教学任务分析

1. 教学对象:上海市市北中学的高一学生。

2. 教学内容:基础型课程,上海市"二期课改"新教材《高中物理一年级第一学期(试用本)》,上海科学技术出版社,2006 年 8 月第一版,"第三章　力和物体运动的变化　B.牛顿第二定律",本设计为第 1 课时。

3. 教学任务：牛顿第二定律是继牛顿第一定律后，定量研究物体的加速度与所受外力及物体的质量间的关系。牛顿第二定律内容是本章的重点，也是整个经典力学的基础和核心之一，同时也为以后学习周期运动、机械能等知识奠定基础。

在学习牛顿第二定律前，学生已具备静力学和运动学等基础知识，以及一次函数及其图像等数学知识，并初步会使用 DIS 系统进行实验。

本设计以刘翔 110 米跨栏运动为情景，从起跑开始，对运动员运动状态的改变进行分析讨论，启发学生理解加速度与物体受到的力和物体质量有关。然后通过定性分析和学生分组定量实验探究得出加速度与力成正比，与质量成反比的关系，并归纳得出牛顿第二定律的表达式。

对于学生的实验探究，本设计采用 DIS 实验，运用位移传感器和 DIS 系统的软件平台，采集运动小车的位移信息，利用 DIS 的计算和绘图功能，首先画出小车做匀加速直线运动的 $v-t$ 图像，据此计算出小车的加速度；再根据实验数据分别绘出 $a-F$ 图像和 $a-m$ 图像；通过化曲为直的讨论，进一步得出 $a-\dfrac{1}{m}$ 图像。最后根据图像，经讨论由学生自己得出结论。

在教学方法上，考虑到学生在这之前没有很多探究实验、处理实验数据的经验，本设计通过演示自制的 PPT 课件，介绍实验器材、方法和步骤，同时还让一个学生上台来配合教师进行演示，使学生较好地了解该实验的操作要点。

本教学设计的设计思路是：强调问题讨论、DIS 实验研究，强调通过学生主动参与，充分发挥教师的指导作用，着眼于培养学生的实验能力和比较判断、归纳概括的能力，使学生在探究过程中经历科学探究的一般过程，体验科学探究的一般方法，感悟合作学习的效能，激发合作的意识，提高学习的兴趣。

二、教学目标

1. 知识与技能

（1）理解力是产生加速度的原因。

（2）理解在质量一定的前提下，加速度与力成正比，知道这个关系建立的实验过程。

（3）理解在力一定的前提下，加速度与质量成反比，知道这个关系建立的实验过程。

（4）初步学会用物理图像来分析物理现象。

2. 过程与方法

（1）通过应用 DIS 实验对 a、F、m 三个物理量之间定量关系的探究，经历实验探究物理规律的一般过程，感受控制变量的研究方法。

（2）通过对 $a-F$、$a-m\left(a-\dfrac{1}{m}\right)$ 的图像的分析，感受图像分析和处理的方法。

3. 情感态度与价值观

（1）通过"提出问题—假设猜想—设计方案—实验探究—归纳总结—得出结论"的探究过程，感悟严谨踏实的科学态度。

（2）通过小组合作交流的探究过程，激发团队精神和合作互助意识。

三、教学重点与难点

1. 教学重点：探究并理解加速度与力、质量之间的关系。

2. 教学难点：探究加速度与力、加速度与质量之间定量关系的实验过程。

四、教学资源

1. 实验系统：DIS 实验系统（包括位移传感器、数据采集器，DIS 实验软件平台，计算机）。

2. 实验器材：小车及配重片，铝合金导轨、滑轮及支架，小桶，砝码若干，细长线。

3. 媒体资源：自制 Flash 动画课件、自制 PPT 课件，录像资料等。

五、教学流程

1. 流程图

本节课教学流程如图 2-6 所示。

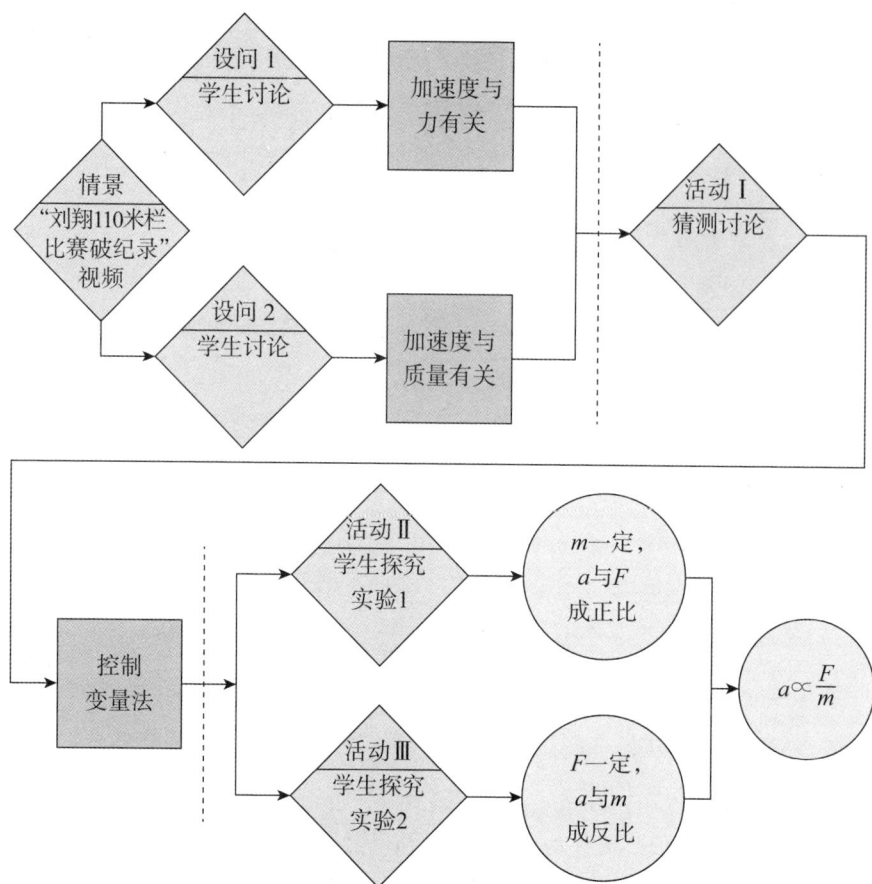

图 2-6

2.流程图说明

情景　播放"刘翔110米栏比赛破纪录"视频,请学生注意观察画面中的起跑过程。

设问1　运动员起跑是一个怎样的运动过程?

助跑器对运动员起跑获得加速度有什么作用?

学生讨论。

结论:有力就会产生加速度,说明加速度与力有关。

设问2　加速度还与哪些因素有关呢?

学生讨论。

结论：加速度不仅与力有关，还与物体的质量有关。

引入课题：加速度与力、加速度与质量之间有怎样的定性和定量关系？

活动Ⅰ　猜测讨论　猜测加速度与力、加速度与质量之间存在怎样的定性关系。

学生活动　通过充分讨论，猜测：

物体质量一定，力增加，加速度增加；

力一定，物体质量增加，加速度减小。

教师引导：在物理量之间的定量关系中，正比和反比是最简单的定量关系。

控制变量法探究　通过实验来探究质量一定时，加速度与力是否成正比；力一定时，加速度与质量是否成反比。

活动Ⅱ　学生探究实验1　探究 m 一定时，a - F 关系。

播放 Flash 动画课件和实验演示介绍实验装置、实验步骤和图像分析方法。

学生分组合作，完成小车的质量一定时，小车的加速度随牵引力变化的实验。

教师启发以图线来表示实验结果。

结论：m 一定时，a 与 F 成正比。

活动Ⅲ　学生探究实验2　探究 F 一定时，a - m 关系。

通过实验得出，a - m 图像是一条曲线。

化曲为直后讨论得出，a - $\dfrac{1}{m}$ 图像是一条基本过原点的直线（由于误差影响）。

结论：F 一定时，a 与 m 成反比。

归纳总结　得出牛顿第二定律的表达式 $a \propto \dfrac{F}{m}$。

3. 教学的主要环节　本设计分为三个主要的教学环节

第一环节　通过情景引入和学生讨论，得出加速度与力有关、加速度与质量有关。

第二环节　通过联系生活实际和学生的猜测讨论,定性得出结论:质量一定时,力大,加速度大;力一定时,质量大,加速度小。

第三环节　通过两个学生探究实验,得出定量结论并归纳出牛顿第二定律的表达式。

【案例剖析】

当时,全国版教材在验证或探究牛顿第二定律时使用的器材是打点计时器、长木板和小车。实验时,长木板要倾斜一定的角度以平衡摩擦力,倾斜的角度是否合适要通过在长木板上释放小车来判断,只有在小车后面拖动的纸带上打下的点是均匀的(即小车做匀速直线运动)才符合要求。学生往往会在这个环节上花费大量的时间。平衡好摩擦力后,不论是控制拉力不变研究物体加速度和质量的关系,还是控制质量不变研究拉力和加速度的关系,都要测量加速度。而加速度的测量也是通过计算纸带上打下的点的间距求得。如果每组实验想改变 6 次条件,那么就要打 6 条纸带,每条纸带采集 5～6 组数据来测量计算加速度(取平均值)。那时做一次实验,笔者和实验员就得不停地为学生更换学生电源的保险丝,修理打点计时器的振针,小车的轮子也时不时地掉下来"凑热闹"。一堂课下来,能把所需要的纸带打好就已经很不错了,而数据分析处理只能放在课后完成。

但在 DIS 实验系统中,小车是在相当平直光滑的铝合金导轨上运动,几乎不用垫高一端来平衡摩擦力。小车的运动用 DIS 位移传感器测量,数据分析由电脑完成,在电脑上还可以显示 $s-t$、$v-t$、$a-F$、$a-m$、$a-\dfrac{1}{m}$ 图像,整堂课能够完成对所有环节的探究,并得出实验探究的结论。DIS 实验系统改变了数据采集的方式,节约了数据分析的时间,极大地提高了实验教学的课堂效率,使实验探究环节能够真正得以实施。DIS 实验系统的最大特点就是使用数字化的传感器以及用电脑显示和处理传感器测得的数据。其实,DIS 实验和常规实验没有本质的区别。传感器一定是今后所有领域的主要测量工具和手段,符合现代科技发展的方向,就好比以前用手肘长度来测量长度,后来发展到刻度尺(如游标卡尺),今天我们用传感器测量距离。如果生活在古希腊,你会觉得传感器太不可思议了,但在 21 世纪的今天,红外测距传感器是一个很方便的测量工具。

2. 助力概念建立过程

高中物理的学习一般是从学习运动知识开始的。在初中物理中,学生面对的是匀速直线运动的情境,物体的运动速度不发生改变,在任何时间段内物体运动的路程除以所用时间都等于匀速直线运动的速度,学生非常容易在这一情境下建立速度的概念。而高中物理将在初中物理的基础上进一步研究物体做变速运动(包括直线运动和曲线运动)时如何描绘和测量物体运动的瞬时速度。瞬时速度的概念是教学的难点所在。《新课标》的"学业要求"中提出,通过瞬时速度概念的建构,体会物理问题研究中的极限方法和抽象思维方法。这对高一新生而言太过抽象,他们还是较为习惯接受形象直观的物理现象,从现象再提炼出概念和原理。

基于高一新生的认知基础,可结合学生必做实验"测量做直线运动物体的瞬时速度",将学生必做实验和瞬时速度概念建立的教学过程结合在一起,让学生观察实验现象,从实验数据中寻找规律,感受无限逼近的分析方法,经历模型建构的过程,理解瞬时速度的含义。

【教学片段】

教师:大家在体育课上跑 100 m,你知道自己跑过中点 50 m 处的瞬时速度是多少吗?

学生:……(难以回答)

教师:用你跑 100 m 全程的平均速度来代替 50 m 中点处的瞬时速度是否合理?

学生:这个……太粗略了吧!在跑的过程中速度是变化的呀!

教师:那么,大家思考一下,这个问题怎么解决呢?如果在 50 m 中点前后各 1 m 处放一个标记,计算出你跑过这 2 m 的平均速度,用它来替代 50 m 中点处的瞬时速度,可行吗?

学生:这个好像可以,这个比刚才用跑 100 m 全程的平均速度合理一点。

教师:那有没有更合理的测量方法呢?

在上面这段师生对话的基础上,教师展示手中的 DIS 光电门传感器,介绍其测量原理——光电门传感器记录的是挡光物体经过它时的挡光时间。接着展示 4 个挡光片(其宽度分别为 8 cm、6 cm、4 cm 和 2 cm),先让学生自己测量其挡光宽度,然后引导学生将光电门传感器固定在倾斜轨道下端附近,挡光片安装在滑块上。将滑块在轨道上同一位置由静止释放,体验用不同宽度的挡光片(挡光片前端安装在滑块上的位置相同)测量物体运动通过光电门传感器时的平均速度,如图2-7所示。实验完成后,引导学生思考:哪一个宽度的挡光片测得的平均速度更接近于挡光片前端经过光电门时的瞬时速度?

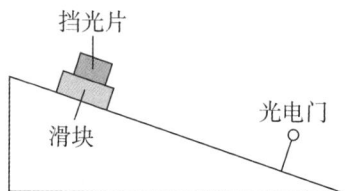

图 2-7

在上述实验的基础上,教师可以提出新任务:让学生自己设计挡光片的宽度,再次采集不同宽度的挡光片通过光电门传感器时的时间和平均速度。比如,有一组数据如表2-1所示。

表 2-1 数据记录表

序号	挡光片的宽度 Δx/m	挡光时间 Δt/s	速度 /(m·s⁻¹)
1	0.300	0.510	0.59
2	0.200	0.363	0.55
3	0.100	0.196	0.51
4	0.060	0.122	0.49
5	0.020	0.043	0.46
6	0.010	0.022	0.46
7	0.006	0.013	0.46

从这组数据中可以看到,随着挡光片的宽度逐渐变小,挡光时间也逐渐变短,最后三个速度值均为0.46 m/s。这时可以启发学生思考:为什么随着挡光片的宽度减小,速度逐渐趋向一个定值呢? 这就是无限逼近的极限思想在实验数据处理中的显性体现,极窄的挡光片宽度所对应的这段微小位移内的平均速度就会无限

逼近挡光片前端经过光电门传感器时的瞬时速度。经过对这一系列实验数据的采集、分析和讨论，学生经历了对瞬时速度这一测量实验的探究过程，直观地感悟"无限逼近"的思想方法，进一步达到了理解瞬时速度的概念这一教学目的。

3. 真实情境呈现问题

用 DIS 研究一定质量气体在温度不变时，压强与体积关系的实验装置如图 2-8 所示，实验步骤如下：

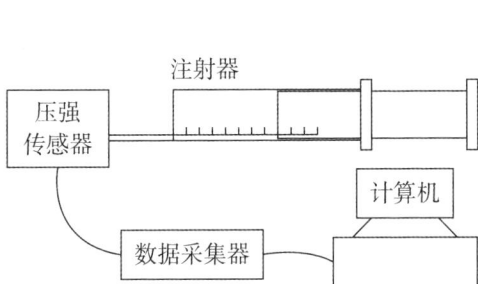

图 2-8

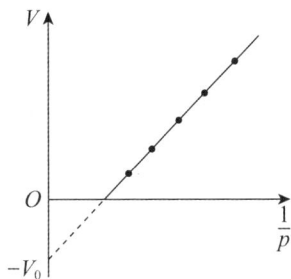

图 2-9

① 把注射器活塞移至注射器中间位置，将注射器与压强传感器、数据采集器、计算机逐一连接；

② 移动活塞，记录注射器的刻度值 V，同时记录对应的由计算机显示的气体压强值 p；

③ 用 $V-\dfrac{1}{p}$ 图像处理实验数据，得到如图 2-9 所示图线；

④ 如果实验操作规范正确，但如图所示的 $V-\dfrac{1}{p}$ 图像不过原点，则 V_0 代表_____。

这是 2010 年上海市高考物理卷中一道实验题的第 3 小问。这个问题是有一定难度的。

为了让学生有一个直观的感受，笔者在 DIS 实验室里让学生动手操作了这个实验。实验前，让他们在通用软件里选择体积 V 为纵坐标，横坐标用自选公式，表达式为 $\dfrac{1}{p}$，并强调要保持封闭气体的温度和质量不变。学生就迫不及待地开始进行实验了。在他们的头脑里,实验得到的图像应该是一条过原点的倾斜直线(因为 $pV\equiv C$,所以 $V=k\dfrac{1}{p}$)。但学生们纷纷发现,实验图像确实如图 2-10 所示并未过原点。

图 2-10

这下子他们有点"懵",于是有的小组重新进行实验,有的小组激烈讨论……这时我提出建议:让他们把在桌子上事先准备好的白色围棋子放入注射器内,再次进行实验。结果发现,图线向纵坐标正方向移动了,接近坐标原点。有的学生脱口而出"怎么跑上去了?",而有些学生已经明白了其中的奥秘。其实原因很简单:开始实验时输入电脑的气体体积 V 的数据有误,只记录了注射器内气体的体积,而忽略了连接压强传感器和注射器的软管中的一小段气体的体积;而围棋子的体积大小恰好接近于这一小段软管中气体的体积,用围棋子的体积来补偿软管中气体的体积,因此图线就上移了(见图 2-11)。至此,通过 DIS 实验,这道题目的答案就很清晰了:V_0 代表注射器与压强传感器连接部位的气体体积。

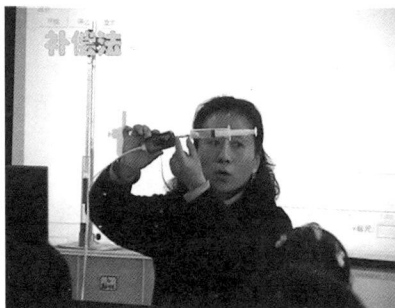

图 2-11

接着,笔者进一步引导学生运用公式来推导,此时学生经过刚才的实验,有了直观的实验体验,很容易地推导出:$p(V_{注}+V_{管})\equiv C \Rightarrow V_{注}=k\cdot\dfrac{1}{p}-V_{管}$。至此,学生也就理解了图像完整的物理意义。在这个基础上,笔者进一步提问:能否利用这个实验的原理来测量可溶于水的不规则物体的体积。学生的思维又活跃起来了,只要在原实验中输入气体体积V时加上软管中的气体体积,则图中的图线将再次上移,那么图线与V轴正半轴会有一个交点,此时的截距V_0就等于围棋子的体积了。如果将围棋子替换成其他待测物体,那么就可以测量出其体积。

DIS 实验系统测量精确,数据采集方便快捷,我们可以用全新的视角开发 DIS 实验系统的使用价值,把一个抽象的物理题目通过具体的实验演示真实情境,测量所得的数据也可以利用通用软件强大的测量和作图功能画出对应的图像。数字化技术作为实验教学的重要辅助手段,它所蕴含的功能需要我们在课堂实践中不断地研发,不断地探索,值得我们不断思考和研究。

三、实践激趣

提到实验教学,教师往往会在创新实验手段、提高实验演示效果、提高测量精度等方面下功夫,但却容易忽视一个重要的视角:学生的学习。其实,从学生学习的角度来看,如何通过各种有趣的物理实验提高学生学习的兴趣,使他们能更容易地理解物理概念和规律,更为重要。因为这样能让学生看到实验现象,理解物理问题源于真实情境,都可以通过实验进行观察和测量,从而获得真实的实践体验。

1. 动手制作的趣味挑战

在学完相关物理知识后,可以尝试让学生动手设计和制作有趣的物理实验器材。比如,制作一个简易验电器,无须定量测量带电量的大小,只要能检验物体是否带电即可。验电器的物理原理非常简单,运用的是同种电荷相互排斥的原理,这个任务对高中学生而言似乎非常容易。但如果让学生自行设计,取材不限,制作一个能检验物体是否带电的简易验电器,他们完成的情况如何呢?

在学习"电场"这一章时,笔者布置了一个制作类的长时作业:每个学生制作一个简易验电器,时间是两周。两周后,学生带着他们的作品到办公室里一个个接受面批,检查验电器能否正常工作。笔者用带电的橡胶棒轻触验电器的验电端,检验其是否能正常工作,并给每一件作品打个分数,对于制作特别漂亮的就用数码相机拍下来,作为优秀作品在课堂上播放展示。其中几个非常有特色的作品如图 2 - 12 所示。

图 2 - 12

千万不要小看这个实验器材制作类的作业,它考查的能力非常全面,包括物理原理掌握能力、动手操作技能和审美设计能力等。学生们的作品五花八门,各种状况都有,令人啼笑皆非。比如,有的学生把两个金属箔片牢牢地粘在导电杆上,导致金属箔片带电后也无法张开;有的学生所用的材料不能导电;有的学生将金属箔片虚虚地搭在导电杆上,在从教室出发到办公室的路上一路走、一路掉、一路捡,到办公室时这个同学已经满头大汗……当然也有做得非常棒的,如图 2 - 12 所示的几件作品性能和外观都很出色。左上角的验电器类似莱顿瓶的样子,外观简洁,效果清晰;右上角的验电器非常巧妙地将两根金属指针放入表盘内,还可以从指针张开的角度大致判断带电量的大小;左下角的验电器是一个许愿瓶,样子唯美;右下角的验电器设计独特,当用带电的橡胶棒接触马头上的金属丝时,马尾巴就会张开。不论学生的作品创作程度如何,学生都从寻找合适的材料开始经历了一个完整的制作过程,强化了实践操作、情境体验、探索求知、亲身感悟和创新创造等方面的能力培养。实际上,高中物理学科中能让学生自己动手做一做的实验作业有很多,可供开发的制作类实验资源也非常丰富。只要有这样的理念,就一定会设计出更多、更好的体验制作类实验项目。

2.“纸上”试题的实验呈现

对于高中学生来说,图像类题目是一个难点。他们常会提出这样的疑问:这些题目中的图像从何而来? 是否真实? 因为学生对试题的情境非常陌生,不清楚图像的实验背景,对图像缺乏真实感受,所以解题时不容易找到思考和分析的方向。

如果将试题中的情境以实验的方式进行真实呈现,采集数据得出图像,再进行分析,就能让学生获得真实的体验感悟,扫除解题过程中的思维障碍。比如:

> 利用力传感器、数据采集器和计算机(图中未画出)可以对快速变化的力的特性进行研究。实验时,把图 2-13 甲中的小球举到绳子的悬点 O 处,然后让小球由静止下落。用这种方法获得的具有弹性的细绳的拉力随时间变化的图像如图 2-13 乙所示,以下判断中正确的是(　　)。
>
> A. t_1、t_4 时刻小球速率最大
>
> B. t_2、t_5 时刻小球动能最小
>
> C. t_3、t_4 时刻小球速度可能相同
>
> D. 小球在运动过程中机械能守恒
>
>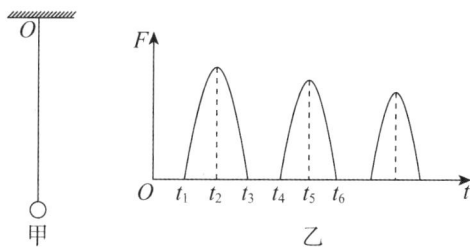
>
> 图 2-13

此题图像蕴含的信息非常丰富,学生一下子难以找到突破口。通过 DIS 实验进行数据采集,学生发现,$F=0$ 的过程是弹性绳的拉力为零,即小球在弹性绳自然下垂的最低点上方运动的过程。在 $0\sim t_1$ 时间内,小球自由下落,加速度为重力加速度 g;在 $t_1\sim t_2$ 时间内,小球继续下落,弹性绳被拉长,弹性绳的拉力逐渐

增大,当拉力等于小球重力时,小球的瞬时速度达到最大。弹性绳拉力最大的位置在小球运动到最低点的位置,此时小球的瞬时速度为0,对应t_2时刻。在$t_2 \sim t_3$时间内,小球从最低点开始向上运动,弹性绳逐渐变短,弹性绳的拉力逐渐减小,在t_3时刻弹性绳恢复原长。在$t_3 \sim t_4$时间内,小球经历一个竖直上抛的过程,弹性绳的拉力为零。通过实验数据采集,学生看到了图像生成的全过程,特别是对$F = 0$这段图像和物理过程的对应就能理解得更清晰、更容易。

另一个案例更为典型——在"探究加速度与物体受力、物体质量的关系"实验中,小车质量为何要远大于钩码质量以及钩码质量大小对实验误差有何影响。这个内容在学习牛顿第二定律时是一个难点,因为学生在探究牛顿第二定律的实验中就要运用牛顿第二定律对连接体进行受力分析并运用牛顿第二定律进行讨论,这种知识形成过程很容易陷入逻辑混乱。但如果通过真实实验,改变钩码质量,用 DIS 实验采集多组数据,绘制实验图像,就能真实呈现如图 2-15 所示的实验图像,让学生经历真实的实验过程,看到随着钩码质量逐步增大,图线越来越偏离原直线,对钩码质量为何要远小于小车质量这一条件就有了实验数据的支撑,因此就能完成正确、严密、科学的知识建构。

图 2-14 所示是"用 DIS(位移传感器、数据采集器、计算机)研究加速度和力的关系"的实验装置。

(1) 在该实验中必须采用控制变量法,应保持_____不变,用钩码所受的重力作为_____,用 DIS 测小车的加速度。

(2) 改变所挂钩码的数量,多次重复测量。在某次实验中根据测得的多组数据可画出 a-F 关系图像,如图 2-15 所示。

① 分析此图线的 OA 段,可得出的实验结论是_____。

②(单选题)此图线的 AB 段明显偏离直线,造成此误差的主要原因是(　　)。

A. 小车与轨道之间存在摩擦

B. 导轨保持了水平状态

C. 所挂钩码的总质量太大

D. 所用小车的质量太大

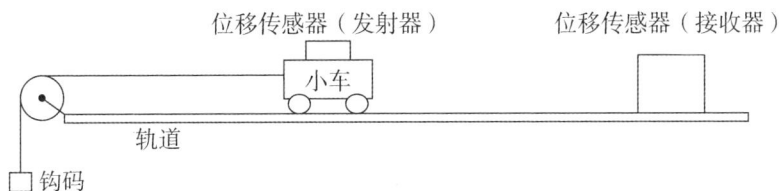

图 2-14

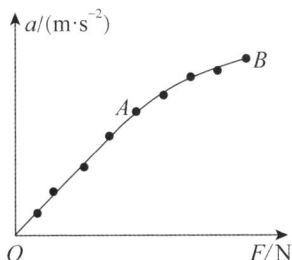

图 2-15

　　传统试题往往是高度建模、消除各种次要因素后的理想模型,学生只需要列式求解即可。新课标的评价导向关注学生真实问题的解决能力,因此越来越多的试题源于真实情境,复杂程度高于以往的传统试题,如果学生在学习过程中没有这类真实实验呈现试题问题、数据和分析的经历,那么就难以形成综合运用物理学科知识解决问题的素养。因此,教师在教学过程中要有意识地创造试题的实验情境,让学生动手探究得出数据、图像,进而分析问题、解决问题。

第三节　实验教学能力提升

一、素养导向

　　本章第一节从学科本源的角度出发,结合实验在人类社会发展史上的重要作用分析了实验的六个素养维度,分别为观察、测量、假设、解释、验证和应用。这也是物理实验需要重点培养的实验素养。第二节中的课堂教学实例注重实验教学的过程而非结论,注重在实验教学中激发学生的学习兴趣。在区创智工坊研修中,杨浦区高中物理学科团队进一步提升物理实验教学能力,梳理、提炼出每一个实验所能承载的实验素养,通过课堂教学实践积累丰富的案例,并通过打通章和章之间的知识"壁垒",建构实验大单元,将素养培育设计成串接各个实验的暗线,从而达到持续培育学生实验素养的教学目标。

1. 探究类实验

在中学物理教材中,探究类实验的结论是已有的物理规律或定律,换句话说,其探究结论不是开放的、未知的,而是一个确定的结果。探究类实验的目的是:在新概念的建立过程中,给学生足够的时间和空间去探索和思考,给学生足够的信心和鼓励,给学生足够的资源和素材,让他们能全身心地投入并获得深度的内在体验。在探究过程中,学生经历充分的活动体验,逐步接近学习目标,从而实现对知识的内化和吸收。

在这里,以沪科技版高中物理教材选择性必修2"第五章 磁场 第一节 安培力"第1课时中"探究安培力方向与磁场方向、电流方向之间的关系"这一自主活动为例,具体呈现如何在探究类实验的教学设计中注重探究过程的充分开展,以逐步培养学生的实验素养。

在《义务教育物理课程标准(2022年版)》实施之前,上海的高二学生在学习"磁场"知识前,并不知道"通电导线在磁场中会受到力的作用,知道力的方向与哪些因素有关"这一知识点,所以沪科技版教材中设计了"探究安培力方向与磁场方向、电流方向之间的关系"这一自主活动。通过深入分析,我们发现了学生学习的"痛点":对空间三维立体图的识读存在障碍,三维图、二维图的相互转化存在困难等。所以,我们团队教师通过几个细化且持续进阶的活动让学生充分体验三维空间和二维平面的相互转化,帮助他们基于课堂多组实验证据得出安培力方向与磁场方向、电流方向之间的关系,进而建构左手定则这一记忆模型。具体活动过程如表2-2所示。

表 2－2　"探究安培力方向与磁场方向、电流方向之间的关系"活动过程设计

活动过程	设计说明
探究安培力方向与磁场方向、电流方向之间的关系：采用下图中的实验装置，通过分别改变电流方向、磁场方向来观察通电导体棒的运动方向，即其所受安培力的方向。 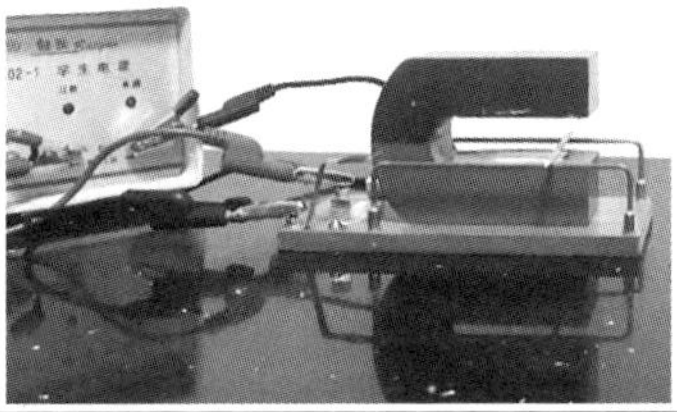	学生观察到的是电流方向、磁场方向和安培力方向这三者的三维立体空间方位关系，培养了仔细观察实验现象的素养。
学生将观察到的电流方向、磁场方向和安培力方向记录在实验任务单上。	学生从真实的三维立体空间向二维平面转化，培养了信息获取和处理的实验素养。
尝试找出安培力方向与磁场方向、电流方向间的规律。根据自己绘制的二维平面图，用下图中的三根带不同颜色箭头的游戏棒搭建模型，寻找它们固定的对应关系。 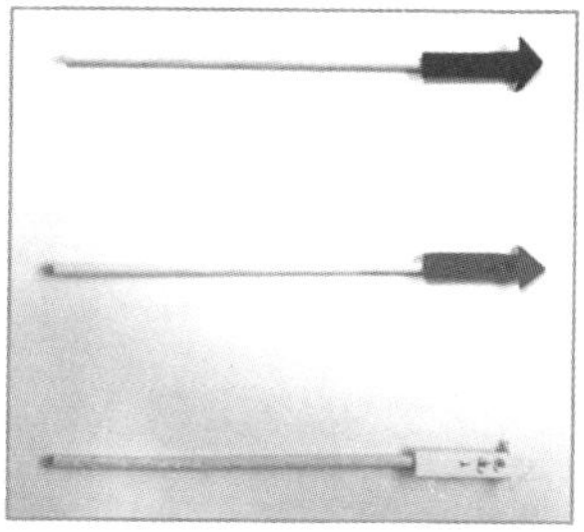	学生搭建立体模型，再次从二维平面图向三维立体模型转化，有助于进一步建立三维立体空间的方位感，以及三维图和二维图之间的相互转化，培养了信息获取和处理的实验素养。
把各组搭建的模型放到讲台上，寻找三者方向的固定关系，进一步学习三者方向的判断和记忆法则——左手定则。 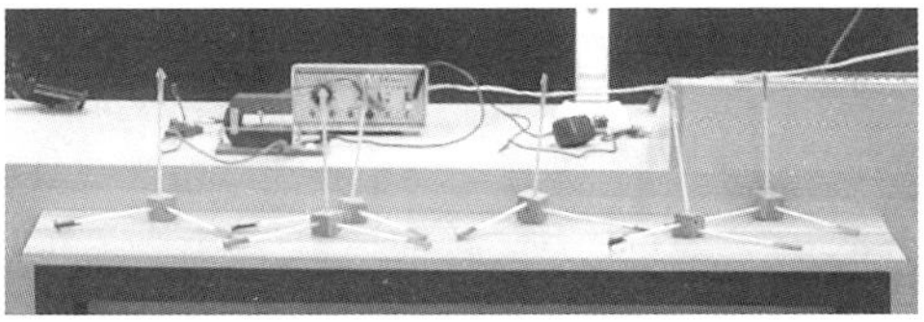	学生观察讲台上搭建的多组模型，提炼其中蕴含的规律，掌握三维立体空间的记忆法则，培养了基于证据得出结论的实验素养。

表格中的最后一个过程是整个自主活动关键且必不可少的一步,让学生从多组模型中提炼规律,这是探究类实验的"点睛"之笔,但教师往往会忽略或压缩这一过程的时间,觉得它无关紧要。对探究类实验来说,帮助学生经历得出物理规律的过程才是素养培育的关键,充分从容地开展探究类实验是素养培育的充分条件。

2.验证类实验

与探究类实验不同,验证类实验是学生通过实验验证已经学过的物理规律或定律。对一个学生已经掌握的物理规律或定律进行实验验证,其素养培育应聚焦于实验方案设计、实验装置搭建、实验数据测量、实验结论验证等方面。

下面以沪科技版高中物理教材必修2"第七章 机械能守恒定律 第五节机械能守恒定律"第3课时中"验证机械能守恒定律"这一学生实验为例,具体呈现如何在验证类实验的教学设计中引导学生根据所学的物理规律设计实验方案,开展实验并对实验结论进行分析验证。

《新课标》对该学生实验的内容要求为:"通过实验,验证机械能守恒定律。"学业要求为:"能明确实验需要测量的物理量,由此设计实验方案。会使用所提供的实验器材进行实验并获得数据,通过对数据的分析发现其中的特点,进而归纳出实验结论,并尝试对其作出解释。能撰写简单的实验报告。"在沪科技版《普通高中物理教学参考资料 必修 第二册》中,该学生实验的主要目的是:设计实验方案,学习使用机械能守恒实验装置验证机械能守恒定律。这一要求略高于课标要求,考虑到本区不同学校的学生学情,我们团队教师在教学实践中设计了两种方案:方案一适合所有学生,是学生应掌握的实验技能和素养,达到水平2;方案二适合学习基础较高、具备一定独立思考和操作技能的学生,实验素养要达到水平4。具体活动过程如表2-3所示。

表2-3 "验证机械能守恒定律"学生实验过程设计

方案	实验过程	设计说明
方案一	依据机械能守恒的前提条件,思考哪些运动过程满足机械能守恒条件。	学生运用机械能守恒定律分析常见的各类运动模型,理解并验证机械能守恒定律的原理。

（续表）

方案	实验过程	设计说明
方案一	根据教材提供的实验装置,分析讨论其是否满足机械能守恒条件。	论证实验装置的可行性,培养学生观察这一实验素养和科学论证能力。
	根据实验装置,设计实验步骤,确定需要测量的物理量及测量方法。	培养学生利用已有的实验装置设计和制订实验方案的科学探究能力。
	控制实验条件,正确进行实验操作,获取挡光片在不同位置的高度和对应的瞬时速度,结合摆锤质量得到摆锤的动能和重力势能。	学生在实验中获取直接测量的实验数据,通过简单的运算得到摆锤的动能和重力势能,培养测量这一实验素养。
	比较摆锤动能变化量和重力势能变化量的大小,分析可能的原因,交流讨论如何减小实验误差。	学生对实验数据进行整理和分析,判断实验数据是否能验证机械能守恒定律,解释引起实验误差的各种可能情况。
方案二	课前:学生自主设计新的实验验证方案,绘制实验装置草图,在上课前一天提交给老师。	学生根据机械能守恒定律自主设计验证方案,培养验证这一实验素养。
	课中:学生在完成方案一的基础上,利用学校实验室提供的器材完成自己设计的验证实验。	学生在实验中获取直接测量的实验数据,通过简单的运算获取运动物体的动能和重力势能,进一步培养测量这一实验素养。
	课后:分析实验数据,比较运动物体动能变化量和重力势能变化量的大小,分析自己设计的方案是否能验证机械能守恒定律,并对可能产生误差的原因进行分析。	学生依据实验结论对自己的实验方案进行评估和反思,培养独立批判的思辨能力。

在验证类实验中,学生经历对某个物理定律或规律的实验验证过程,运用已有的物理知识分析实验方案是否满足定律成立的前提条件,测量相应的数据,通过数据分析判断实验结论是否能验证该物理定律,特别注重对实验误差来源的讨论,注重评估和反思。

3. 测量类实验

物理实验离不开对各类物理量的测量,并对测量所得的数据进行处理。对于测量类实验,其实验素养的培育应注重如何选择合适的测量工具、采用合适的测量方法、进行科学规范的数据处理。

下面以沪科技版高中物理教材必修 3"第十章 电路及其应用 第三节 测量金属丝的电阻率"中"长度测量及其测量工具的选用"这一学生实验为例,具体呈现如何在测量类实验的教学设计中引导学生根据不同的测量要求选取合适的测量工具进行测量,并对测量数据进行分析和处理。

《新课标》对该学生实验的内容要求为:"会测量金属丝的电阻率。"而要测量金属丝的电阻率,就需对导体长度、截面直径进行测量。学业要求为:"能在教师指导下制订实验方案,能选用实验器材进行实验,获取实验数据;会用图像处理实验数据,能根据图像获得结论。"在沪科技版《普通高中物理教学参考资料 必修 第三册》中,该学生实验的主要目的是测量金属丝的长度与截面直径,学会使用数字显示游标卡尺和数字显示螺旋测微器。因此,学生应理解不同的测量工具能测量的范围、精度不同,能根据所测量物体的特征选取合适的测量工具,多次测量求平均值以减小测量误差,获得正确的测量结果。"练习使用数字显示游标卡尺"的具体实验过程设计如表 2-4 所示。

表 2-4 "练习使用数字显示游标卡尺"实验过程设计

实验过程	设计说明
观察数字显示游标卡尺的外观、主要部件和功能按钮,阅读配套的数字显示游标卡尺的使用说明书。	面对一个新的测量工具,学生通过阅读使用说明书了解其测量方法和注意事项,培养严谨规范的科学态度。
打开数字显示游标卡尺的开关,将游标卡尺的外测量爪并拢,观察显示屏上的示数是否为零,如果不为零,则需要先按"置零"键调零。	学生观察新的测量工具的外观,为进一步使用作准备。调零是很多测量仪器使用前必不可少的一个准备环节,可以培养学生的实验规范。
练习使用数字显示游标卡尺测量小钢球的直径、塑料管的外径和内径、物理教科书的厚度、笔筒的深度等,学会使用数字显示游标卡尺测量不同形状的物体的各类尺寸。	学生通过对各种不同形状的物体的尺寸进行测量,学习使用数字显示游标卡尺,加深对如何进行测量工具的选择的理解,并通过多次测量以增加实验操作的熟练程度。

（续表）

实验过程	设计说明
使用数字显示游标卡尺在待测金属丝的不同位置多次测量取平均值。	学生通过多次测量取平均值的方法减小测量误差,培养测量这一实验素养。

沪科技版教材采用数字显示游标卡尺和数字显示螺旋测微器进行测量,测量数据可以从显示屏上直接读取,因此学会使用数字显示游标卡尺和螺旋测微器测量长度的学习难度并不大。对于该测量类实验,教师应注重引导学生学会如何根据待测物体的尺寸、形状和测量精度要求选择量程合适的测量工具;引导学生理解不同的测量工具能测量的范围、精度不同,能根据所测量物体的特征选取合适的测量工具,多次测量求平均值以减小测量误差,并最终获得正确的测量结果。

4.观察类实验

观察类实验承载的实验素养不仅仅是观察本身,而是通过观察实验现象、实验数据图线等,分析其中蕴含的实验原理、物理规律,从而多角度地培养学生的实验素养。

下面以沪科技版高中物理教材必修3"第九章 静电场 第六节 电容 电容器"中"观察电容器的充、放电现象"这一学生实验为例,具体呈现如何在观察类实验的教学设计中培养学生的观察、解释等实验素养。

《新课标》对该学生实验的内容要求为:"观察常见的电容器,了解电容器的电容,观察电容器的充、放电现象。能举例说明电容器的应用。"学业要求为:"能在教师指导下制订实验方案,能选用实验器材进行实验,获取实验数据;会用图像处理实验数据,能根据图像获得结论。"在沪科技版《普通高中物理教学参考资料 必修 第三册》中,该学生实验的主要目的是:通过实验观察电容器在充、放电过程中电流与电压的变化,分析电容器所带电荷量及能量转化情况。学生通过观察电容器的充、放电现象了解电容器的作用,知道电容器是一种储藏电荷和能量的装置,获取直观的体验。因此,在学生开展实验前,引导学生思考在实验中要观察哪些实验现象,分析电流、电压随时间变化的图像能得出哪些结论等问题。具体实验过程如表2-5所示。

表 2－5 "观察电容器的充、放电现象"实验过程设计

实验过程	设计说明
依据电容器的结构、定义和实验装置图,对实验现象进行预判,思考并设计观察任务。	学生思考在电容器充、放电过程中应具体观察哪些物理量的变化,如何对观察到的现象进行记录等,培养观察这一实验素养。
对电容器充电,观察电容器充电过程中电压传感器和电流传感器所采集的电压随时间变化的 $U-t$ 图像、电流随时间变化的 $I-t$ 图像。	学生观察电压传感器的读数正负及变化情况,讨论与电源正极相连的极板带正电荷还是负电荷、两极板间的电势差如何变化;观察电流传感器的读数并判断电路中电流的流向,做好相应的记录,培养解释这一实验素养。
使电容器放电,观察电容器放电过程中电压传感器和电流传感器所采集的电压随时间变化的 $U-t$ 图像、电流随时间变化的 $I-t$ 图像。	学生观察电压传感器的读数正负及变化情况,讨论与电源正极相连的极板带正电荷还是负电荷、两极板间的电势差如何变化;观察电流传感器的读数并判断电路中电流的流向,做好相应的记录,并与充电过程进行对比,培养解释这一实验素养
观察在一次完整的充、放电过程中电压与电流变化图像的对应关系。	学生用科学、规范的文字描述变化规律,进行对比分析,培养应用这一实验素养。

该实验采用 DIS 实验系统进行测量,使得实验数据采集变得简捷方便,从而在课堂上"释放"出较充裕的时间。教师应充分利用这一点,引导学生在实验所得图像清晰直观的基础上对数据进行分析处理,运用学过的物理知识进行解释交流。而对于不能直接观测到的电荷量及能量变化,教师需要结合电容器的结构、定义和实验装置图、实验所得图像,引导学生交流讨论如何从能量转化和守恒角度推断电容器在充、放电过程中获得的能量来源及转化,如何从电流方向及电压变化推断电容器两极板间所带电荷量的变化。

以上针对不同类型实验进行的活动设计和实施,体现了不同类型实验所承载的不同实验素养培养的教学功能。但在具体的实验教学中,切忌"贴标签",不同类型的实验虽然对实验素养的培养有所侧重,但每一个实验如果精心设计,或多或少都能针对观察、测量、假设、解释、验证和应用这六个素养维度进行培养。素养的形成不是一朝一夕的事情,从高一学生接触的第一个实验开始,逐步提升对实验活动的具体任务要求,循序渐进地提高学生的实验素养水平,是我们进行实验教学设计和实施的准则。

二、项目引领

杨浦区作为国家级"双新"示范区,自 2020 年 9 月开始,认真贯彻落实《关于加强和改进中小学实验教学的意见》(教基〔2019〕16 号)的具体要求。杨浦区教育局、杨浦区教育学院以高中物理学科为试点学科,并在上海市教委教研室(后改为上海市教师教育学院)的指导下开展了系列教师实验教学能力提升的研修项目。

1. 区"十四五"新课程新教材教师培训课程

培训课程的总体目标为:全面贯彻党的教育方针,落实立德树人根本任务,发展素质教育,努力构建与德智体美劳全面培养的教育体系相适应、与课程标准要求相统一的实验教学体系,在高中物理学科新教材实验教学中进一步深化区"创智课堂"培育项目。

（1）模块 1:新教材课堂实验教学

在专家组的指导下,高中物理学科青年教师实验教学培训班成员深入开展"创智课堂"培育项目——高中物理学科新教材实验教学实践。在起始年级,通过课堂演示实验、学生实验等启智激疑,激发学生学习物理的兴趣,引导学生思考,提出有质量的问题;随着学习的深入,引导学生运智破疑,尝试运用学过的物理知识来破解难题;到了高年级,学生能树立正确的物理观念,达到较高层级的科学思维水平,具备科学探究的能力,掌握正确的科学探究方法,形成严谨踏实的科学态度与责任,达到提智释疑的最高层级。

在教学实施过程中,引入高校专家指导,设计针对教师、学生的科学量化研究指标,设计过程性评价量表,对教师的教和学生的学进行跟踪评估,形成学生学习过程的评价档案袋;对教师的教学行为进行分析和评估,提炼实验教学范例。高中物理学科团队教师设计了以科学探究能力培育为目标的实验大单元,打破教材中自然章的界限,引导学生从物理学视角形成物质、运动与相互作用、能量等基本观念,使学生头脑中的物理概念和规律得到提炼和升华,为从物理学视角解释自然现象和解决实际问题奠定了基础。

在课程实施后期,高中物理学科团队教师整理实验教学课堂视频片段、实验教学设计、实施方案、改进建议等,形成了具有一定参考价值的案例集。

(2) 模块 2:学校实验项目化课程

全区试点学校(3~4 所)在原有实验项目的基础上,进一步深入开展具有学校特色的实验项目,进行学生自创小实验的子项目研究,重点放在学生对自创实验的设计、原理和现象的解释交流上。我们从中筛选出了杨浦区优秀学生作品案例,总结出了学校实验项目化课程的实施规格和路径。以控江中学、同济大学第一附属中学、上海理工大学附属中学已经实施的学校实验项目化课程为基础,进一步深入开展具有学校特色的实验项目,提炼学校实验项目化课程的实施规格和路径。以杨浦高级中学已经开发实施的学生自创小实验项目为蓝本,开展学生自创小实验的子项目研究,并从中提炼出杨浦区优秀学生作品案例。

2.“创智课堂”高中物理实验教学视频研究及改进项目

“创智课堂”以学生为中心,发展重在探究取向和创新激趣的高品质课堂。高中物理学科积极参与实验教学视频研究及改进项目,在深度扎根“双新”实验教学改进的课堂实践基础上,通过专业评估对高中物理实验教学的课堂改进进行持续追踪分析。本项目采用视频研究的方法,对参加“创智课堂”研修计划的 11 名高中物理教师的实验课教学进行了追踪式的调查及研究,然后基于对视频数据、教师和学生问卷调查数据的综合分析评估“创智课堂”研修对教师实际教学实践产生的影响。通过这一项目,高中物理学科青年教师团队采用工坊研修的方式整体提升了区青年教师的实验教学能力。下文是项目的终期报告摘要。

(1) 物理课堂教学前后的整体变化

从整体上看,在六个课堂教学观察和评价维度上,前后两节物理课保持了相近的水准,且在“课堂认知参与”和“适应性教学”方面有了一定的提升。在各个维度上,课堂管理是相对最强的领域。对比学生前后测问卷调查结果发现,学生在各项非认知技能上均有所提升。对比教师前后测问卷调查结果发现,教师在“课堂认知参与”和对“适应性教学”的自我效能感水平上有了一定的提升。课堂话语和适应性教学与学生各项非认知技能水平的正向关联度较强。但教师在课堂上的实际教学行为与他们对教学行为的自我认知的相关性总体上呈弱相关,教师的自我意识和信念尚未对教学实践产生积极的促进作用。

（2）课堂社会情感支持环境的变化

根据教师在三个观测指标上的行为表现,汇总得到了教师所教课堂在社会情感支持维度上的总体得分。从课堂社会情感支持维度总体得分的均值看:在本研究中的物理课堂上,教师在对学生社会情感支持方面的起始表现已处于较高水平。从均值变化看,物理课前后测的变化不存在显著差异,但从得分均值变化看,在后测中 11 名物理教师在课堂社会情感支持指标的得分为 3.47,高于前测。

从前后测的两节物理课学生感受的变化看,学生对教师支持其学习的主观感受略有提升,但并不显著。与教师的主观感受相比,学生要强于教师,尤其在后测的第二节课上。从前后测的两节物理课学生主观感受的变化看,学生在感受到教师对他们能力的尊重和支持的程度上并无显著变化。从前后测的两节物理课学生感受的变化看,学生对师生关系的主观感受无显著变化。教师对师生关系的主观感受前后测不存在显著差异,在认同度水平上已与学生接近。总体而言,无论是学生还是教师,他们对物理课堂上师生关系的主观感受,该项指标的均值处于较高水平(3.5 分及以上)。

（3）课堂认知参与水平的变化

从物理教师在前后测两节课堂的表现看,"创智课堂"工作坊开展前后,学生的认知参与水平在性质上发生了显著变化。物理课堂上学生的认知参与水平提升了,但基于评价基准,目前物理课堂在激发学生认知参与上仍然处于中度发展水平,课堂上存在对学生认知挑战不足的问题。

平均而言,在参加"创智课堂"研修后,物理课堂上学生参与高认知要求学习任务的频率提高了。学生会"偶尔"进行上述认知要求较高的学习任务。但值得关注的是,学生"频繁"参与高认知要求学习任务的课堂(得分区间为 3.5~4)数量依然没有实现零的突破。从物理教师在前后测两节录像课上的该项指标的表现来看,在物理课堂上引导学生采用多视角理解学科内容及采用多种问题解决策略的方面取得了显著的进步。

（4）课堂话语质量水平的变化

在课堂话语中,尽管教师仍然占主导地位,主导对话的形成包括方向和内容,但学生已有一定程度的参与,偶尔会出现学生具有细节性的输出,但内容较为浅显。在课堂话语中,教师所提出的问题中大部分是要求学生背诵、识记、报答案和下定义,但也有一小部分(约占$\frac{1}{3}$)是要求学生解释、总结和运用。在课堂话语中,学生或教师给出的解释较为浅显、简短,学科特征的深度体现不够。

(5) 课堂适应性教学水平的变化

超过七成的课堂处于"时常"出现适应性教学行为,甚至有一堂课达到了"频繁"水平。后测(第二节课)的物理课在适应性教学水平上的整体得分均值为3.08,所有的11堂课"时常"出现适应性教学行为(2.6~3.3)。通过观察教师和学生在不同教学片段中的相关特定行为的出现频率及密度,汇总出教师在整节课上的总体表现。从"激发学生思考"这一指标的均值变化看,前后两节物理课在"激发学生思考"上保持着"时常"水平,在总体得分上出现显著性提升。

无论是前测还是后测,学生对物理适应性教学的主观感受均较强,均值接近3.5分。从变化上看,物理课上学生对适应性教学的主观感受得到了进一步加强,学生前后测在该指标均值上的差异达到了显著性水平。

(6) 学科内容质量的变化

从内容清晰度指标的均值变化看,在前后两节物理课上均达到或接近满分(4分)。事实上,前后两节课中各仅有1名物理教师的得分未达到4分(3.83),其余教师的得分均为4分。从学习目标这一指标的均值变化看,学习目标的明确水平略有提升,幅度变化较小。在学习目标的明确程度上,前后两节物理课均显示出中等偏上水平。从物理教师在该指标上的得分在各分数段的分布来看,显示出了一定的提升。物理课堂与现实世界的关联性总体偏低,但教师间存在较大差异。物理课与所教学科其他主题的关联性水平总体偏低。

对比前后测学生的作答情况看,首先,无论是前测还是后测,学生对教学清晰度的主观感受均较强,均值接近或超过3.5分。从变化上看,物理课上学生对教学清晰度的主观感受得到了进一步加强,学生前后测在该指标均值上的差异达到了显著性水平,提升显著。学生对清晰的学习目标的主观感受均较强,均值接近或超过3.0分。从变化上看,物理课上学生对清晰的学习目标的主观感受得到了进一步加强。

基于对视频数据、教师和学生问卷数据等进行综合分析,总结报告得出结论:教师课堂管理水平较高且发展均衡。实验课活动组织形式多样,以"小组活动"(分组实验)为主,关注学生协作解决问题能力的培养。在实验课上,教师程序性教学的组织能力显著提升,学生的认知参与水平显著提升,尤其是对实验中涉及程序及过程的内在逻辑和意义的关注度明显提升。教师重视学生学科思维的表达和基于学生理解的反馈。信息技术已开始深度融入课堂教学,不仅限于利用技术进行沟通及展示。学生非认知技能显著提升,教学改进助力育人目标的达成。学生对课堂教学质量的自我感知水平显著提升。

然而,在取得上述进步的同时,基于视频研究的数据也发现了有待进一步反思和改进的方面:激发学生好奇心、探究的课堂深层的温度需要"暖"起来;学科内容的组织能力,尤其是建立联系,为学生提供提升思维品质的机会还有待加强;课堂教学对提升学生非认知技能(社会情感、学习动机等)的关联性应进一步提升。

3. 全市高中物理(必修)教师实验能力培训课程开发和制作

2021 年,上海市教委教育技术装备中心依托杨浦区开发高中物理(必修)教师实验能力培训课程,帮助教师进一步把握新课程新教材的重点实验教学内容,保障新教材全面实施。

杨浦区高中物理学科团队针对理论提升、实验操作技能、数字化实验原理和使用、创新实验设计和开发等的培训需求,确定了培训课程的目标和内容,开发了在线的实验能力培训课程。该培训课程由本区高中物理的学科高地——上海交通大学附属中学、复旦大学附属中学共同负责。上海市中学物理学科教研员汤清修老师作为指导专家,笔者和王铁桦、王晓敏、张秀梅、张文等组成指导中心组。

在培训课程开始制作的时候,教学参考资料、实验与活动手册都未出版,老师们只能参考《新课标》和三册必修教材。老师们放弃暑假和寒假休息时间,加班加点,保质保量地完成了三册必修教材中学生实验、演示实验、自主活动和学期活动的实验能力培训课程制作。全部实验能力培训课程都已在上海市教委教育技术装备中心的网站上上线,为高中物理新课程新教材的实验教学的开展提供了宝贵的教学资源,为全市高中物理教师起到了示范引领作用。

结　语

物理实验承载的素养培育不能单靠一个个孤立的实验来实现。只有深度挖掘物理实验的学科本源，提炼每一个实验所能培育的素养要素，像原子核聚变那样将不同的实验聚合起来，打破传统教学以自然章为单元的"壁垒"，以建构实验大单元的方式进行教学实践，才能最终实现实验素养的持续培育。

近几年，杨浦区高中物理学科在实验教学方面进行了大量的教学研究和实践，极大地推动了区内物理教师实验教学能力的提升，在上海市和全国的展示交流中获得较高的荣誉和好评。比如：上海交通大学附属中学胡名翔老师获2021年上海市中小学实验教学说课活动一等奖；复旦大学附属中学姜晓梅老师获2021年上海市优秀自制教具评选活动一等奖；复旦大学附属中学王立斌老师获2023年上海市中小学实验教学说课活动一等奖，并荣获全国中小学实验教学能手称号等。

"天宫课堂"的直播都围绕各种在地球上无法操作的有趣实验来展开，极大地激发了学生学习科学、学好科学的兴趣和信念。这也是我们进行实验教学探索实践的目标，让学生发自内心地热爱物理，对周围的事物始终保持一颗好奇的童心，乐于探索未知的世界。学生实验素养的培养是一个持续不断的过程，这就需要激发学生的好奇心，帮助学生在学习物理的过程中通过实验获取知识，学会研究物理问题的方法，从而增强学习的信心，激发进一步学习的愿望，让实验教学真正发挥其应有的价值和作用。

第三章　定标学业质量

引　子

2014年出台的《国务院关于深化考试招生制度改革的实施意见》(国发〔2014〕35号)对深化高考考试内容改革提出明确要求:依据高校人才选拔要求和国家课程标准,科学设计命题内容。2018年,习近平总书记在全国教育大会上指出,要扭转不科学的教育评价导向,坚决克服唯分数、唯升学、唯文凭、唯论文、唯帽子的顽瘴痼疾,从根本上解决教育评价指挥棒问题。

《新课标》指出,应根据普通高中课程方案和课程标准确定物理学业水平考试内容,注重考查"物理观念""科学思维""科学探究""科学态度与责任"四个方面。用于高中毕业的学业水平合格性考试的考查内容为高中课程标准规定的必修内容,要体现基础性和全面性,反映学业质量水平和物理学科核心素养的基本要求。用于高等院校招生录取的学业水平等级性考试的考查内容为高中课程标准规定的必修和选择性必修两部分内容,要体现综合性和应用性。它注重考查对必修和选择性必修课程中重要的物理概念与规律的理解与运用情况,能较好地区分学生物理学科核心素养的水平。

基于学业质量水平对考试评价提出的命题依据,杨浦区高中物理学科近年来在学业质量与评价革新中应用现有的命题技术和测试数据分析技术,在本区学业水平等级性调研测试中进行了命题革新,对高中物理学科核心素养的各要素进行分层检测,并作了相应的数据分析。其目的是注重培养学生的核心素养,提高学生综合运用知识解决实际问题的能力,帮助全区教师把握教学的深度和广度,为本区各类阶段性评价提供重要指导,促进教、学、考有机衔接,从而形成具有区域特色的评价模式。

第一节 学业质量评价概述

一、考试变革

1. 多次课改推动评价变革

自1977年全国高等学校招生考试恢复后,我国的高考制度经历了不断深化、不断变革的若干阶段。1977年,中共中央恢复高考制度并正式作出改革高校招生考试制度的决定。1978年高校招生实行全国统一考试。1985年,上海市经教育部授权,在上海市人民政府的直接领导下自行组织命题、考试。1999年,教育部发布了《关于进一步深化普通高等学校招生考试制度改革的意见》(教学〔1999〕3号),提出了新一轮普通高等学校招生考试制度改革的要求,其深化高考改革的内容主要有四项:高考科目设置改革、高考内容的改革、高考形式的改革和录取方式的改革。2020年10月,中共中央、国务院印发了《深化新时代教育评价改革总体方案》,把深化教育评价改革作为重点攻坚任务。习近平总书记明确提出,健全立德树人落实机制,扭转不科学的教育评价导向;从根本上解决教育评价指挥棒问题,扭转教育功利化倾向;坚决改变简单以考分排名评老师、以考试成绩评学生、以升学率评价学校的导向和做法。

与之相对应,上海市的中学物理教育也经历了"一期课改"、"二期课改"和全国新课程新课标实施等三个阶段。"二期课改"时期的《物理课标》提出,"建立综合评价体系,促进学生的发展、教师的提高和课程的不断完善",明确推进考试命题改革。以往传统的物理试题一般是高度理想化或抽象化的物理模型,要求学生通过系统的理论推导处理过程复杂、已经被抽象、分解成一定数学模型的理想问题,学生解题中的主要的信息分析和表述工具被局限在运用公式进行演算上。比如,这道1990年上海高考题:

一矿井深为 125 m,在井口每隔一定时间自由下落一个小球。当第 11 个小球刚从井口开始下落时,第 1 个小球恰好到达井底,则相邻两个小球开始下落的时间间隔为 _____ s,这时第 3 个小球和第 5 个小球的间隔为 _____ m。

为改革考试内容,"二期课改"将评价的着眼点从仅考查知识与技能转变为加强对过程、能力与方法的考查上,在课程标准解读中提出多设计一些能反映学生认识和解决问题的思维过程的试题,让学生从现实问题中抽象出物理模型并灵活运用物理知识和方法加以解决,能反映出学生各种能力特征的试题等。特别对题型设计创新、考试形式和评价表达多元等提出了建设性的建议。这一阶段的试题有了一定的变化,开始引导学生从题中获取信息并作出相应的推理、分析,直至解决一个真实存在的问题。比如,这道 2008 年上海高考题:

在伽利略的羊皮纸手稿中发现的斜面实验数据如右表所示,人们推测第二、三列数据可能分别表示时间和长度。伽利略的一个长度单位相当于现在的 $\frac{29}{30}$ mm,假设一个时间单位相当于现在的 0.5 s。由此可以推算实验时光滑斜面的长度至少为 _____ m,斜面的倾角约为 _____ °。(g 取 10 m/s²)

1	1	32
4	2	130
9	3	298
16	4	526
25	5	824
36	6	1 192
49	7	1 600
64	8	2 104

2. 高考评价体系引领关键转变

2019 年,教育部考试中心研制的《中国高考评价体系》提出了综合高校人才选拔要求和国家课程标准形成的考试评价理论框架。高考评价体系由"一核四层四翼"组成。其中,"一核"是高考的核心功能,即"立德树人、服务选才、引导教学",回答"为什么考"的问题;"四层"为高考的考查内容,即"核心价值、学科素养、关键能力、必备知识",回答"考什么"的问题;"四翼"为高考的考查要求,即"基础性、综合性、应用性、创新性",回答"怎么考"的问题。其结构如图 3-1 所示。

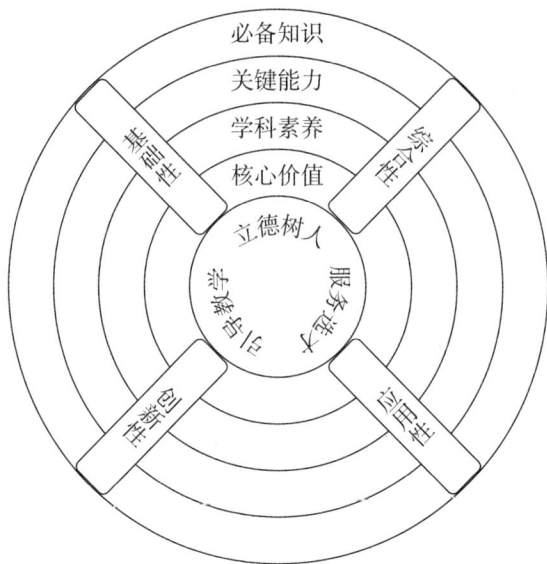

图 3-1

在教育功能上,高考由单纯的考试评价向立德树人重要载体和素质教育关键环节转变,包括三个关键转变:从单纯考试到立德树人,从知识能力到综合考查,从解答问题到多维命题。其主旨是将高中课程改革新理念和高校人才选拔新要求持续融入高考命题,深度落实高中育人方式改革。高中物理学科以高考评价体系为指导,结合物理学科核心素养培育要求,将高中课程改革新理念和高校人才选拔新要求融入物理学科质量内涵,推动考试内容改革的具体要求落地落实。

二、质量内涵

1. 课标要求

《新课标》明确指出:"学业质量是学生在完成本学科课程学习后的学业成就表现。学业质量标准是以本学科核心素养及其表现水平为主要维度,结合课程内容,对学生学业成就表现的总体刻画。依据不同水平学业成就表现的关键特征,学业质量标准明确将学业质量划分为不同水平,并描述了不同水平学习结果的具体表现。高中物理学业质量是依据物理学科核心素养中的'物理观念''科学思维''科学探究''科学态度与责任'四个方面及其水平,结合课程内容的要求,依据不同水平学业成就表现的关键特征而制定的。"

学业质量不同于教学质量,学业质量水平应全面反映学生物理学科学习能力和素养水平,它是教师实施教学、评估学生、改进教学、激励学生进一步发展的重要依据,是高中各类学业水平评价考试命题的重要依据。只有建立科学、严谨的评价规范和标准,才能有效地析出学生的高中物理学科学业质量水平。高中物理学科根据问题情境的复杂程度、知识与技能的结构化程度、思维方式或价值观念的综合程度等将学业质量水平划分为五级。不同水平之间具有由低到高逐渐递进的关系,即学业质量水平 2 是高中毕业生应达到的合格要求,是学业水平合格性考试的命题依据;学业质量水平 4 是用于高等院校招生录取的学业水平等级性考试的命题依据。每一级水平都对物理学科核心素养的四个方面进行了界定,能描述依据学生在不同复杂程度情境中运用重要概念、思维、方法和观念等解决问题的关键特征来析出学生所达到的学业质量水平。

2. 水平研读

（1）核心素养要素提炼

学科核心素养是学科育人价值的集中体现,是学生通过学科学习而逐步形成的正确价值观、必备品格和关键能力。物理学科核心素养主要包括"物理观念""科学思维""科学探究""科学态度与责任"四个方面,每个方面又包括几个要素,详见表 3-1。

表 3-1 核心素养主要要素

核心素养	主要要素
物理观念	物质观念
	运动与相互作用观念
	能量观念
科学思维	模型建构
	科学推理
	科学论证
	质疑创新

（续表）

核心素养	主要要素
科学探究	问题
	证据
	解释
	交流
科学态度与责任	科学本质
	科学态度
	社会责任

（2）学业质量水平对比

学业质量水平是学生学科核心素养的表现性评价依据，主要评价学生经过一段时间学习后应该或者必须达到的基本能力与品格。通过对比不同学业质量水平所对应的质量描述，能较为清晰地呈现各级水平间素养要求的高低差异，能科学有效地帮助命题教师更好地掌握学生核心素养的各级水平。

质量描述中的四条分别指向核心素养的四个方面，以质量描述中的"水平1"为例。

（1）初步了解所学的物理概念和规律，能将其与相关的自然现象和问题解决联系起来。

（2）能说出一些所学的简单的物理模型；知道得出结论需要科学推理；能区别观点和证据；知道质疑和创新的重要性。

（3）具有问题意识；能在他人指导下使用所学的简单的器材收集数据；能对数据进行初步整理；具有与他人交流成果、讨论问题的意识。

（4）认识到物理学是对自然现象的描述与解释；对自然界有好奇心，知道学习物理需要实事求是，有与他人合作的意愿；知道科学·技术·社会·环境存在相互联系。

其中第1条指向核心素养中的"物理观念"，第2条指向核心素养中的"科学思维"，第3条指向核心素养中的"科学探究"，第4条指向核心素养中的"科学态度与责任"。

为更好地理解和厘清不同水平的质量描述，需要结合核心素养的要素对不同水平进行对比。以"科学探究"为例,表3-2列出了《新课标》中对"科学探究"五个水平进阶式的质量描述。

表3-2 "科学探究"五个水平进阶式的质量描述

要素	水平1	水平2	水平3	水平4	水平5
问题	具有问题意识。	能观察物理现象,提出物理问题。	能分析物理现象,提出可探究的物理问题,作出初步的假设。	能分析相关事实或结论,提出并准确表述可探究的物理问题,作出有依据的假设。	能面对真实情境,从不同角度提出并准确表述可探究的物理问题,作出科学假设。
证据	能在他人指导下使用简单的器材收集数据。	能根据已有的科学探究方案,使用基本的器材获得数据。	能在他人帮助下制订科学探究方案,使用基本的器材获得数据。	能制订科学探究方案,选用合适的器材获得数据。	能制订有一定新意的科学探究方案,灵活选用合适的器材获得数据。
解释	能对数据进行初步整理。	能对数据进行整理,得到初步的结论。	能分析数据,发现特点,形成结论,尝试用已有的物理知识进行解释。	能分析数据,发现其中规律,形成合理的结论,用已有的物理知识进行解释。	能用多种方法分析数据,发现规律,形成合理的结论,用已有物理知识作出科学解释。
交流	具有与他人交流成果、讨论问题的意识。	能撰写简单的报告,陈述科学探究过程和结果。	能撰写实验报告,用学过的物理术语、图表等交流科学探究过程和结果。	能撰写完整的实验报告,对科学探究过程与结果进行交流和反思。	能撰写完整规范的科学探究报告,交流、反思科学探究过程与结果。

通过表3-2对比分析可知:水平1中对"问题"的质量描述是"具有问题意识";水平2中为"提出物理问题";水平3中为"提出可探究的物理问题,作出初步的假设";水平4中为"提出并准确表述可探究的物理问题,作出有依据的假设";水平5中为"从不同角度提出并准确表述可探究的物理问题,作出科学假设",要求学生不仅想提问,还得能提出有质量、可开展研究、自己能作出科学假设的问题。通过对比,能非常清晰地看到五级水平对"科学探究"中"问题"这一要素的进阶要求,这就

是素养水平提升的明确阐述。因此,以学科核心素养为基准,厘清学业质量水平的具体描述,可以正确区分学业质量水平及其划分依据,为测试提供监测标准。

三、细化解构

通过对课标中学习内容的解构,将具体的内容要求细化为小条目,并进行编码,同时特别注重析出每一内容要求的条目中的行为动词,能有效地对命制的试题进行内容要求的分类,制订对应的素养评价量表。通过对课程标准中必修1"1.1 机械运动与物理模型"、选择性必修1"1.1 动量与动量守恒定律"和选修1"1.1 物理学与人类认识"三个模块主题的内容要求进行细化解构,来具体说明(对行为动词用了加粗加点的形式重点突出)。为区分必修、选择性必修和选修这三个课程,我们在"选择性必修"课程的模块主题和内容要求前加"☆",在"选修"课程的模块主题和内容要求前加"＊",如表3-3所示。

表3-3　内容要求的细化解构

课程	模块主题	内容要求
1. 必修 1	1.1 机械运动与物理模型	1.1.1① 了解近代实验科学产生的背景。 1.1.1② 认识实验对物理学发展的推动作用。
		1.1.2① 经历质点模型的建构过程,了解质点的含义。 1.1.2② 知道将物体抽象为质点的条件,能将特定实际情境中的物体抽象成质点。 1.1.2③ 体会建构物理模型的思维方式,认识物理模型在探索自然规律中的作用。
		1.1.3① 理解位移、速度和加速度。 1.1.3② 通过实验,探究匀变速直线运动的特点。 1.1.3③ 能用公式、图像等方法描述匀变速直线运动。 1.1.3④ 理解匀变速直线运动的规律,能运用其解决实际问题。 1.1.3⑤ 体会科学思维中的抽象方法和物理问题研究中的极限方法。

（续表）

课程	模块主题	内容要求
1. 必修 1		1.1.4① 通过实验,认识自由落体运动规律。 1.1.4② 结合物理学史的相关内容,认识物理实验与科学推理在物理学研究中的作用。
1. 选择性必修 1	☆1.1 动量与动量守恒定律	☆1.1.1① 理解冲量和动量。 ☆1.1.1② 通过理论推导和实验,理解动量定理和动量守恒定律。 ☆1.1.1③ 能用其解释生产生活中的有关现象。 ☆1.1.1④ 知道动量守恒定律的普适性。
		☆1.1.2① 通过实验,了解弹性碰撞和非弹性碰撞的特点。 ☆1.1.2② 定量分析一维碰撞问题并能解释生产生活中的弹性碰撞和非弹性碰撞现象。
		☆1.1.3 体会用守恒定律分析物理问题的方法,体会自然界的和谐与统一。
1. 选修 1	＊1.1 物理学与人类认识	＊1.1.1 了解古希腊的宇宙观与中国古代的宇宙观。了解哥白尼日心说对宇宙观的冲击。了解开普勒定律对牛顿发现万有引力定律的重要作用。 ＊1.1.2 了解伽利略的实验方法和逻辑方法对牛顿力学诞生的贡献。了解牛顿力学的成就和局限性。 ＊1.1.3 了解 19 世纪末物理学的发现对于近代物理学革命的意义。 ＊1.1.4 了解波粒二象性的物理思想,体会人们对物质本性认识的不断发展。 ＊1.1.5 了解相对论的时空观,知道质能关系的意义,了解相对论与量子论对人类认识的影响。 ＊1.1.6 了解中国物理学家的成果与贡献。

从表 3－3 中可以看出,将具体的内容要求细化为小条目后,各小条目的内容相对独立;行为动词的析出能让教师更好地把握教学具体要求及评价要求。内容要求的详细解构表,能有效保证试题命制的科学性和规范性,是学业质量定标的重要依据。

第二节　学业质量评价框架

一、构建框架

1. 基层学校调研

用于高等院校招生录取的学业水平等级性考试是面向今后进入高等院校学习理工科的学生,其考查内容为高中物理课程标准规定的必修和选择性必修两部分内容。该考试主要是体现综合性和应用性,注重考查学生对重要物理概念与规律的深入理解及灵活应用情况;试题的任务情境要与生产生活、科技事件等紧密联系,关注物理学前沿与成果应用;注重探索设计与现实相关的问题情境,加强对学生应用物理学知识综合解决实际问题能力的考查;强调对创新精神和实践能力的考查,能较好地区分学生在核心素养上的不同水平。该考试同时具有一定的选拔功能,应该具有较好的区分度,有利于区分学生不同层次的学业水平,有利于高校选拔人才。

杨浦区高中物理学科在教研培训课程中针对学业质量评价,对基层学校进行了全方位的访谈调研,了解基层学校对学业质量评价的认识和理解程度。

【问题一】以往我们命题通常采用双向细目表形式的命题框架,这是依据布鲁姆的教育目标分类法设计的。您认为"双向细目表"是否符合新课标中"以核心素养为导向的命题框架"? 为什么?

【问卷反馈摘录】

学校1:传统的命题是建立在双向细目表的基础之上,涉及知识点和难度两个维度的评价要求。但是"双新"课程提出了核心素养的要求,对学生的评价不仅有知识点掌握程度的要求,还有学生素养的评价要求,而传统的双向细目表无法呈现应用能力水平的要求。因此,建立新的命题框架势在必行。

学校2:我认为目前的双向细目表无法完全符合新课标中"以核心素养为导向的命题框架"。原因是,双向细目表更注重对学生在"学科知识"层面的理解和掌握情况进行列表细化,对"学科素养"层面的考查很难进行列表量化。除非对目前的双向细目表进行创新,或者对用"一张试卷进行考试评价"的形式进行革新,这样才有希望符合新的要求。

学校3:根据布鲁姆的教育目标分类法设计的双向细目表是考查目标与考查内容之间的关联表,考查内容的依据是课程标准和考试大纲,可以按照考查目标的要求分层次地提出问题,问题的设计从简单逐步发展到复杂;而素养不只是知识与技能,还是特定情境下个体在解决复杂现实问题过程中表现出来的综合性品质。因此,"双向细目表"不完全符合新课标的"以核心素养为导向的命题框架"。

【问题二】"以核心素养为测试宗旨、以真实的情境为测试载体、以实际问题为测试的任务、以知识为解决问题的工具",你认为这样的命题要求的最大挑战是什么?

【问卷反馈摘录】

学校1:"双新"课程的命题要求是问题要源于生活,要求学生能应用学过的知识通过知识迁移来完成,这就对教师的命题提出了新的要求。首先,要求教师能从生活中发现问题;其次,需要有大量的可靠的信息来源;最后,要求教师具备一定的创新能力和命题能力。因此,教师要改变现有的观念,具有创新意识,要花费大量的时间收集资料,要考查资料的准确性和可靠性。不仅要研究如何将资料整合为问题,而且能够考查学生的学习水平,这一过程也需要不断磨合才能让问题逐渐完善,这就需要建立一个相关的团队,花费足够的时间,依托可靠的资源平台,通过头脑风暴才能完成。

学校2:我认为这样的命题要求的最大挑战是"以真实的情境为测试载体"。因为学生的"物理经历"太少,导致他们对物理知识的理解无法深入,头脑中的物理模型也就建构不起来,物理知识成为和真实脱离的事物。"以真实的情境为测试载体"对学生提出了很高的要求,它要求学生在生活中有较为丰富的"物理经历"和深刻体验,而现实生活中很难让每一个学生都有如此丰富的"物理经历"。所以,学生如果对命题情境都很陌生,提炼不出其中蕴藏的物理知识,也就无法领会命题者的命题意图了。

2. 原有评价框架

从上述问卷调研来看，基层学校已经充分意识到双向细目表这一传统评价框架无法考查和界定学生的素养能力和水平。杨浦区高中物理学科很早就在这方面开展了非常扎实的研究和实践，在"双新"课程实施前，就已经尝试从更多维度来评价面向全区高三选修物理的学生的学业质量水平。表3-4为近年某次高三一模物理试卷的评价表。

表3-4 某次高三一模物理试卷的评价表

题号	题型	内容领域	单元主题	学习内容	学习水平	分值	预估难度	能力指标	具体能力目标编码	区得分率
1	选择	力学	3. 牛顿运动定律	牛顿第一定律 惯性	B	3	0.85	Ⅰ. 基础知识与基本技能	Ⅰ.1	0.85
2	选择	电磁学	10. 磁场	磁感应强度 磁通量	B	3	0.85	Ⅰ. 基础知识与基本技能	Ⅰ.1	0.91
3	选择	力学	2. 力和物体的平衡	共点力的平衡	B	3	0.8	Ⅱ. 物理思维能力	Ⅱ.1	0.96
4	选择	力学	4. 圆周运动 万有引力	匀速圆周运动	B	3	0.85	Ⅰ. 基础知识与基本技能	Ⅰ.1	0.95
5	选择	力学	6. 功和能	功和能量变化的关系	A	3	0.8	Ⅱ. 物理思维能力	Ⅱ.1	0.72
6	选择	力学	2. 力和物体的平衡	力的分解	B	3	0.75	Ⅰ. 基础知识与基本技能	Ⅰ.2	0.81
7	选择	力学	5. 机械振动 机械波	波的衍射	A	3	0.8	Ⅱ. 物理思维能力	Ⅱ.1	0.81
8	选择	电磁学	9. 电路	电功 电功率	B	3	0.75	Ⅰ. 基础知识与基本技能	Ⅰ.2	0.57

（续表）

题号	题型	内容领域	单元主题	学习内容	学习水平	分值	预估难度	能力指标	具体能力目标编码	区得分率
9	选择	力学	6.功和能	功和能量变化的关系	A	4	0.7	Ⅱ.物理思维能力	Ⅱ.1	0.83
10	选择	电磁学	8.电场	电场力做功与电势能的关系	B	4	0.7	Ⅱ.物理思维能力	Ⅱ.1	0.66
11	选择	力学	3.牛顿运动定律	国际单位制	A	4	0.65	Ⅰ.基础知识与基本技能	Ⅰ.1	0.72
12	选择	力学	6.功和能	功和能量变化的关系	A	4	0.6	Ⅱ.物理思维能力	Ⅱ.2	0.74
13	填空	电磁学	9.电路	闭合电路的欧姆定律	C	4	0.8	Ⅲ.物理实验能力	Ⅲ.3	0.76
14	填空	力学	3.牛顿运动定律	牛顿第二定律	C	4	0.75	Ⅱ.物理思维能力	Ⅱ.4	0.76
15	填空	力学	3.牛顿运动定律	牛顿第二定律	C	4	0.7	Ⅰ.基础知识与基本技能	Ⅰ.2	0.49
16	填空	力学	4.圆周运动 万有引力	万有引力定律	B	4	0.65	Ⅰ.基础知识与基本技能	Ⅰ.2	0.44
17	填空	力学	5.机械振动 机械波	单摆及其振动周期	B	4	0.5	Ⅱ.物理思维能力	Ⅱ.4	0.55
18(1)	综合	电磁学	11.电磁感应	研究感应电流产生的条件(学生实验)	B	4	0.8	Ⅲ.物理实验能力	Ⅲ.2	0.75

（续表）

题号	题型	内容领域	单元主题	学习内容	学习水平	分值	预估难度	能力指标	具体能力目标编码	区得分率
18(2)	综合	电磁学	11. 电磁感应	研究磁通量变化时感应电流的方向(学生实验)	C	6	0.75	Ⅲ. 物理实验能力	Ⅲ. 2	0.66
19(1)	综合	电磁学	8. 电场	匀强电场	B	4	0.85	Ⅱ. 物理思维能力	Ⅱ. 1	0.73
19(2)	综合	力学	3. 牛顿运动定律	牛顿第二定律	C	4	0.8	Ⅰ. 基础知识与基本技能	Ⅰ. 2	0.64
19(3)	综合	力学	2. 力和物体的平衡	共点力平衡的应用	C	6	0.7	Ⅱ. 物理思维能力	Ⅱ. 1	0.49
20(1)	综合	电磁学	11. 电磁感应	导体切割磁感线时产生的感应电动势	D	4	0.75	Ⅱ. 物理思维能力	Ⅱ. 1	0.76
20(2)	综合	电磁学	11. 电磁感应	导体切割磁感线时产生的感应电动势	D	4	0.65	Ⅳ. 综合应用能力	Ⅳ. 4	0.51
20(3)	综合	电磁学	11. 电磁感应	导体切割磁感线时产生的感应电动势	D	8	0.4	Ⅳ. 综合应用能力	Ⅳ. 1	0.39
满分值						100				
预估分						70.85		实际均分		67.27

具体能力目标及编码如下：

Ⅰ. 基础知识与基本技能

Ⅰ.1 能理解物理概念、规律、公式的基本含义并知道其发展历程。

Ⅰ.2 能用简单的数学运算处理问题。

Ⅰ.3 能理解用图像描述物理状态、物理过程和物理规律。

Ⅱ.物理思维能力

Ⅱ.1 能根据物理原理进行分析、判断、推理。

Ⅱ.2 能用图像进行分析、判断、推理。

Ⅱ.3 能应用简单的数学技能处理问题。

Ⅱ.4 能用科学的思维方法进行分析、判断、推理。

Ⅱ.5 能阅读理解简单的新物理知识,并以此为依据进行判断、推理。

Ⅲ.物理实验能力

Ⅲ.1 能分析实验现象,作出合理的解释。

Ⅲ.2 能对实验装置、实验操作、实验过程进行分析、判断。

Ⅲ.3 能对实验所得数据进行分析、处理,得出结论。

Ⅳ.综合应用能力

Ⅳ.1 能把复杂问题分解成若干简单的问题进行处理。

Ⅳ.2 能从实际问题中提炼出合理的物理模型。

Ⅳ.3 能针对具体问题中的各种可能性进行讨论并作出判断。

Ⅳ.4 能对具体问题的解决过程进行分析,作出评价。

Ⅳ.5 能发现问题,对存在的问题或给出的现象进行探究。

从表3-4中可以看到,区域检测评价指标已经不是单纯地围绕内容领域、单元主题和学习内容展开,而是针对学习内容进行了较为精细化的定标——析出其对应的学习水平,对试题进行难度预估以掌控试题和整卷测试的评价难易程度。更为重要的是,笔者对每一道试题的"能力指标"以及更细化的"具体能力目标"进行定标,而且具体到每一小题,即整卷试题结构中的最小层级,做到科学、精准和全面。

但是,依据新课标对质量内涵的评价要求,这样的评价表尚不能完全满足对学生素养能力和水平的评价检测,因此需要设计更全面、更有针对性的新的评价框架。

3. 新的评价框架

经过对学业质量评价的多年探索和研究,杨浦区高中物理学科提炼出基于素养导向的高中物理学科学业质量评价框架,如图 3－2 所示。

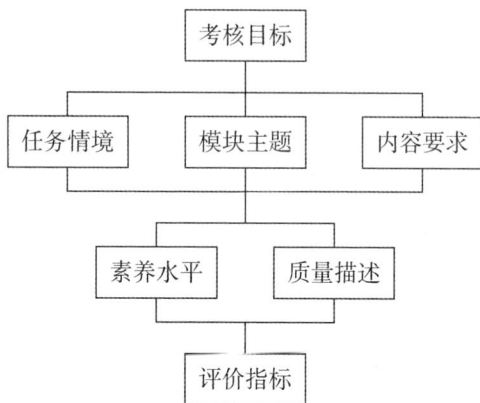

```
              ┌──────────┐
              │  考核目标  │
              └──────────┘
         ┌────────┼────────┐
    ┌────────┐ ┌────────┐ ┌────────┐
    │ 任务情境 │ │ 模块主题 │ │ 内容要求 │
    └────────┘ └────────┘ └────────┘
              ┌────┴────┐
         ┌────────┐ ┌────────┐
         │ 素养水平 │ │ 质量描述 │
         └────────┘ └────────┘
              └────┬────┘
              ┌──────────┐
              │  评价指标  │
              └──────────┘
```

图 3－2

试题的考核目标应根据课程标准关于高中物理学科核心素养和学业质量水平要求制订,明确试题的命题依据。

试题的任务情境应符合所考查学生的学段特点和知识背景,围绕学生常见的生活情境、科技热点等进行。任务情境的复杂性、新颖性是试题难度的影响因素之一。试题的考查内容在课程标准中对应的模块主题和内容要求能将学生完成试题时所涉及的学科知识覆盖程度显性体现,使得试题难度这一影响因素评估具备量化的科学依据。

试题的任务情境、模块主题和内容要求指向试题所考查的素养水平及对应的质量描述,能够为物理学科核心素养某一个或几个方面的考查提供判断的依据。依据素养水平和质量描述,撰写试题的评价指标。评价指标应设置梯度,对学生不同的解答情况分层细化评价标准,其目的是能较为准确地析出学生所具备的核心素养水平。

评价指标和考核目标要一一对应,相互匹配,即依据评价指标能清晰、准确地表达试题的考核目标,能科学、有效地析出考生的核心素养。

二、要素分析

根据学业质量评价框架制订了如表3-5所示的试题评价量表。

表3-5 试题评价量表

考核目标	任务情境	模块主题	内容要求	素养水平	质量描述	评价指标

1. 评价要素分析

（1）考核目标

考核目标统领整道试题的评价,非常清晰地指向该试题要考查的核心素养和对应的要素,是评价框架的第一个要素,也是最重要的一个要素。考核目标不宜过多,应聚焦试题最重要的评价点,这样才能在质量描述和评价指标中科学、清晰地析出考查的学业质量水平。

（2）任务情境

打个不太恰当的比喻,任务情境好比试题所穿的"外套",在一个具体的情境中隐藏着试题要求学生解决的真实问题。学生对这个情境是否熟悉,在很大程度上决定了学生能否顺利地解答,也就决定了这道试题的得分率。设置试题的任务情境为评价框架的一个要素并认真分析,能较为科学、严谨地评估学生解答可能遇到的困难,能有效评估试题难度。

（3）模块主题

模块主题作为评价要素之一,析出试题考查的课程模块。对于单一试题,该要素似乎并不重要,但如果对整张测试卷进行学业质量评价分析,就能呈现整卷模块主题的覆盖面是否达到命题预设要求。

（4）内容要求

内容要求是模块主题下面更为细化的一个层级,是课标中课程内容的具体知识。这一要素直接指向试题要考查的具体内容,是学生在具体的任务情境中解决具体问题需要用到的物理知识。

任务情境、模块主题和内容要求这三个要素是一个整体,不能分割,所以在评价框架中并列放置。

（5）素养水平

分析好试题的上述四个要素后,就可以确定试题所要考查的核心素养达到的学业质量水平。

（6）质量描述

根据学业质量水平对试题所指向的核心素养及其要素进行准确的描述。课标中对学业质量水平有非常清晰、精准的描述,应参照课标撰写这一要素。

素养水平和质量描述这两个要素相辅相成,不可分割,所以应该同步撰写。

（7）评价指标

在完成上面六个要素的分析、撰写后,汇总可得整道试题的评价指标,即如何对学生完成试题的各种情况进行不同水平维度的细化评价。评价指标和考核目标相互呼应,相互匹配,依据评价目标、学业水平和质量描述针对不同水平设计不同的评价标准,形成整道试题的评价指标。评价指标应划分不同层级,对学生不同的解答情况分层细化评价标准,其目的是能较为准确地考查学生所具备的核心素养水平。

2. 典型案例呈现

下面通过对区域某次高三调研卷中的一道试题运用评价量表进行分析,具体呈现如何析出评价量表中的七个评价要素,从而形成对学生完成这道试题后的学业质量评价,即评价量表所引导的科学、严谨、规范地评价学生核心素养能力水平的作用。当学生完成一个单元或一个阶段的学习并经过单元或阶段测试后,就能较为全面地评价学生在这个单元或阶段的学业质量水平。

【试题】如图 3-3 所示,光源从矩形透明介质砖 $abcd$ 的 ab 面中点 O' 入射,光线与 ab 面的夹角 $\beta=60°$。讨论当介质砖的折射率 n 满足什么条件时,光线只能从 cd 面出射。

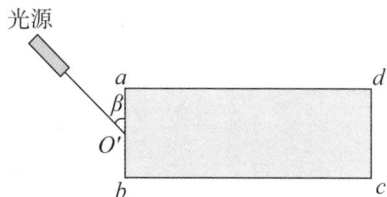

【来源】2024 年 12 月杨浦区高三物理调研卷第 4 大题"光的性质"第 4 小题。

图 3-3

【参考答案】

① 如图 3-4 所示,光线从 O' 点射到 c ,

$$\sin r = \frac{\frac{1}{2}ab}{\sqrt{(bc)^2 + \left(\frac{1}{2}ab\right)^2}} = \frac{3}{\sqrt{409}}。$$

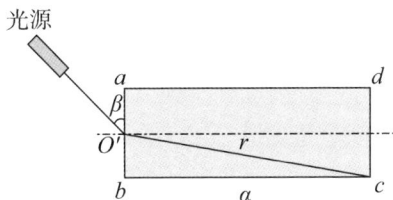

图 3-4

根据折射定律 $n = \frac{\sin 30°}{\sin r}$,可得:$n = 3.37$ 。

当折射率 n 大于 3.37 时,光线可从 cd 面直接出射。

② 如图 3-5 所示,光线入射后在 bc 面发生全反射,以后将一直满足全反射条件,光线在 bc 面和 ad 面来回发生全反射,直至从 cd 面出射。

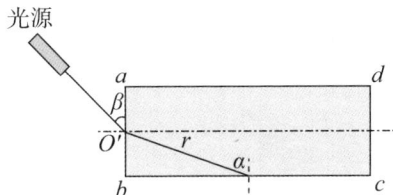

图 3-5

由折射定律、临界角 $\sin C = \frac{1}{n}$ 得,当 $\alpha > C$ 时发生全反射。

由图中几何关系得 $\alpha = 90° - r$ 。

根据折射定律 $n = \frac{\sin 30°}{\sin r}$,可得 $n = \frac{\sqrt{5}}{2} = 1.12$ 。

当折射率 n 大于 1.12 时,光线可经若干次全反射后从 cd 面出射。

综上所述,$n > 1.12$ 。

【评价量表】

如表 3-6 所示。

表 3－6　试题评价量表

考核目标	任务情境	模块主题	内容要求	素养水平	质量描述	评价指标
1. 物理观念中的"运动与相互作用观" 2. 科学思维中的"模型建构"和"科学论证"	光从矩形透明介质砖一侧入射,从特定的某一侧出射	选择性必修 1——☆1.3 光及其应用	☆1.3.1① 通过实验,理解光的折射定律 ☆1.3.2① 知道光的全反射现象及其产生的条件	水平 4	1. 能正确解释自然现象,综合运用所学的物理知识解决实际问题。 2. 能将实际问题中的对象和过程转换成所学的物理模型;能恰当使用证据证明物理结论。	能运用光的折射定律,正确求解光经折射后直接出射这一情况下介质砖的折射率,达到水平 2;能考虑到光在介质砖内发生多次全反射后出射这种情况,达到水平 2;能运用几何知识正确求解多次全反射情况下介质砖的折射率,达到水平 3;能综合两种情况得出介质砖的折射率的范围,达到水平 4。

三、实施路径

基于素养导向的高中物理学科学业质量评价框架,根据学业质量水平评价的理论建构而成。杨浦区高中物理学科依此进行命题革新和实践,引导基层学校树立正确的学业质量观,命题视角从"以知识为核心"转变为"以素养为核心",测量方法侧重对问题解决能力的评价。

经过多年的区域实践探索,杨浦区高中物理学科提炼总结出高中物理学科学业质量评价具体实施的路径,如图 3−6 所示。

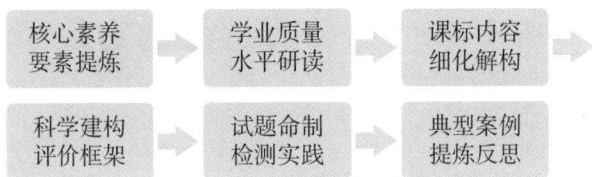

核心素养要素提炼	学业质量水平研读	课标内容细化解构
科学建构评价框架	试题命制检测实践	典型案例提炼反思

图 3−6

本章第一节呈现"核心素养要素提炼"、"学业质量水平研读"和"课标内容细化解构"的研究方法和具体内容,本节呈现"科学建构评价框架"并进行要素分析,在第三节将呈现"试题命制检测实践"和"典型案例提炼反思"。

虽然《新课标》对物理学科核心素养及其要素都有非常具体的阐述,但在教学实践中发现,教师对核心素养的理解如果只停留在课标上的文字表述层面还是远远不够的。教师应反复研读学科核心素养和课程目标,对物理观念、科学思维、科学探究和科学态度与责任这四方面的要素进行教学设计和实践,始终紧扣学业质量内涵和水平界定的要求,将学业质量内涵和水平对标核心素养四个方面的要素,设计相应的单元评价。在单元教学过程中,需要将单元的内容要求进行细化解构,设计出能培养学生核心素养能力要求的学习活动和形成性评价,并依据评价框架设计出单元的整体评价。在学完一个单元时进行单元检测,综合学生在整个单元学习过程中所有的诊断性评价、形成性评价和总结性评价,给出学生学习这个单元的总体评价,最终达成指向核心素养培育的"教—学—评"一致性。

更为重要的是,在新课标新教材实施伊始,指向核心素养的学业质量评价如何有效实践是需要深入实践、总结、反思和改进的。对典型案例的提炼反思能更为有效地进行后续单元评价设计和实践的提升。很多时候,我们发现一个理论要真正落实到基层教学并取得成功,需要持续有序地推进、坚持不懈地改进、坚定不移地前进。对学业质量评价框架的建构和完善,需要遵循上述实施路径稳步推进,需要一个较长的周期来积累经验,不论是成功的案例还是失败的案例都是宝贵的实践"财富",都值得深入研究和总结。

第三节　学业质量评价实践

一、情境建模

1.命题评价变革

《新课标》对物理学业水平考试与命题提出的建议为:"考试内容的任务情境应符合学生心理发展水平和认知规律,反映物理学科本质,密切联系社会、经济、科技、生产生活实际,充分体现考试评价促进学生学习、甄别学生学业水平的功能。"不论是用于高中毕业鉴定的学业水平合格性考试还是用于高等院校招生录取的学业水平等级性考试,课程标准都提出:试题要注重围绕生产生活或科技发展等设计问题情境,加强对学生应用物理知识解决实际问题的能力的考查。课程标准建议试题的情境要具有一定的问题性、真实性、探究性或开放性,通过学生在应对复杂现实情境、参与相应探究学习活动中的外在表现来考查物理学科核心素养;要尽量创设类型多样、具有一定复杂程度、开放性的真实情境作为试题的任务情境。

上海市于2021年9月起高一年级全面实施新课程方案和新课程标准,考试评价方式也相应发生重大变化。

上海市教育委员会于2023年3月公布《上海市普通高中物理学科学业水平合格性考试命题要求》,提出学业水平合格性考试命题工作应全面贯彻党的教育方针,突出立德树人导向。依据学科课程标准进行命题,着眼于对学科核心素养的考核,加强情境设计,注重试题综合性、开放性、应用性、探究性。重视考查学生综合运用所学内容分析和解决问题的能力,注重考查学生的创新精神和实践能力。命题要符合相应学业质量标准,符合学生学习和生活实际。

上海市教育委员会于 2024 年 1 月公布《上海市普通高中物理学科学业水平等级性考试命题要求》,提出学业水平等级性考试,要按照学科课程标准进行命题,以高中必修课程和选择性必修课程学习内容为依据。命题注重加强与社会实际和学生生活的联系,关注学生科学素养和人文素养的培育,注重考查学科教学目标的达成情况,特别注重考查学生在具体情境中综合所学内容分析和解决问题的能力。命题体现学科特点,着眼于对学科核心素养的考查,既突出重点,又注意覆盖面,贴近学生学习和生活实际。

2023 年 6 月,上海市高中物理学科学业水平合格性考试第一次采用全新的综合题形式考查。一共命制了 7 道源自生产生活、具有真实情境的综合题,其主题分别为"神舟十六号""篮球运动""通电螺线管""太阳能利用""相对论接收器""细胞膜电现象"和"电动自行车"。在这些情境中,有些学生较为熟悉,比如"篮球""通电螺线管"和"电动自行车";有些学生则非常陌生,比如"相对论接收器"和"细胞膜电现象"。从最终的得分情况来看,确实也是这两个情境的试题得分率较低。学生需要花时间阅读和思考,从陌生情境中提取有效信息,运用自己所掌握的物理知识解题,难度相对较高。2023 年底,上海市教育考试院面向上海市 4 个区(杨浦、徐汇、嘉定、奉贤)的高三学生进行了上海市高中物理学科学业水平等级性考试的试测,一共命制了 6 道综合题,其主题分别为"氧气制备""航天技术""弹弓""光梳""无线充电技术"和"质谱仪"。其中"光梳"的情境最为陌生,在学生调研问卷中杨浦区有 41% 的学生认为这个是最陌生的概念,25% 的学生认为这个最不容易理解,21% 的学生最不喜欢这道题。可见,学生对陌生情境是非常惧怕的。

2. 区域实践探索

笔者在真实情境建模的学业质量评价方面做了大量的研究和实践,在区域调研卷中研制了一些基于真实情境的综合题,引导学生慢慢熟悉这一新颖的题型,找到解题的"感觉",克服畏难情绪,逐渐适应新的评价变化。仅举其中一道综合题予以说明。

【试题】火星探测

如图 3-7 所示,我国发射的"天问一号"火星探测器实现了中国在深空探测领域的技术跨越而进入世界先进行列。"天问一号"的名称源于屈原长诗《天问》,寓意探求科学真理征途漫漫,追求科技创新永无止境。已知火星质量约为地球质量的 10%,半径约为地球半径的 50%。

图 3-7

1. 火星探测器的发射速度须大于地球的(　　)。

A. 第一宇宙速度　B. 第二宇宙速度　C. 第三宇宙速度

2. "祝融号"火星车在地球表面与在火星表面受到的引力的比值约为(　　)。

A. 0.2　　　　　B. 0.4　　　　　C. 2.0　　　　　D. 2.5

3. 仅考虑狭义相对论效应,在高速飞行的火箭里的时钟走过 10 s,理论上在地面上的观测者测得的时间(　　)。

A. 大于 10 s　　　B. 小于 10 s　　　C. 等于 10 s

4. (1) 选取_____,可求出火星表面的重力加速度;

(2) 选取_____,可求出火星同步卫星的轨道半径。

(均选填:A. 火星半径 R　B. 探测器环绕火星表面飞行的速率 v　C. 引力常量 G　D. 火星自转周期 T)

5. "长征五号"遥四运载火箭搭载"天问一号"探测器以速率 v_0 进入太空预定轨道,由控制系统使箭体与探测器分离,分离时前部分的探测器质量为 m_1,后部分的箭体质量为 m_2,分离后箭体以速率 v_2 沿火箭原方向飞行。若忽略分离前后系统总质量的变化,则分离前后系统的动量_____(选填"守恒"或"不守恒")。分离后探测器的速率 v_1 为_____,系统的动能_____(选填"增大"、"减小"或"不变")。

【来源】2023 年 6 月杨浦区高二物理调研卷第 2 大题"火星探测"。

【参考答案】

1. B。

2. D。

3. A。

4. (1)A、B;(2)A、B、D。

5. 守恒;$v_0 + \dfrac{m_2(v_0 - v_2)}{m_1}$;增大(计算可得:$\Delta E_k = \dfrac{1}{2} m_2 (v_0 - v_2)^2 + \dfrac{m_2^2 (v_0 - v_2)^2}{2m_1}$,若 $v_0 = v_2$,则 $v_1 = v_0$,箭体与探测器无法分离。所以 $v_0 \neq v_2$,$\Delta E_k > 0$)。

【评价量表】

试题评价量表如表 3-7 所示。

表 3-7 试题评价量表

任务情境							
我国发射的"天问一号"火星探测器实现了中国在深空探测领域的技术跨越。已知火星质量约为地球质量的 10%,半径约为地球半径的 50%。							
小题号	考核目标	子任务	模块主题	内容要求	素养水平	质量描述	评价指标
1	物理观念中的"运动与相互作用观"	火星探测器的发射	必修2——2.2 曲线运动与万有引力定律	2.2.5② 知道第二宇宙速度和第三宇宙速度	水平2	了解所学的物理概念和规律。	能区分第一、第二、第三宇宙速度,知道发射到火星的探测器的发射速度范围,达到水平2。

（续表）

小题号	考核目标	子任务	模块主题	内容要求	素养水平	质量描述	评价指标
2	科学思维中的"模型建构"	"祝融号"火星车在地面火星与星球表面受到的对比	必修2——2.2曲线运动与万有引力定律	2.2.4② 知道万有引力定律	水平3	能在熟悉的问题情境中根据需要选用所学的恰当的模型解决简单的物理问题。	理解物体在行星表面受到的万有引力大小由哪些因素决定并应用相关模型正确计算,达到水平3。
3	科学思维中的"科学推理"	地面观测者对飞火箭时钟进行观测的速度的里程时观的进测高行	必修2——2.3牛顿力学的局限性与相对论初步	2.3.2 初步了解相对论时空观	水平2	能对比较简单的物理问题进行分析和推理,获得结论。	知道在不同参考系中观测时钟延缓效应并得出正确判断。
4(1)	1. 物理观念中的"运动与相互作用观" 2. 科学思维中的"模型建构"	火星表面的重力加速度	必修2——2.2曲线运动与万有引力定律	2.2.4② 知道万有引力定律	水平4	1. 理解所学的物理概念和规律及其相互关系。 2. 能将实际问题中的对象和过程转换成所学的物理模型。	类比地球表面重力加速度的模型,运用火星的相关数据,正确求解,达到水平4。

（续表）

小题号	考核目标	子任务	模块主题	内容要求	素养水平	质量描述	评价指标
4（2）	1. 物理观念中的"运动与相互作用观" 2. 科学思维中的"科学推理"	火星同步卫星的轨道半径	必修2——2.2曲线运动与万有引力定律	2.2.5① 会计算人造地球卫星的环绕速度	水平4	1. 综合应用所学的物理知识解决实际问题。 2. 能对综合性物理问题进行分析和推理，获得结论并作出解释。	类比地球的同步卫星这一模型建构的物理原理和方法，运用火星的相关数据，正确求解，达到水平4。
5	1. 物理观念中的"运动与相互作用观" 2. 科学思维中的"科学论证"	"长征五号"遥四运载火箭箭体与探测器分离	选择性必修1——☆1.1动量与动量守恒定律	☆1.1.2② 定量分析一维碰撞问题并能解释生活中的弹性碰撞和非弹性碰撞现象	水平4	1. 综合应用所学的物理知识解决实际问题。 2. 能恰当使用证据证明物理结论。	通过对一维碰撞问题的定量推导和计算，得出动量守恒和能量不守恒，并进一步论证系统动能增大这一结论，达到水平4。

此题源自我国最新的航天科技热点新闻,属于真实情境下问题解决型的综合题。在撰写情境题干的文字时,最先想到的就是我国把火星探测器命名为"天问

一号"的美好寓意,所以通过关联屈原的长诗《天问》来借古喻今,说明古人对宇宙的探寻和向往在现代科技的助力下终于得以实现。特别要注意的是,源自真实情境的题目除应符合物理学的概念、规律外,试题表述、数据还要符合火星和地球的真实情况,不能随意编造。任务情境下的几个小题都与情境题干——火星探测器关系紧密,涵盖了万有引力定律、狭义相对论、动量等知识,考查了物理观念、科学思维等核心素养。

从上面这道源于真实任务情境的综合题可以看出,这类综合题的情境生动有趣,试题所传达的信息多元,除物理学科知识外,还能有效激发学生对我国科技发展的自豪感。其考查的学科知识范围较广,能较全面地考查学生对某一方面物理内容的掌握程度。同时,题型较为多样,选择、填空、判断等题型都能涵盖,教师命题的灵活度和自由度大幅增加。但该类题目的解答也要求学生具备较为全面的物理学科知识体系,能灵活运用各种物理概念、规律综合解决问题。当然,对于这类综合题,教师需要投入更多的精力进行研究,在教学第一线不断实践、提炼、总结和改进,这样才能促进这一评价变革的深入推进,从根本上推动中学物理教学变革。

二、严密表述

源自真实任务情境的综合题,能够通过学生在试题解答过程中的外在表现来考查学生的物理学科核心素养水平。而这就进一步对试题命制提出了新要求:如何让学生内隐的思维外显? 如何让学生有机会展示自己的学业质量达到了哪一级水平? 教师如何通过学生的解答来分析学生是否达到了课程目标的要求?

以往的高中物理试题,在试题命制、学生答题、教师阅卷评分过程中更多的是将答案正确与否作为唯一的评价指标,因此学生考完后会迫不及待地找同学对答案,找老师要答案,教师阅卷时也更关注答案是否正确。即使需要学生撰写解题过程的计算题,也以算对答案为主要评价标准。长此以往,就导致了一些解题套路、口诀流行,只要能做出题目、做对答案就行,学生拿到题目就在脑海里搜索"题库",找到类似的经典题的解题方法一套了之。

《新课标》建议,在设计试卷的题型结构时,选择题和非选择题的数量要合理搭配,因为非选择题能呈现学生的解答过程,比较深入地反映学生分析问题、解决问题的能力,能较好地评价较高层次的物理学科核心素养。所以,开发能引导学生详细阐述自己的观点和方法、能把思维过程严密表述出来的新题型,就显得非常有必要了,比如论述题。同时,对非选择题中的常规题型——计算题,在试题命制时也要设计新的评价视角,要求学生能严密地进行表述,依据学生表述的严密程度进行评价,而不仅仅是求出正确答案。笔者在区域学业质量评价实践中做了一些有益的尝试。

1. 开发论述题型

要能从学生的解答过程中析出学生所达到的学业质量水平,就要给学生展示发挥的空间。分析任务情境、应用物理公式、运用数学工具正确求解,确实能反映学生是否掌握所考查的物理概念和规律,但对学生解答的思维过程和思维深度较难界定。论述题就是一种很好的题型,它要求学生把自己的思维过程表述出来,并且逻辑清晰,表述严密,论述过程严谨、科学。

【试题】海豚在水里通过声波的反射来定位,判断前方是否有猎物或障碍物。科学家通过实验发现,海豚能辨别出大小只有 5 mm 的障碍物。请估算海豚发出的声波的频率范围,并说明理由。已知声波在水中的传播速度约为 1 500 m/s。

【来源】2023 年 6 月杨浦区高二物理调研卷第 3 大题"波的传播"第 5 小题。

【参考答案】

海豚通过声波的反射来定位,这要求发出的声波遇到障碍物不能发生明显的衍射现象。已知障碍物的尺寸为 5 mm,则海豚发出的声波波长要小于 5 mm。根据公式:$v = \lambda f \Rightarrow f = \dfrac{v}{\lambda}$,代入数据计算可得:$f$ 约为 3×10^5 Hz。所以,海豚发出的声波频率应高于 3×10^5 Hz。

【评价量表】

试题评价量表如表 3-8 所示。

表 3－8　试题评价量表

考核目标	任务情境	模块主题	内容要求	素养水平	质量描述	评价指标
科学思维中的"模型建构"和"科学推理"	海豚能辨别出大小只有 5 mm 的障碍物	选择性必修 1——1.2 机械振动与机械波	☆1.2.5② 通过实验，了解波的干涉与衍射现象。	水平 4	能将实际问题中的对象和过程转换成所学的物理模型；能对综合性物理问题进行分析和推理，获得结论并作出解释。	知道发生明显衍射现象的条件，达到水平 2；能结合机械波传播的波速公式求出频率，达到水平 3；能完整表述自己的分析全过程、表述严密、逻辑清晰，达到水平 4。

　　从评价量表可以看出，该论述题非常明确地指向"科学思维"中的"模型建构"和"科学推理"这两个要素。学生需要阅读题目、分析题意后得出：海豚能分辨大小只有 5 mm 的障碍物，是因为海豚发出的声波不能对这个尺度的障碍物产生明显的衍射效应，声波遇到这个尺度的障碍物能发生反射从而被海豚接收到。学生分析波产生明显衍射现象的条件，并判断得出：如果要不发生明显的衍射现象，海豚发出的声波的波长须小于障碍物的尺寸。然后根据机械波的波速公式，计算出海豚发出的声波的频率，从而得出最终结论。

　　此题整体难度不高，如果改为填空或者选择的题型，学生更容易回答。但此题要求学生撰写求解过程，对表述的科学性、严密性要求较高，学生往往能求出频率，但表述不完整，前后逻辑颠倒或者无法正确地把明显衍射现象的条件表述清楚。因此，该题在全区学生的测试中的得分率为 0.43，区分度为 0.61，标准差为 1.47。根据统计数据及卷面答题情况分析可见，学生大都具备一定的解题能力，能关联明显衍射现象的产生条件和波速公式求出频率，但较少有学生能比较清晰、完整地撰写论述过程，而且求出频率的学生中约半数只写了公式和解答，没有回答清楚频率范围,更没有说明理由。总之,论述题的作用就在于能通过学生的论述过程析出其思维品质,帮助教师分析学生的学业质量水平,有效指向学生所达到的素养能力水平。

2. 求解过程表述严密

论述题型的开发带来一个新的评价视角,即如何对学生的求解过程进行评价从而析出物理学科核心素养及对应的学业质量水平。这需要制订新的评价标准,对学生的求解过程的表述提出新的要求,评价细则中对表述的要求要明确,即使是计算题这种常规题型,也可以通过命题引导学生科学、规范、严谨地作答。

【试题】如图 3-8 所示,两根相互平行的光滑金属轨道相距 L,其右侧轨道在同一水平面内,左侧轨道置于同一曲面,与右侧水平轨道平滑连接,电阻均不计。水平轨道上有宽度为 $2d$、方向竖直向上的匀强磁场,磁感应强度大小为 B。金属棒 a、b 均与轨道垂直放置,与轨道接触的两点间的电阻值均为 R,b 棒放置在磁场中间位置。a 棒质量为 m,b 棒质量为 $2m$。将 a 棒从左侧轨道某处静止释放,它在下滑过程中始终保持水平,当 a 棒进入磁场时测得通过 b 棒的电流为 I。设重力加速度为 g。

(1)求 a 棒进入磁场时 b 棒的加速度;

(2)求 a 棒在左侧轨道静止释放时距水平轨道的高度 h;

(3)若 a 棒滑到磁场中间位置(原 b 棒位置)时速率为刚进磁场时的 $\frac{1}{2}$,求此时 b 棒的速率,并判断 b 棒是否已经离开磁场。

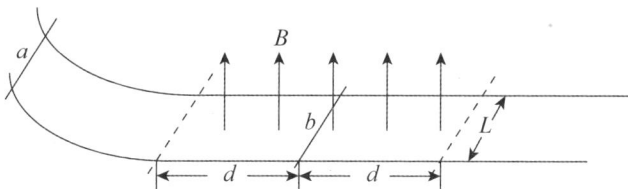

图 3-8

【来源】2023 年 3 月杨浦区高三物理调研卷第 20 题。

【参考答案】

(1)a 棒向右运动进入磁场,切割磁感线产生感应电动势,根据右手定则判断,在 a、b 棒和导轨组成的回路中产生逆时针方向的感应电流(俯视)。

通过 b 棒的感应电流方向垂直纸面向里,根据左手定则可得,b 棒受到的安培力方向水平向右。因此,产生的加速度方向水平向右。

根据牛顿第二定律 $\sum F = ma$,可得:$a_b = \dfrac{\sum F}{m_b} = \dfrac{BIL}{2m}$。

(2) a 棒进入磁场时切割磁感线产生的感应电动势 $E = I \cdot 2R = BLv$。

可得 a 棒进入磁场时的速度:$v = \dfrac{2IR}{BL}$。

a 棒在左侧轨道某处由静止释放,下滑过程中只有重力做功,机械能守恒:$m_a gh = \dfrac{1}{2}m_a v^2$。可得:$h = \dfrac{v^2}{2g} = \dfrac{2I^2 R^2}{B^2 L^2 g}$。

(3) a 棒进入磁场后通过两棒的电流 I 相等,两棒所受安培力大小相等、方向相反,可得:$\dfrac{a_a}{a_b} = \dfrac{m_b}{m_a} = \dfrac{2}{1}$。

a 棒受到向左的安培力使 a 棒减速运动,b 棒受到向右的安培力使 b 棒加速运动,a、b 两棒的速度差减小,回路中产生的感应电动势减小,感应电流减小,a、b 棒受到的安培力均减小。所以 a 棒做加速度逐渐减小的减速运动,b 棒由静止起做加速度逐渐减小的加速运动。

假设 a 棒滑到磁场中间位置(原 b 棒位置)时 b 棒仍在磁场中,

则经过相同的时间,b 棒速度变化量大小为 a 棒速度变化量大小的 $\dfrac{1}{2}$,可得:

$$\Delta v_b = \dfrac{1}{2}|\Delta v_a| = \dfrac{1}{2} \times \left|\left(\dfrac{1}{2}v - v\right)\right| = \dfrac{1}{4}v = \dfrac{IR}{2BL}。$$ 所以,b 棒的末速度大小为 $\dfrac{IR}{2BL}$。

a 棒速度从 v 减速到 $\dfrac{v}{2}$,b 棒速度从 0 加速到 $\dfrac{v}{4}$,所以 a 棒在这段时间内的平均速度大于 b 棒的平均速度,a 棒运动的位移大于 b 棒运动的位移,因此 b 棒运动的距离小于 d,b 棒还在磁场中。

也可以利用图像法求解。两棒的速度-时间图像如图 3-9 所示，从图中可得，在这段时间内 a 棒运动距离为 d，则 b 棒的运动距离小于 d，所以 b 棒还在磁场中。而且，此时 a、b 两棒的速度差不为零，回路中仍有感应电动势和感应电流存在，两棒仍旧受到安培力作用，加速度不为零，符合上述分析情况。

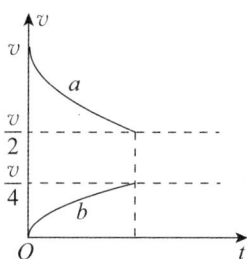

图 3-9

【评价量表】

试题评价量表如表 3-9 所示。

表 3-9 试题评价量表

小题号	考核目标	任务情境	模块主题	内容要求	素养水平	质量描述	评价指标
（1）	科学思维中的"模型建构"	金属棒 a 从左侧轨道某处由静止释放进入磁场时，求金属棒 b 的加速度	选择性必修 2——☆2.2 电磁感应及其应用	☆2.2.1① 探究影响感应电流方向的因素	水平 3	能在熟悉的问题情境中根据需要选用所学的恰当的模型解决简单的物理问题。	能根据右手定则、左手定则和牛顿第二定律正确判断加速度方向，达到水平 3。
（2）	1. 物理观念中的"能量观" 2. 科学思维中的"模型建构"	求 a 棒在左侧轨道静止释放时，距水平轨道的高度 h	1. 选择性必修 2——☆2.2 电磁感应及其应用 2. 必修 2——2.1 机械能及其守恒定律	1. ☆2.2.2 通过实验，理解法拉第电磁感应定律 2. 2.1.4④ 能用机械能守恒定律分析生产生活中的有关问题	水平 3	1. 了解所学的物理概念和规律及其相互关系。 2. 能在熟悉的问题情境中根据需要选用所学的恰当的模型解决简单的物理问题。	能根据法拉第电磁感应定律正确求解感应电动势，能判断导体棒是否符合机械能守恒的条件，并求出下落高度，达到水平 3。

（续表）

小题号	考核目标	任务情境	模块主题	内容要求	素养水平	质量描述	评价指标
（3）	1.物理观念中的"运动与相互作用观" 2.科学思维中的"科学推理"和"科学论证"	当 a 棒滑到磁场中间位置时，判断 b 棒是否已经离开磁场	必修1——1.2 相互作用与运动定律	1.2.3③ 能用牛顿运动定律解释生产生活中的有关现象、解决有关问题	水平4	1.综合应用所学的物理知识解决实际问题。 2.能对综合性物理问题进行分析和推理，获得结论并作出解释；能恰当使用证据证明物理结论。	能结合牛顿第二定律和运动学知识分析得出 b 棒的速度，达到水平2；能通过与 a 棒运动情况进行对比判断出 b 棒仍在磁场中，达到水平3；能先假设 a 棒滑到磁场中间位置时 b 棒仍在磁场中并在得出结论后回证原假设成立，达到水平4。

该题的第（3）小问需要学生先作出假设，假设 a 棒滑到磁场中间位置时 b 棒仍在磁场中，在推导、计算完成后必须根据结论论证原假设是成立的，这就是对求解过程的严密表述进行有针对性的命题设计。试题的解答从要求学生能正确求出答案提升到要求学生能运用所学知识进行严密的思考论证并作出解答。通过阅卷调研，教师能较准确地判断学生运用知识解决问题的素养水平，从而能依据学生呈现的解答过程给予相对应的分数。整道题全区学生测试的得分率为 0.34，而第3小问的得分率仅为 0.11。根据学生卷面答题情况统计，学生大多能进行一定程度的分析和求解，但能层层递进地推理并在得出结论后论证原假设是否成立

的不多,也有不少同学根本没有意识到应先假设 a 棒滑到磁场中间位置时 b 棒仍在磁场中,在求解过程中直接默认 b 棒仍在磁场中,从而导致此题在开始求解时就已经犯错了。

三、分层评价

有了真实的任务情境,有了严密论述的命题设计,就能科学、清晰地呈现学生的学科核心素养水平,就能依据学业质量要求对学生的素养能力进行分析和判断,真正做到分层评价、分层给分,命题评价的变革才有真正革命性的突破和创新。在试题的分层评价方面,笔者做了两方面的尝试。

1. 答案的设置从唯一走向多解

【试题】如图 3-10 所示,一个小球用细线悬于箱顶上的 O 点,箱子沿某一方向做匀加速直线运动,细线与竖直方向的夹角 θ 始终不变,重力加速度为 g。小球受到的空气阻力不计。写出箱子可能的两种加速度情况:① _____ ;② _____ 。

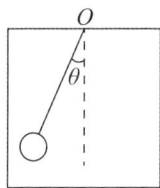

图 3-10

【来源】2021 年 3 月杨浦区高三物理调研卷第 17 题。

【参考答案】

①加速度水平向右,大小为 $g\tan\theta$;②自由落体运动,加速度为 g;③加速度斜向右上,与水平面夹角为 α,大小 $a=\dfrac{g\sin\theta}{\cos(\theta+\alpha)}$;④加速度斜向右下,与水平面夹角为 α,大小 $a=\dfrac{g\sin\theta}{\cos(\theta-\alpha)}$。

【评价量表】

试题评价量表如表 3-10 所示。

表3-10　试题评价量表

考核目标	任务情境	模块主题	内容要求	素养水平	质量描述	评价指标
科学思维中的"模型建构"和"科学推理"	一小球用细线悬于箱内上顶点O，箱子沿某一方向做匀速直线运动	必修1——1.2 相互作用与运动定律	1.2.3③ 能用牛顿运动定律解释生产生活中的有关现象、解决有关问题	水平4	能将实际问题中的对象和过程转换成所学的物理模型；能对综合性物理问题进行分析和推理，获得结论并作出解释。	写出①说明学生能在熟悉的问题情境中解答，介于水平2～3之间；写出②说明学生思维程度较高，能在各类熟悉的问题情境中进行关联分析，达到水平4；写出③、④说明学生能熟练运用数学知识解决物理问题，介于水平4～5之间。

　　设置多解性的答案能使学生内隐的思维程度外显，给予学生更多的思考和解答空间，引导学生更深入地思考各种可能情况，呈现思维的深度，便于对学生的素养水平进行评价。此题阅卷后统计，答出①的学生较多，约占80%；在答对①的基础上答出②的学生不到50%，答出③或④的学生不到10%。

2.针对不同学业质量水平给予对应的评价

　　【试题】我国500 m口径球面射电望远镜（FAST）被誉为"中国天眼"，如图3-11所示。其主动反射面系统是一个球冠反射面，球冠直径为500 m，由

4 450 块三角形的反射面单元拼接而成。它能探测到频率在 70 MHz～3 GHz 之间的电磁脉冲信号($1\,MHz=1\times10^{6}\,Hz$,$1\,GHz=1\times10^{9}\,Hz$)。

图 3‑11

为了不损伤望远镜球面,对"中国天眼"进行维护时,工作人员背上系着一个悬在空中的氦气球,氦气球对其有大小为人自身重力的 $\dfrac{5}{6}$、方向竖直向上的拉力作用,如图 3‑12 所示。假设他在某处检查时,不慎从距底部直线距离 20 m 处的望远镜球面上滑倒(球面半径 $R=300$ m)。

图 3‑12

若不计人和氦气球受到的空气阻力,氦气球对人的竖直拉力保持不变,估算此人滑到底部所用的时间,并写出估算依据。

【来源】2021 年 3 月杨浦区高三物理调研卷第 20 题。

【参考答案】

将此工作人员简化为质点,由多个单元拼接而成的反射面等效为一个光滑且平滑的球冠内部,把他沿球面下滑的过程类比为单摆的摆动过程。

因为摆角 $\theta=\dfrac{s}{R}=\dfrac{20\ \text{m}}{300\ \text{m}}=\dfrac{1}{15}$ rad$\approx3.82°$,摆角小于 5°,所以可把工作人员沿球面下滑的运动视为简谐振动,摆长 l 为球半径,$l=R=300$ m,则:

等效重力加速度 $g'=\dfrac{mg-\dfrac{5}{6}mg}{m}=\dfrac{1}{6}g$。

若 g 取 9.8 m/s², $t = \dfrac{1}{4}T = \dfrac{1}{4} \times 2\pi \times \sqrt{\dfrac{l}{g'}} = \dfrac{1}{4} \times 2\pi \times \sqrt{\dfrac{300}{\dfrac{1}{6} \times 9.8}}$ s $= 21.28$ s。

说明:若学生用沿倾角 $3.82°$ 的光滑斜面静止下滑这一模型计算, $t = \sqrt{\dfrac{2s}{g'\sin 1.91°}} = 27.1$ s

【评价量表】

试题评价量表如表 3-11 所示。

表 3-11 试题评价量表

考核目标	任务情境	模块主题	内容要求	素养水平	质量描述	评价指标
科学思维中的"模型建构"和"科学论证"	在 500 m 口径球面射电望远镜上进行维修工作。	1. 必修 1——1.1 机械运动与物理模型 2. 选择性必修 1——1.2 机械振动与机械波	1.1.2③ 体会建构物理模型的思维方式,认识物理模型在探索自然规律中的作用 1.2.2② 知道单摆周期与摆长、重力加速度的关系	水平 4	能将实际问题中的对象和过程转换成所学的物理模型;能恰当使用证据证明物理结论。	用沿光滑斜面下滑这一模型求解,达到水平 2;能采用单摆模型求解,达到水平 3;能根据所给条件论证沿球面的下滑过程可视作简谐振动,达到水平 4。

不少学生在求解此题时没有考虑到建立单摆模型求解,而是比较简单地建立小球沿光滑斜面下滑这一模型,这个模型更为常见,学生相对熟悉,也容易想到,有一定的科学依据,不能在阅卷评价时认定就是错误解答。对于真实情境的建模,可以有多种可能性,在科学家、工程师解决实际生产生活中的真实问题时就是不断尝试建构各种模型,直至找到最贴合的那个模型来求解。试题也要针对学生建构的不同模型给予对应的评价,答案没有绝对的对错之分,只有合适和更合适

的区别。所以,这道题的评价指标为:用沿光滑斜面下滑这一模型求解,达到水平2,给予一半分数;能采用单摆模型求解,达到水平3,给予3/4的分数;能根据所给条件论证沿球面的下滑过程可视作简谐振动,达到水平4,给予满分。

在本节"二、严密表述"中所举的例题也都能对学生答题的严密程度进行分层评价,只要试题能让学生充分地表达自己的思维过程,就能有效地进行学业质量评价。

结　语

对学业质量水平的评价检测可以借鉴物理学中对温度测量的定标方法。建立一种温标(温度的数值表示法)需要选定某种测温物质随温度变化的某一属性来标志温度,对测温属性随温度变化关系作出刻度规定。同样,对学业质量水平进行科学、规范、严谨的定标,也需要找到一种测量物质——学业质量内涵,参照学业质量各水平的质量描述对学生的核心素养进行定标,从而作出科学、准确的评价。

杨浦区高中物理学科经过三年"双新"命题变革的实践探索,初步积累了一些实施案例,在研究道路上迈出了坚实的一步。通过区域多次主题教研活动,对教师进行相关的培训和指导,逐步引导教师适应基于学业质量评价检测的命题新方式,使其理解和掌握命题思路和答题逻辑,在教学中开展基于真实任务情境提炼有效信息、建构模型、运用科学思维分析并能严密地进行表述的素养能力培育。在高一起始年级,就注意引导学生做题时少用套路、少背所谓"增反减同"之类的口诀,引导他们从物理实验现象入手思考其中蕴含的物理原理,逐渐形成正确的物理观念,并能运用科学思维进行科学推理和论证以及规范的科学表述。通过区域调研反馈可以观察到,高中物理教师科学、规范地评价学生答题过程的阅卷能力得到了一定程度的提升。

当然,试题的立意、情境和设问离试题编制要求还有很大的距离。根据教育测量学理论,在难度、区分度、信度和效度上还有很多可以深入研究的内容。笔者将坚守科学、公平、准确、规范的命题原则,从有利于衡量学生达到的知识能力水平、有利于科学选拔人才、有利于促进学生健康发展和有利于维护促进社会公平这四个"有利于"的角度出发,认真践行命题评价变革的探索研究。

第四章　储能专业水平

引　子

2024 年 8 月,《中共中央国务院关于弘扬教育家精神加强新时代高素质专业化教师队伍建设的意见》明确指出:教师是立教之本、兴教之源,强国必先强教,强教必先强师。因此,要加强教师队伍建设,将学科能力和学科素养作为教师教书育人的基础,贯穿教师发展全过程。

学科教学知识(Pedagogical Content Knowledge,即 PCK)是斯坦福大学舒曼教授在 20 世纪 80 年代提出的。他认为:学科教学知识,就是把教师所拥有的学科专业知识,转化为学生易于理解的表征形式的知识;优秀教师会通过讲授的方式,让学生很快理解、掌握知识,即教师的专业性主要体现在"知识的可传授性"上。

笔者发现,近几年新入职的高中物理老师大多是 985 名校全日制研究生毕业,物理学科内容知识(Content Knowledge,即 CK)基础都较为深厚,但在学科教学知识上需要不断积累和提高。另一方面,和笔者同龄甚至年龄更大的老师们,所面对的是经年累月的重复性教学,容易产生疲惫和厌倦。笔者在参加一个座谈会时,曾听一位初中化学老师谈到自己连续 9 年教初三化学,每年重复着同一教材,如何跳出重复性、机械性的劳作,而不断提升自我、提高教学水平,成为他面临的一个困惑。因此,不论是哪个年龄段的老师们,都需要在教学工作中遵循一定的专业提升路径,积累学科教学知识,夯实专业基本功,不断提高自身的专业水平和工作效率,从学生的正向激励反馈中提升工作的获得感,减轻职业内耗和倦怠感,愉快地开展教学工作。

第一节　备课

一、内化教材

1. 梳理教材中的知识呈现情况

教师上课前都需要备课,如何有效地备课,备课过程有哪些重要环节,都是教师需要积累提升的专业能力。下面从一道高考题来开启备课的研究之路。

2015年上海高考物理卷中的一道填空题难倒了一大片考生,在当年引起了一番热议。下面是上海市教育考试院公布的对这道试题的考查维度和统计数据等。

> （第21题)静电场是＿＿＿＿＿周围空间存在的一种物质;通常用＿＿＿＿来描述电场的能的性质。
>
> 【答案】静止电荷;电势。
>
> 【测量目标】基础知识与基本技能/能理解物理概念、规律、公式的基本含义,并知道其发展历程。
>
> 【知识内容】电磁学/电场/电场;电势;电势差。
>
> 【试题分析】静电场是静止电荷周围空间存在的一种物质;通常用电势来描述电场的能的性质。
>
> 【答题分析】本题第一空满分率很低,表明考生知道电荷周围存在电场,但忽视了静电场是静止电荷周围存在的物质。
>
> 【难度】0.480;0.834。
>
> 【区分度】0.348;0.213。

这道题之所以会难倒大片考生,甚至连物理老师也未必能全部答对,是因为其考查了最基本的电场和电势概念。第一空容易漏"静止"而只填"电荷",对静止电荷和运动电荷的区别没有概念;第二空容易错写成"电势能",因为被题中"电场的能的性质"所误导。

以下以第一空所涉及的"静止电荷"为例，说明如何遵循科学规范的备课路径，提升教师对物理学科基本概念的理解和辨析，提升教学的有效性和针对性，提升学生的物理观念和科学思维素养。

2015年，上海高中物理教学采用上海科学技术出版社出版的《高级中学课本 物理 高中二年级第一学期(试用本)》及配套教学参考资料和练习册。在"第八章 电场"开始的"导学"中举了雷电现象、球形闪电、雅各布天梯等情景，用"下面我们就开始学习有关静电的知识"引出第一节"A 静电现象 元电荷"。值得注意的是，这里对"静电"这一物理名词的提出，没有任何介绍和解释，就直接提出了这一物理概念。第一节主要阐述静电的产生和测量、电荷量等，在第二节"B 电荷的相互作用 电场"中，教材明确提出"电荷之间有相互作用力，同种电荷相互排斥，异种电荷相互吸引。这种静止电荷之间的相互作用力又叫作静电力"，第一次提到了"静止电荷"和"静电力"的概念。在建构电场概念时，教材对电场的表述为："电场是电荷周围空间存在的一种物质。电场的基本性质就是对放入其中的电荷有作用力，这种力叫电场力。静止电荷产生的电场只是电场中的一类，叫作静电场。除了电场外，还存在其他的场，如重力场、磁场等。"在第三节"C 静电的利用与防范"中举了很多生产生活实例。但关于"静电"，学生可能还是会有疑问：到底什么是静电呢？ 什么是静止电荷呢？ 在这章最后的"英语角"中，有这样一段英文："Unlike current electricity, static electricity does not flow. It is created when an electrically neutral substance loses or gains electrons(negatively charged particles), making it, respectively, positively or negatively charged. You can create static electricity by rubbing a balloon on your clothing. Electrons will move from the clothing to the balloon, making the balloon negatively charged and the clothing positively charged. The resulting static electricity on each will attract small light objects such as pieces of paper."这里对静电的描述略微具体一点，指出静电与电流不同，它不能流动。在下一章"电路"中提到"从微观角度看，导体里充满了可以自由移动的电荷"。这里提出的"可以自由移动的电荷"与"静止电荷"形成鲜明对比。

参加 2015 年高考的这届学生在初中学习时使用的教材中,提到了"定向移动的自由电荷在导体中形成了电流",但未提出"静电"和"静止电荷"。

综上所述,学生在初中和高中学习电场、电路知识时,知道"静止电荷"和"自由移动的电荷",但没有经历对二者进行对比分析的过程,形成的概念并不清晰,甚至不少学生只知道用电荷描述现象、分析问题,而不知道它们的区别。

2. 不同版本的教材对比

自 2018 年新课标实施后,全国各地都开始使用新编的高中物理教材。上海科学技术出版社出版的新教材,对于库仑定律的表述为:"真空中两个静止的点电荷之间相互作用力的大小跟它们的电荷量的乘积成正比,跟它们之间的距离的二次方成反比,作用力的方向在它们的连线上。这叫作库仑定律。"对静电场的描述为:"我们把相对观察者静止的电荷产生的电场叫作静电场。"

人民教育出版社出版的新教材,对库仑定律的表述与沪科技版教材基本相同。对静电场的描述为:"19 世纪 30 年代,英国科学家法拉第提出一种观点,认为在电荷的周围存在着由它产生的电场(electric field)。电场是看不见、摸不着的,但人们却可以根据它所表现出的性质来认识它,研究它。……物理学的理论和实验证实并发展了法拉第的观点。电场以及磁场已被证明是一种客观存在。场像分子、原子等实物粒子一样具有能量,因而场也是物质存在的一种形式。应该指出,只有在研究运动的电荷,特别是运动状态迅速变化的电荷时,上述场的物质性才凸显出来。本章只讨论静止电荷产生的电场,这种场叫作静电场(electrostatic field)。"

总之,上述两个不同版本的物理教材都参考了现行的大学物理教材,对静电场的表述更加科学、清晰。

3. 建构上课的知识呈现脉络

教材中对两种不同的电荷都有阐述,但并未放在一起作对比,特别是对静止电荷,初中教材回避这一名词,只提"电荷",高中教材在电场一章伊始就直接运用"静电"这一名词,没有给出明确的定义和描述,直到在静电场这一概念的表述中才明确提出"静止电荷"和"运动电荷"。

因此,教师应该深入思考教材编写者的编写意图,建构自己上课的知识呈现脉络。对于"电场"这一单元,如果一开始就给出两种电荷的定义,对初次学习这一知识的学生而言,其教学效果并不一定理想。因为学生在初中只学习了"电荷"这一概念,要理解两种电荷的本质区别并没有相应的知识基础。若一味强调表述规范、严格区分,反而会造成学生理解上的困难。在学习了静电现象、静电产生的原因、静止电荷间的相互作用力之后,到了学习静电场这一概念时,针对"相对观察者静止的电荷"进行具体阐述,并和"运动电荷"进行概念上的辨析,则能让学生较为顺畅地理解两种电荷的区别,为后续学习电流、洛伦兹力、电磁振荡等与"运动电荷"相关的物理知识做好铺垫。但在实际教学中,更为普遍的情况是教师不对两种电荷进行概念上的辨析,甚至对"相对观察者静止的电荷"这一表述不加任何解释,导致学生并不理解静电场的内涵,以致在遇到问题时难以应对。

二、学生视角

1. 调研学生的前认知基础

诊断性评价是在某项教育活动开始之前进行的测定性评价,是对评价对象的基础、现状、存在的优势与不足,以及原因等所进行的鉴定。要重视诊断性评价,重视学情分析,收集实证数据对学生的现状进行评价。

备课需要从学生学习的视角来研究学生学习知识的过程,分析学生形成正确的物理概念、掌握物理规律需要哪些前认知基础。前认知基础是学生开始这一学段的物理学习时,已经(或应该)掌握的与所要学习的物理知识有关的知识基础。教师既要梳理学生在初中学过的物理知识和数学基础,还要关注到与学生年龄相符合的心理、基本生活常识等。

笔者在教学实践中发现,不同学校学生的前认知基础差异非常大。比如,针对弹力这一知识点,市实验性示范性高中的学生,对于该概念的准确性和完整性理解得非常好,而普通高中的学生,对于弹力是否垂直于接触面、弹力是由施力物体还是受力物体产生的、弹力的作用效果等知识的理解,不是很清楚,甚至是错误的。

教师在备课时要充分考虑学生实际掌握的前认知基础,而不是只根据初中教材内容,认为学生已经具备了相应的前认知基础知识。因此,教师在备课前需要进行单元教学前的调研,可以通过问卷调查、个体访谈、课堂对话等形式,有效地调研学生的前认知基础,并对调研结果进行分析归纳,从学生的视角做好前期准备工作。

对于调研问卷的设计,我们针对一些具体情境设计了对应的物理问题,要求学生用文字表述,而不是通过更常见的纸笔测试题来进行"考试"型的所谓调研。比如,在开展"机械能守恒定律"这一单元[①]的学习前,我们先梳理了学生在初中所学的知识内容,如表4-1所示。

表4-1 初中物理中有关功和机械能的知识

教学基本要求	1. 理解功。①知道做功的两个要素;②知道功的单位:焦(耳);③能用公式 $W=Fs$ 计算功、力或距离。 2. 理解功率。①知道功率的概念;②知道功率的大小反映做功快慢的程度;③知道功率的单位:瓦(特);④能用公式 $P=W/t$ 计算功率、功或时间。 3. 知道动能。①知道动能的概念;②知道影响物体动能大小的因素。 4. 知道势能。①知道重力势能的概念;②知道影响物体重力势能大小的因素。 5. 知道动能与势能的相互转化。①知道机械能的概念;②知道动能和重力势能间可以相互转化;③能举出动能和重力势能相互转化的实例。

针对学生初中学过的基础知识,我们设计了如表4-2所示的调研问卷,并对学生的问卷作了分析归纳。

表4-2 调研问卷

调研内容	调研反馈
人提着一桶水在水平路面上匀速行进时,人对桶是否做功?	大部分同学知道不做功。

---

① 本案例由上海市风华中学李志钧老师提供。

（续表）

调研内容	调研反馈
力 F 与水平方向成 $30°$ 角,使物体在水平方向上运动位移 s,该力做功为 Fs 吗?	大部分同学意识到不是 Fs。
物体的动能与什么有关?	学生有些印象,但不完全清楚,也不会联系生活实际。
物体的重力势能与什么有关?	学生基本知道和质量、高度有关。
举出一些物体的动能和重力势能相互转化的实例。	学生能举例,但表述不完整。
功和能的区别是什么? 有什么联系?	大部分学生答不出来。

教师对学生的调研问卷进行分析归纳后,需进行总结性表述,形成学生前认知基础分析,以呈现真实的学生所掌握的知识基础。学生前认知基础分析不是前面调研内容和反馈的简单重复,而是在此基础上深入分析前认知基础形成的主客观原因,得出学生的前认知基础情况:学生在初中已经知道做功的两要素,但没有准确表达为力和力方向上的位移,在计算做功时没有涉及力和运动方向互成夹角的情况;学生在初中只知道功率的定义式,并不知道瞬时功率和平均功率的区别,更没有涉及力的方向和运动方向成夹角的情况;学生在初中已经了解动能和重力势能,并且知道它们和质量、速度、高度等的定性关系,但并不知道定量计算公式;学生在初中已经知道动能和重力势能可以相互转化,但没有明确机械能守恒的条件是什么,也没有明确功和能量转化的关系。此外,学生在高一年级第一学期已经学习了力和牛顿运动定律相关知识。

2. 搭建可持续学习的台阶

在完成学生前认知基础的调研后,还需要对这一单元的学习任务进行学习基础和可持续学习的对应分析,如表 4 - 3 所示。

表 4-3　单元学习任务分析

学习任务	学习基础	可持续学习
功	力和位移是矢量,数学中向量点乘的知识	功的定义、公式,功的正负的物理意义
	无限细分与无限逼近的思想方法	物体做曲线运动时,恒力对物体做功计算
	$v-t$ 图面积的物理意义	变力做功的 $F-x$ 图像
功率	表示物体位置变化快慢(变化率),平均速度和瞬时速度的区别	功率的定义、公式,平均功率和瞬时功率
	功的向量表达式	瞬时功率的向量表达式
动能定理	影响物体动能大小的因素,匀变速直线运动规律,牛顿第二定律	研究物体运动过程中合力做功引起运动状态改变,从特殊情况(物体做匀变速直线运动)导出恒力做功时的动能定理表达式,再引申到一般情况(变力做功)
重力势能	影响物体重力势能大小的因素	从定性了解深入到定量计算,特别关注零势能面的选取对重力势能及其变化量的不同影响,为学习不同能量间的相互转化作铺垫
机械能守恒定律	机械能的概念,动能和重力势能间可以相互转化	分析生活中常见的一些物体在运动过程中的受力、做功、能量及变化量情况,理论推导和实验验证相结合

【教学片段】

片段一:机械能概念的建立

通过观看"高架滑车"视频,引导学生讨论滑车向下和向上运动过程中的能量变化情况。结合初中所学的机械能知识,了解滑车在运动过程中动能和势能的相互转化。

片段二：机械能守恒条件的探究

讨论在常见的一些运动中物体的机械能是否守恒，探寻其中的规律。

1. 做自由落体运动的物体：教师示范理论推导过程。

2. 沿光滑斜面下滑的物体：学生尝试运用数学演绎法推导。

3. 在竖直平面内摆动的摆锤：实验探究。

（1）由静止释放摆锤，观察其摆到另一侧的最高位置与开始释放位置的高度关系。

（2）采集摆锤在摆动过程中经过若干位置时的速度和高度，通过计算得出摆锤经过该位置时的动能、重力势能及机械能。引导学生根据实验数据分析讨论其机械能是否相等。

4. 在粗糙斜面上匀加速下滑的物体：通过理论分析、计算，讨论其机械能是否守恒。

5. 得出机械能守恒条件。

通过对上述几种运动情况中物体机械能是否守恒的分析、归纳，我们发现机械能守恒应满足一定的条件。

因能量的变化与力做功有关，分析表4-4所示这几种运动类型中物体受力及其做功情况，寻找其中蕴含的物理规律。

表4-4　几种运动类型中物体受力及其做功情况分析

运动类型	受力情况	做功的力
自由落体运动	重力	重力
物体沿光滑斜面下滑	重力、支持力	重力
摆锤的运动	重力、绳子拉力	重力
物体沿粗糙斜面匀加速下滑	重力、支持力、摩擦力	重力、摩擦力

三、教学设计

在完成教材研读内化、学生前认知基础调研分析等准备工作后,就可以撰写教学设计了。上海高中物理学科经过多年教学研究,已经形成了自己鲜明的风格和特色。不论是"二期课改"时期大力推动的课时设计中的流程图,还是"双新"实践下单元教学设计中的单元教学任务分析,都能清晰有效地呈现教师对教学内容的理解和分析,凸显教学重点,突破教学难点,帮助学生建构完整的知识结构体系。

1. 单元教学设计

（1）整体结构

单元教学设计模板

一、单元教学任务分析

　　1. 单元内容分析

　　2. 单元学习价值分析

　　　　（1）单元内容与核心素养

　　　　（2）单元学习价值

　　3. 学情分析

二、单元核心任务分析

三、单元教学目标

四、单元教学结构创建

（2）要素解析

① 单元教学任务分析

单元教学任务分析包含单元内容分析、单元学习价值分析和学情分析三部分内容。单元内容分析应括阐述本单元与前后单元之间的内在关联,单元的内容结构图和本单元的学习主题,该部分是对整个单元学习内容引领性的分析。单元学习价值分析应包含单元学习内容与学科核心素养的分析表,单元学习价值是在具体情境下从核心素养的四个维度具体阐述本单元内容的学习价值。学情分析是从学生学习本单元所经历的学习过程这一视角进行分析。

② 单元核心任务分析

根据引领性学习主题确定单元核心任务,用清晰简洁的语言表述单元内容与核心任务之间的关联。

③ 单元教学目标

根据核心素养的四个维度,并结合前面分析的本单元的学习内容及其学习价值,表述以素养为导向的教学目标,可参照《新课标》中有关学业质量内涵和学业质量水平的相关表述。

④ 单元教学结构创建

将单元核心任务分解细化成若干子任务,在子任务中将单元中具体的教学内容与之一一对应,以表格的形式清晰呈现单元教学的主干内容和课时安排。

(3) 案例呈现

下面呈现的是选择性必修1"第四章 光"单元的教学设计。

一、单元教学任务分析

1. 单元内容分析

本单元选自《普通高中教科书 物理 选择性必修1 第一册》(沪科技版)"第四章 光"。本单元包含几何光学(光的折射、全反射)和物理光学(光的干涉、衍射和偏振)等基本内容以及激光的特性和应用。

本单元引导学生在初中已经初步了解光的反射和折射现象的基础上,通过定量实验探究、分析实验数据,得出折射定律;在折射定律的基础上观察从水到空气的折射和全反射现象,结合光路可逆原理得出全反射产生的条件;结合前两章"机械振动""机械波"的学习,通过类比介绍光具有与机械波类似的干涉、衍射等特性,理解光的波动性质;学习光的偏振现象和激光的特点及应用,了解现代光学技术在生产生活中的广泛应用。

本单元内容结构如图4-1所示。

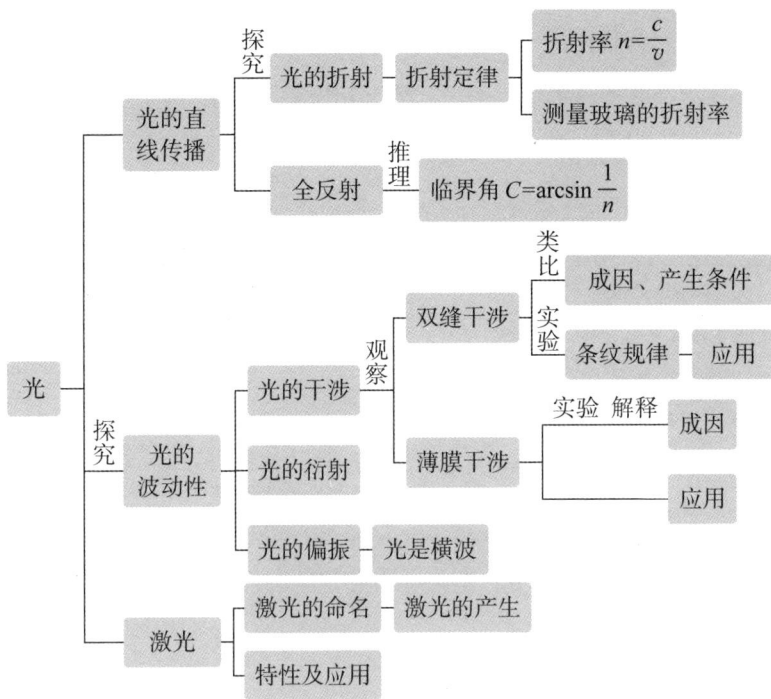

图 4-1

在完成本单元的学习后,学生应该初步形成光是一种波的运动观念及光具有能量的观念,能够运用折射、全反射、干涉、衍射、偏振、激光特性等知识解释各种光现象,能从人类探索光的历程中感悟人对自然规律的认识是逐步深入的,增强研究物理现象和问题的兴趣。结合本册教材最后的学期活动要求,用"了解人类对光的本性的认识过程"来引领本单元的学习。

2. 单元学习价值分析

(1) 单元内容与核心素养

本单元内容与核心素养对应如表 4-5 所示。

表 4-5　单元内容与核心素养对应表

单元内容	核心素养			
	物理观念	科学思维	科学探究	科学态度与责任
光的折射定律	●	○	◎	○

（续表）

单元内容	核心素养			
	物理观念	科学思维	科学探究	科学态度与责任
测量玻璃的折射率 （学生实验）	◎	●	●	◎
光的全反射	○	●	◎	○
光的干涉	●	○	◎	○
用双缝干涉实验测量光的波长 （学生实验）	◎	●	●	◎
光的衍射	●	○	○	◎
光的偏振	●	○	◎	○
激光	◎	○	○	●

说明:"●"表示高相关,"◎"表示中相关,"○"表示低相关。

(2) 单元学习价值

本单元是在探索人类对光的本性的认识过程这一情境下,从几何光学、物理光学和激光特性等角度展开对光的学习历程。通过探究折射角和入射角关系的实验理解光的折射定律、折射率。了解全反射现象和临界角。了解光的干涉、衍射和偏振现象,知道光是横波,了解激光的特性。通过建立光的折射、全反射模型和对光的干涉、衍射现象的解释,体会基于经验事实建构物理模型的抽象过程,运用分析、推理、论证等思维方法解决具体问题。通过两个学生实验——测量玻璃的折射率和用双缝干涉实验测量光的波长,经历提出问题、猜想假设、实验设计、获取信息和基于证据得出结论等科学探究过程,提升科学探究能力。通过了解光纤、增透膜、全息照相等技术在生产生活中的应用,感悟科技发展对人类社会生活的重大影响。

3. 学情分析

学生在初中已经学过光的直线传播、反射、折射、色散等几何光学现象,初步了解光的反射和折射规律,但没有经历定量实验探究、得出定量结论的过程。在前面两章"机械振动"和"机械波"的学习中,知道机械波具有干涉、衍射等特性,知道机械波分为横波和纵波两种类型,但不理解光作为电磁波所特有的、有别于机械波的特殊性质。基于上述学情,本单元的教学注重关联学生原有的认知基础和新的知识,通过探索人类对光的研究历程来逐步引导学生形成对光的本性的正确认识,提升思维品质。

二、单元核心任务分析

本单元的核心任务是探索人类对光的本性的认识过程。经历本单元的学习,沿着历史上人类研究光的足迹,从光的直线传播、反射、折射、全反射等几何光学知识逐步深入到光的干涉、衍射、偏振等物理光学知识,进而深入对现代物理——激光特性的了解,建构光的知识结构体系,形成较为完整的光学理论,进一步形成运动与相互作用观念和能量观念。

三、单元教学目标

在探索人类对光的本性的认识过程中理解光的折射定律,知道全反射现象及其产生条件。观察光的干涉、衍射和偏振现象,并了解其产生条件。了解激光的特性,能运用运动与相互作用观念和能量观念解释生产生活中的各类光现象,解决具体问题。

经历基于实验现象和数据分析形成光的折射、全反射模型的建构过程,能通过类比机械波的方式分析光的干涉、衍射和偏振现象,理解光具有波动性。通过观察实验现象和分析推理,了解激光的特性。

通过测量玻璃的折射率和用双缝干涉实验测量光的波长,经历提出问题、猜想假设、实验设计、获取信息和基于证据得出结论等科学探究过程,提升科学探究能力。

通过对光的研究的不断深入,感悟人类对自然规律的认识过程是逐步深入、不断提升的,科学技术的发展极大地改变了人类的生活,增强研究物理现象、探究物理原理的兴趣。

四、单元教学结构创建

1. 单元教学结构列表

本单元教学结构如表 4-6 所示。

表 4 - 6 单元教学结构列表

核心任务	核心任务分解	教学内容	课时安排
探索人类对光的本性的认识过程	探究光的折射现象和规律	光的折射	2
	研究全反射现象及其产生条件,了解其应用	全反射	1
	探究光的干涉现象及其产生条件,解释生活中的干涉现象	光的干涉	2
	观察光的衍射现象和偏振现象,了解光的衍射现象产生的条件,了解光是横波	光的衍射和偏振	1
	观察激光的实验现象,了解其特性和应用	激光	1

2. 课时教学设计

(1) 整体结构

课时教学设计模板

一、教学任务分析

　1. 教材分析

　2. 学情分析

二、教学目标

三、教学重点和难点

四、教学资源

五、教学设计思路

六、教学流程

　1. 教学流程图

　2. 流程图说明

　3. 主要环节

七、板书设计

八、作业布置

九、教学反思

（2）要素解析

① 教学任务分析

教学任务分析包括教材分析和学情分析。

对于教材分析,应注重教材内容的逻辑结构和相互联系。教材分析涵盖四个方面:一是分析教材内容的地位或特点,指出其在教材体系中的地位和结构;二是分析学习本节内容所需要的基础,阐明本节知识与前后知识的联系;三是分析获取本节知识的主要学习过程或主要环节,指出本节知识主要学习过程(环节)的特点和实施要点;四是分析完成这一学习过程采用的主要方法以及有关素养培育的要求等,阐明相关的学习方法和要求。

学情分析的重点是分析学生原有的知识基础、学习能力、学习态度等。学情分析涵盖两个方面:一是学生的心理和思维特点,针对其身心状况和认知发展的特点,阐明学生参与学习的初始状态,比如学生的认知结构特点、学习水平、从事某项学习的知识和技能的储备状态等;二是指出学生原有的认知结构对于新知识的学习可能产生的影响,阐明将新知识纳入原有认知结构可能采用的方式,发挥原有认知结构对于新知识学习的积极影响,同时减少负面效应。

② 教学目标

教学目标是教学任务分析结果的目标化,目标大多注重体验性或表现性。学生是行为主体,应指明通过课堂教学活动的实施,期望学生通过什么活动、经历什么过程,获得什么收获或体验。核心素养四个方面的描述反映了学生通过学习应达到的预期结果,应全面且适切,表述要清晰、具体、准确。

③ 教学重点和难点

教师经过对教学任务的分析和教学目标的制订后,要根据达成教学目标的需要,将课程内容以及教科书中的内容重新选择、组织和加工,使之成为具有活力、切合实际的教学材料。

教学重点是指最能体现教学目标价值的教学任务,它的确定与教学目标中的核心目标、学生发展的特殊需要等有关。

教学难点是指学生在学习过程中可能存在疑难或者容易产生困惑的地方,它的确定可以根据以往教学的经验(预设),也可以根据当前的课堂观察、倾听和思考(生成)。

④ 教学资源

教学资源设计是对教学资源进行优化和重组的过程,既要体现丰富性,又要强调适切性。除教科书外,教学媒体对于确定教学信息的传递方式具有关键意义,任何教学活动都离不开一定的教学媒体的支撑,或者说教学媒体是不可或缺的教学资源。教学资源还包括图书馆、实验室、专用教室等校内设施和博物馆、展览馆、科技馆、科研院所等校外场所。

⑤ 教学设计思路

教学设计思路,通常以教学目标为指向,以教学重点和难点为突破口,以"情景—问题—活动"为基本过程。教学设计思路包括三个方面的要求:一是内容维度,要根据教材分析的结果,形成教学脉络,明确纵向思路,并重视操作性;二是方法维度,要根据学情分析以及教法、学法分析的结果,形成教学层次和环节,明确横向结构,并凸显独创性(艺术性);三是目标维度,要根据目标内容细分和能力要求分层的结果,形成教学目标、教学过程、教学评价一致性的表述。

⑥ 教学流程

教学流程是教学设计思路的一种简约的表达形式。在教学目标明确指向下,具体教学流程按照内容和方法两个维度展开,并通过合理联结这两个维度,建立起课堂教学结构。教学流程由教学流程图与教学流程图说明构成。在教学流程图中,"◇"表示情境、活动,"○"表示重要物理现象、概念、规律,"□"表示次要物理现象、概念、规律。教学流程图上的虚线,用于显示教学环节的分割。

⑦ 板书设计

板书是整堂课的灵魂,起到提纲挈领的作用。一堂课的板书,随着课堂学习进程而徐徐展开,最终在黑板上呈现一幅知识结构图。所以,板书的设计要整体化、结构化,突出学习重点,帮助学生建构知识图谱。

⑧ 作业布置

作业是课堂教学实施的一个重要环节。作业类型多样,课内作业和课外作业相结合,短时作业和长时作业相结合,纸笔作业和实践作业相结合,起到巩固、检测和激趣的目的。

⑨ 教学反思

这是整个课时教学设计中最容易被忽视的一环。一堂课上完后,教师一定有体会和感悟,及时记录教学过程中的点滴收获,及时进行"复盘反思",对改进教学方式、提炼教学经验、提高专业能力是非常有价值的。教学反思宜用精炼、清晰、准确的语言表述。

(3) 案例呈现

下面呈现的是沪科技版高中物理教材选择性必修1"第四章 光"单元中第1课时"光的折射"的课时设计。

一、教学任务分析

1. 教材分析

"光的折射"是《普通高中教科书 物理 选择性必修 第一册》(沪科技版)"第四章 光"中第一节的内容。本节内容在《新课标》中的内容要求为:"1.3.1 通过实验,理解光的折射定律。会测量材料的折射率。"

在学生已经初步了解光的反射和折射现象的基础上(初中学习基础),要求他们能通过实验探究,分析实验数据,发现特点并得出蕴含的规律,得出定量结论,从而培养科学思维和科学探究的能力。同时,光的折射定律也是人类对光的本性漫长的认识过程中的一个重要结论,是几何光学的重要内容,能引导学生进一步形成运动观念。

2. 学情分析

本节课授课班级学生来自复旦大学附属中学。作为高二年级的学生,在学习了选择性必修第一册中"机械振动"和"机械波"两章内容后,已经了解了波传播的基本规律,波速、波长和频率的对应关系,知道波从介质1传播到介质2时,在交界面会同时发生折射和反射现象。本节课的学习需要学生在原有的基础上进一步深入到对光的本性的研究中。

学生对各种光现象有着较浓厚的兴趣,且数学基础较好,能对实验数据进行一定程度的归纳和提炼。但在综合运用所学知识进行逻辑分析、推理和表述上有待进一步引导和鼓励。

二、教学目标

1. 认识光的折射现象,通过实验理解光的折射定律,建立折射率的概念。会测量材料的折射率。能解释生活中光的折射现象。了解人类在对光的本性的认识过程中对光的折射规律的探索历程,提升运动观念。

2. 通过折射实验,观察入射角和折射角的大小及动态变化情况,对实验现象进行简单的分析、推理、质疑和修正,建构光的折射的物理模型。

3. 通过定量实验探究,分析数据,发现规律并得出光的折射定律。能依据相关实验器材设计测量玻璃的折射率的实验方案。

4. 激发学生对光的发展历程的探索热情和兴趣。通过光的折射定律和折射率的学习,理解折射率反映了介质的光学性质。在实验探究和讨论过程中,培育合作交流、求真求实的科学态度。

三、教学重点和难点

1. 重点:理解光的折射定律。

2. 难点:通过实验定量研究光的折射规律。

四、教学资源

1. 教师自制课件(PPT)、实验视频资料、光的折射圆盘演示实验装置等。

2. 学生实验器材:透明玻璃砖、大头针、木板、白纸、三角板、量角器等。

五、教学设计思路

本节课主要设计思路:本节课的内容包括人类对光的本性的认识过程、光的折射定律的实验探究、折射率概念的建立以及测量玻璃的折射率的实验方案讨论。引导学生初步了解人类对光的本性的认识过程中的几个重要发现和时间轴,初步形成研究这一问题的线索和路径;通过实验现象观察、实验数据分析探究得出光的折射定律并建立折射率的概念;介绍折射率反映了介质的光学性质,引出对玻璃的折射率的实验测量方案的讨论。

本节课要突出的重点:理解光的折射定律。学生先观看初中"空中课堂"的实验视频,回顾初中所学的光的折射规律的内容,再通过自主活动的演示实验探究光从介质1斜射入介质2时其入射角和折射角的变化规律和对应的定量关系,分析数据得出光的折射定律,进一步建立折射率的概念。知道不同的介质具有不同的折射率,反映了介质的光学性质。通过机械波的折射现象类比光的折射现象,理解其传播规律的相似之处。

本节课要突破的难点:通过实验定量研究光的折射规律。学生在初中已经学过光的折射现象,定性了解了折射角如何随入射角变化而变化。在此基础上,先通过初中光从空气斜射入水中的实验视频和数据,引导学生讨论入射角和折射角之间的定量关系。发现随着入射角的增大,入射角和折射角的比值不再成简单的正比关系。引导学生思考为什么托勒密的结论只有在小角度入射时才近似成立,猜测其中所蕴含的数学规律。通过光的折射圆盘演示实验,定量测量入射角、折射角的对边、邻边长度,归纳提炼数据变化规律,得出其正弦之比为常数这一结论,从而建立光的折射定律。通过光从空气斜射入玻璃的实验数据,发现入射角和折射角的正弦之比也为常数,但与前一个常数不同,进而建立折射率的概念。

六、教学流程

1.教学流程图

本节课教学流程如图 4-2 所示。

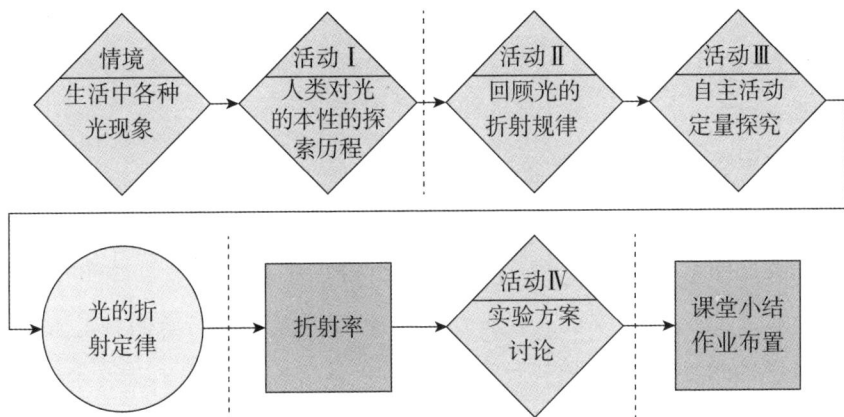

图 4-2

2.流程图说明

情境:讨论美丽的光现象

从四幅美丽的光现象的图片出发,引导学生讨论生活中常见的光现象及其产生的原因,从而引出本单元的主题——光。

活动Ⅰ:介绍人类对光的本性的探索历程

介绍人类历史上对光的本性研究的发展历程,引导学生学会检索资料、收集信息,提炼关键要点,建立时间轴,然后通过对整个单元的学习,形成一篇读书报告。教师对光的折射的研究历程进行梳和提炼,给学生提供一个研究的借鉴范式。

活动Ⅱ:回顾光的折射规律

回顾初中学过的光的折射规律,利用实验视频数据讨论入射角和折射角的定量关系。发现随着入射角的增大,入射角和折射角的比值不再成简单的正比关系。思考、猜测其中所蕴含的数学规律。

活动Ⅲ:自主活动——定量探究

通过光的折射圆盘演示实验,定量测量入射角、折射角的对边、邻边长度,归纳提炼数据变化规律,通过计算得出其正弦之比为常数这一结论,从而建立光的折射定律。

活动Ⅳ:实验方案讨论

根据提供的实验器材,结合光的折射定律,设计实验方案,并讨论如何避免实验误差提高测量精度。

3. 主要环节

本设计可分为四个主要教学环节。

第一环节:创设情境引出本单元对光的学习过程,提出研究人类对光的本性的认识过程这一单元作业。

第二环节:通过多组实验视频和数据分析,定量研究入射角和折射角之间的定量关系,得出光的折射定律。

第三环节:了解不同介质的折射率不同,反映了介质的光学性质。讨论如何测量玻璃的折射率实验方案。

第四环节:总结整节课对光的折射定律的学习过程,提炼研究问题的一般方法和路径。布置单元作业和课时作业。

七、板书设计

板书设计如图4-3所示。

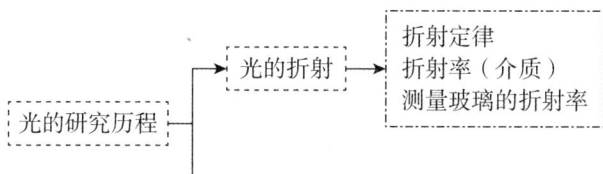

图 4-3

八、作业布置

1. 单元作业分解(一):查阅资料,了解人类对光的折射现象的探究历程。

2. 实验准备:完成"测量玻璃的折射率"实验方案的设计。

九、教学反思

"人类对光的本性的认识过程"这一单元作业是《普通高中教科书 物理 选择性必修 第一册》(沪科技版)全册的学期活动,它将引导学生学会检索资料、收集信息,提炼关键要点,建立时间轴,形成一篇读书报告。这类作业的布置需要教师通过一定的示范带领学生掌握研究此类问题的一般方法和路径。在课堂上要把控好教学环节和时长,给予对应的建议。从课堂教学反馈来看,学生对这类学期活动较为陌生,在本单元后续的学习中应关注学生的研究进展,给予及时的帮助和支持。

有趣的实验能激发学生课堂学习的热情,但高中学生的思维能力和学习程度需要更深层次地展示物理学习的思辨特性,敢于质疑、逻辑推理的"头脑风暴"才能真正持续激发学生对物理学科的理解和热爱,才能提升学生的学习品质。本节课对光的入射角和折射角的定量研究需要在课堂上给予充分的时间,不宜匆匆走过场。学生对这样的研究非常感兴趣,但较为陌生,在今后的教学中可以更多地设计这类研究,真正提升学生的科学思维品质和科学探究能力,并用严谨求真、一丝不苟的科学态度践行自己的学科学习。

第二节 解题

一、固本探因

教师的解题能力可以分为 5 个层级,形成如图 4-4 所示的金字塔形。

图 4-4

金字塔的塔基(第一层)是解题基本功的积累,即教师能运用物理学科本体知识正确求解试题。换而言之,要求学生能运用所学物理知识正确求解试题,教师至少应具备和学生同等的正确求解试题的能力。

第二层是试题解构能力,教师在正确求解试题的基础上,对试题所要考查的知识内容、素养要素、学业水平进行细化解构,能科学、规范地撰写完整的求解过程,呈现解题所经历的逻辑推理和论证过程。

第三层是试题分类能力,教师在试题解构的基础上,依据试题考查学生解决真实问题的能力,用情境活动和考查要求的四个层次来进行分类。它是教师深化高中课程改革、落实学业质量水平评价中较关键的一个能力。

第四层是试题贯通能力,教师在试题分类能力的基础上,提炼解题的内在思维联系,依据试题的思维结构将试题贯通组合,建构解题所需的更高层级的思维路径。这是复习阶段教师站在更高的视角分析试题的能力。

第五层是试题评价能力,即教师需要具备甄别试题优劣,并能在不同应用背景下选择适切的试题的能力。新授课的课堂例题、课后作业的题目、阶段测试卷中的试题、选拔考试卷中的试题,它们在不同的场景中具有不同的应用价值,这就需要教师对试题作出科学、精准的评价。

1. 打好学科知识之基

教师的解题能力和学生的解题能力要求不同,教师除了要能正确求解试题外,还能够对试题所涉及的知识本体、解题思路、素养考查、难度、区分度等进行分析、提炼和总结。教师能析出试题所涉及的学科知识,在课标中找到对应的内容要求,以辨析试题考查的知识内容是否超出课标知识范畴;能形成规范、科学的解题思路,能对解题过程中的每一个环节进行科学论证和表述,并能多角度地思考试题的求解方法,以提升学生的解题能力;能依据课标析出试题考查的素养维度,对照课标中的学业质量描述确定试题考查的对应水平,建立评价量表;能根据评价测试后的相关数据,科学、准确地分析学生学习的状况,找准提升的突破口,帮助学生调整学习方法,制订新的学习目标。

教师解题能力的养成,也要遵循一定的路径循序渐进地逐步积累,没有捷径可走。青年教师在刚走上工作岗位的时候,静下心来打好第一、二层的解题能力基础,是后续专业发展最重要的基础,是教师解题能力金字塔最重要的塔基,没有这个基本功,就无法达到更上一层的层级。

(1) 第一层:解题基本功的积累

笔者大学毕业后到上海市市北中学工作,作为新教师,得到了物理组很多老教师的悉心指导。他们在毫无保留地传授教学方法的同时,都不约而同地指出:青年教师只有在课堂上牢牢地站住脚跟,得到学生和家长的一致认可,才算在教学道路上扎扎实实地迈出了第一步。物理教师有一个非常重要的专业基本功——解题能力。教师解题能力差,上课讲解题目的思路就不清晰;教师讲得含糊不清,学生自然听不明白;学生听得糊里糊涂,课堂教学效果难以提升。所谓"台上一分钟,台下十年功",就是说提升解题能力是专业基本功中最艰苦的一项训练。

摘录一段笔者于 2011 年 5 月发表在《现代教学》杂志上题为《教师的年轮》的文章片段:"我牢记老师们对我的教诲,开始了我漫长的题海之路。我买了大量的物理试题汇编方面的书籍,开始了'漫漫题海,吾上下而求索'的做题长征路。其中,有几本书对我的帮助很大。《高考物理辞典》将历年高考题整理汇编,对新教师而言能尽快地帮助他们熟悉物理知识的考点、难度、广度和常见的考查视角;《高中五星级题库》从一颗星到五颗星的难度分布,对我判断题目的难易程度,自己出题目时把握试卷难度的分寸上很有启示。其他的,如《99 道难题·高中物理》《高校入门题范 物理》《全国名牌大学附中题库精编》等,让我尽情领略了对同一知识内容各种不同的出题角度和思考方法,而《通向金牌之路——高中物理竞赛辅导讲座》《物理奥林匹克题典》更是帮助我攻克了竞赛辅导这一大关。《通向金牌之路——高中物理竞赛辅导讲座》侧重物理题的严谨计算,书上大量的数学思维训练,走的是苏联的竞赛模式道路;《物理奥林匹克题典》集中外各国历年历届竞赛题之大成,对全面提高解题技巧和解题思路有'质'的飞跃。在题海中漫游,花的是精力和时间。我白天上课,晚上坐在书桌前,台灯发出的光静静地照在面前的书上、草稿纸上,周围安安静静的,做题的效率特别高。"

这段文字展现了笔者在刚踏上工作岗位的前几年如何坚持每天做题、积累解题经验的情景。这里所提到的书籍,很多都已绝版。后来,因为上海"二期课改"的课程标准调整了教学内容以及上海高考物理改为等级考形式等因素影响,这些书里的试题所考查的很多知识在教学中被删去,直到全国都采用新课标,上海高中物理教学的知识覆盖面才和全国统一,恢复到笔者刚工作时的情况。新教材中的很多知识内容和经典试题,我都非常熟悉,当年积累下来的解题经验在我目前的教学指导、区域命题等工作中发挥了重要作用。

(2) 第二层:试题的解构能力

2015 年以前,上海市教育考试院在每年高考结束后都会编写一本《高考试题分析与评价》,对每道高考题的答案、测量目标、考查内容、试题分析、答题分析、难度、区分度等作一个具体分析,方便教师进行试题研究和学习。因为命题方提供的答案是科学权威的,所以常常在听习题讲解课时,看到教师把命题方提供的权威答案照本宣科地在黑板上写一遍;后来随着多媒体技术的普及,教师干脆直接把答案做在 PPT 上放给学生看。但这样的教学方式收效甚微,其原因在于命题方提供的答案是整道题思维分析的最终导出,是终点,而不是起点。学生解题的困难在哪里?解题过程中会遇到哪些思维上的障碍?哪些概念特别容易混淆而导致出错? 这需要教师帮助学生克服这些障碍,从起点开始顺利迈出解题的每一步。

为帮助学生克服这些障碍,教师需要像学生一样独立求解试题,不依靠任何参考答案提示。当教师独立完成试题的解答过程时,教师就具备了从学生角度求解试题的视角和经历。但相比学生,教师需要具备更高层级的分析试题的能力,即对试题所考查的知识内容、素养要素、学业水平进行细化解构,能科学、规范地撰写完整的求解过程,呈现解题所经历的逻辑推理和论证过程。因为近几年上海市教育考试院不再提供高考试题分析与评价,无法进行分析对比,所以以2015年上海高考物理卷第33题为例,分别呈现命题方的试题解析和教师方的试题解构。

【试题】如图4-5所示,在场强大小为E、水平向右的匀强电场中,一轻杆可绕固定转轴O在竖直平面内自由转动。杆的两端分别固定两电荷量均为q的小球A、B,A带正电,B带负电;A、B两球到转轴O的距离分别为$2l$、l,所受重力大小均为电场力大小的$\sqrt{3}$倍。开始时,杆与电场间

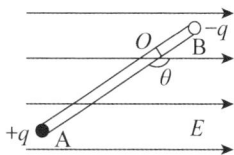

图4-5

的夹角为θ($90°\leqslant\theta\leqslant180°$)。将杆从初始位置由静止释放,以$O$点为重力势能和电势能零点。求:

(1) 初始状态的电势能W_e;

(2) 杆在平衡位置时与电场间的夹角α;

(3) 杆在电势能为零处的角速度ω。

上海市教育考试院提供的试题解析

【答案】(1) $W_e = -3qEl\cos\theta$;

(2) $\alpha = 30°$;

(3) 当$\theta < 150°$时,A位于O正下方,$\omega = \sqrt{\dfrac{2\sqrt{3}(1-\sin\theta)-6\cos\theta}{5\sqrt{3}l}g}$;

当$\theta \geqslant 150°$时,A位于O正下方,$\omega = \sqrt{\dfrac{2\sqrt{3}(1-\sin\theta)-6\cos\theta}{5\sqrt{3}l}g}$;

A位于O正上方,$\omega = \sqrt{\dfrac{-2\sqrt{3}(1+\sin\theta)-6\cos\theta}{5\sqrt{3}l}g}$。

【测量目标】物理思维能力；综合应用能力/能根据物理原理进行分析、判断、推理；能从实际问题中提炼出合理的物理模型；能针对具体问题中的各种可能性进行分析讨论并作出判断。

【知识内容】力学；电磁学/电场；力和物体的平衡；机械能/电势能；有固定转动轴的物体的平衡；匀强电场；动能定理及其应用。

【试题分析】

（1）初态：$W_e = qV_+ + (-q)V_- = q(V_+ - V_-) = -3qEl\cos\theta$。

（2）平衡位置如图 4-6 所示。设小球质量为 m，合力矩为 $3qEl\sin\alpha - mgl\cos\alpha = 0$。

由此得 $\tan\alpha = \dfrac{mg}{3qE} = \dfrac{\sqrt{3}}{3}$，$\alpha = 30°$。

图 4-6

（3）当电势能为 0 时，杆处于竖直位置。初始时，OA 与电场间的夹角 $\theta = 150°$，A 恰能到达 O 正上方，在此位置杆的角速度为 0。

当 $\theta < 150°$ 时，A 位于 O 正下方，电势能为零。

初态：$W_e = -3qEl\cos\theta$；　　　　　　$E_P = -mgl\sin\theta$。

末态：$W_e' = 0$，$E_P' = -mgl$。

由能量守恒可得：$-3qEl\cos\theta - mgl\sin\theta = \dfrac{5}{2}ml^2\omega^2 - mgl$；

$$\omega = \sqrt{\dfrac{2mg(1-\sin\theta) - 6qE\cos\theta}{5ml}} = \sqrt{\dfrac{2\sqrt{3}(1-\sin\theta) - 6\cos\theta}{5\sqrt{3}\,l}}g。$$

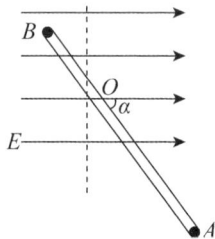

当 $\theta \geqslant 150°$ 时，电势能为 0 的位置有两处，即 A 位于 O 正下方或正上方。

A 位于 O 正下方时，$\omega = \sqrt{\dfrac{2\sqrt{3}(1-\sin\theta) - 6\cos\theta}{5\sqrt{3}\,l}}g$；

A 位于 O 正上方时，$\omega = \sqrt{\dfrac{-2mg(1+\sin\theta) - 6qE\cos\theta}{5ml}}$

$$= \sqrt{\dfrac{-2\sqrt{3}(1+\sin\theta) - 6\cos\theta}{5\sqrt{3}\,l}}g。$$

【答题分析】第1小题答题正确率不高,可能是因为考生字母运算能力较弱,特别是对于三角函数正负号的判断。第2小题答题正确率与第1小题相当,表明考生可能不理解平衡位置暗示力矩平衡。对于第3小题,思维严密、运算准确得满分的考生仅有1.09%;近20%考生得了5分及以上,这些考生在全面考虑零势能点位置方面有所欠缺;而有40%考生在本题未得分,也许他们不能确定电势能为零的位置;剩下的考生即使找到了零势能点位置,在计算状态能量及能量守恒分析问题方面也存在较大困难。

【难度】(1)0.597;(2)0.583;(3)0.244。

【区分度】(1)0.592;(2)0.457;(3)0.654。

教师对试题进行解构的全过程

【课标】如表4-7所示。(依据"二期课改"课程标准)

表4-7 依据课程标准进行的试题解构

知识结构	分类	主题	内容	学习水平
力和力矩	拓展型课程Ⅰ	机械运动	有固定转动轴的物体的平衡	B
圆周运动	基础型课程	机械运动	线速度　角速度　周期	B
动能定理	拓展型课程Ⅱ-1(共同)	能量	动能定理及其应用	C
电场	拓展型课程Ⅰ	电磁运动	匀强电场	B
电能	基础型课程	能量	电势能	B

【考试要求】如表4-8所示。(依据当年上海市教育考试院公布的考试内容和要求)

表4-8 依据考试要求进行的试题解构

内容	知识点	学习水平
力和物体的平衡	有固定转动轴的物体的平衡	B
圆周运动和万有引力	线速度　角速度　周期	B
机械能	动能定理及其应用	C
电场	匀强电场	B
	电势能	B

【解题分析】（以学生视角一步步求解）

(1) $W_e = E \cdot 2l \cdot \sin(\theta - 90°) \cdot (+q) + [-E \cdot l \cdot \sin(\theta - 90°)] \cdot (-q)$

$\qquad = 3Eql\sin(\theta - 90°)$

$\qquad = -3Eql\cos\theta$。

(2) $Eq = \dfrac{\sqrt{3}}{3}mg$；

力矩平衡：$mg \cdot 2l \cdot \cos\alpha = Eq \cdot 2l \cdot \sin\alpha + Eq \cdot l \cdot \sin\alpha + mg \cdot l \cdot \cos\alpha \Rightarrow \alpha = 30°$。

(3) 第一次电势能为零的位置：A球在最低点、B球在最高点（这个位置一定能到），可得：

$mg \cdot 2l \cdot [1 - \cos(\theta - 90°)] - mg \cdot l \cdot [1 - \cos(\theta - 90°)] + Eq \cdot 2l \cdot \sin(\theta - 90°) + Eq \cdot l \cdot \sin(\theta - 90°) = \left[\dfrac{1}{2}m(\omega \cdot 2l)^2 + \dfrac{1}{2}m(\omega \cdot l)^2\right] - 0 \Rightarrow$

$\omega_1 = \sqrt{\dfrac{2g}{5l}(1 - \sin\theta - \sqrt{3}\cos\theta)}$；

第二次电势能为零的位置：继续旋转至 A 球在最高点、B 球在最低点（这个位置不一定能到，需讨论）：

$-mg \cdot 2l[\cos(\theta - 90°) + 1] + mg \cdot l \cdot [\cos(\theta - 90°) + 1] + Eq \cdot 2l \cdot \sin(\theta - 90°) + Eq \cdot l \cdot \sin(\theta - 90°) = \left[\dfrac{1}{2}m(\omega \cdot 2l)^2 + \dfrac{1}{2}m(\omega \cdot l)^2\right] - 0 \Rightarrow -mgl(\sin\theta + 1 + \sqrt{3}\cos\theta) = \dfrac{5}{2}m\omega_2^2 l^2$；

若 $-(\sin\theta + 1 + \sqrt{3}\cos\theta) > 0$，则 $\omega_2 > 0$，能到这个位置，对应 $\theta > 150°$，

$\omega_2 = \sqrt{-\dfrac{2g}{5l}(1 + \sin\theta + \sqrt{3}\cos\theta)}$；

若 $-(\sin\theta + 1 + \sqrt{3}\cos\theta) = 0$，则 $\omega_2 = 0$，刚好能到这个位置，对应 $\theta = 150°$，

$\omega_2 = 0$；

若 $-(\sin\theta + 1 + \sqrt{3}\cos\theta) < 0$，则 $\omega_2 < 0$，无法到达这个位置，对应 $\theta = 150°$，

$\omega_2 = 0$。

【总结】

1. 此题有一陷阱是"杆与电场间夹角为 $\theta(90°\leqslant\theta\leqslant180°)$",三角函数的正负运算非常容易出错。

2. 命题方提供的第 3 小题答案与正常解题思路的顺序不太吻合,教师上课分析时应该顺着题意一步步讨论。若按命题方提供的答案,反而容易误导学生,不能形成正确的解题思路。

对比命题方提供的试题解析和教师方的试题解构,能清晰地看出在教师方的试题解构中对课标、知识内容的分析更细化,这是教师教的视角;试题解构中的"解题分析"部分是教师把自己放在学生立场,从学生视角一步步完整地求解整道题,撰写解题过程。教师只有对试题进行解构,才能真正把握试题所要考查的知识内容,才能从学生的视角设计试题讲解的方式和侧重点,才能理解命题方设计试题的考查意图和考查目标。

2. 剖析试题革新之因

教师在积累解题经验并对试题进行解构的过程中,一定会感受到历年高考试题的变化非常大,同一个知识内容,在不同时期试题的命制方式、考查目标、分析评价都不同。究其原因,主要是国家对人才选拔和深化高考内容改革的需求发生了变化。

上海市高考物理试题的变革,大致经历了三个阶段。

(1)"二期课改"以前

1998 年笔者刚参加工作时,使用的课程标准是上海市中小学课程教材改革委员会于 1998 年 7 月修订的《全日制高级中学物理学科课程标准(修订本)》。摘录如下:

【目标】

1. 学习比较全面的物理学基础知识及其应用,从物理学与科学技术、人类社会发展的关系这一角度认识物理学的作用。

2. 培养学生观察、实验能力、思维能力、自学能力、运用物理知识解决简单的实际问题的能力。指导学生体会、认识和运用研究物理问题,形成物理概念,寻找建立物理规律的科学方法。

3. 培养学生学习科学的志趣,实事求是的科学态度,克服困难、团结协作、勇于探索、积极进取的精神。

4. 结合物理教学,对学生进行辩证唯物主义教育、爱国主义教育和思想品德教育。

【教学内容和教学要求】

本标准所列教学内容与教学要求,是高中物理课程结束时应达到的目标。

教学目标:认知方面的要求分为"知道""理解""掌握"三个层次。

1. "知道"是对知识的初步认识。对要"知道"的知识,要求能够说出它的要点、大意,或在有关现象中能够识别它们。

说明:

(1) 对要"知道"的知识,不要求作定量计算和讨论,但可根据具体现象进行识别和定性讨论。

(2) 对一些必须记住的物理常数、物理量单位和常用符号,用"记住"来表述。

2. "理解"是对知识的进一步认识。对要"理解"的知识,要求明了知识的确切含义,并能应用它来分析、解决简单的实际问题,如解释简单的物理现象,进行简单的计算。

说明:

(1) 在"理解"级的简单计算中,已知量和未知量都必须是直接明确的,而不隐含在其他条件中。

(2) "理解"级的分析、解释简单的物理现象,一般只涉及一个"理解"级的物理知识,或以一个"理解"级的物理知识为主,不要求将两个或两个以上的"理解"级的知识综合起来分析、解释物理现象。

3. "掌握"是对知识的较深入的认识。对要"掌握"的知识,要求能灵活地运用它来分析、解决简单的实际问题,如能比较灵活地运用物理知识解释简单的物理现象,能比较灵活地运用物理知识进行简单的计算。

说明:

(1) "掌握"级的计算可以涉及多个"掌握"级的物理知识;计算时,已知量和未知量可以隐含在其他条件中。

（2）"掌握"级的分析、解释简单的物理现象，可涉及多个"掌握"级的物理知识。

除了以上三个层次外，有些知识虽属必学内容，但只要求学生常识性了解，不要求考查，这些内容的要求用"常识性了解"来表示。

操作技能方面的要求分为"初步学会""会"两个层次：

"初步学会"是指能根据实验目的，使用规定的器材，按规定的步骤，进行实验。

"会"是指在初步学会的基础上，能独立地、比较熟练地进行实验，或其他动手操作。

【教学评价和成绩核定】

物理学科教学评价，应根据目标，在认知领域、操作领域和情感领域三方面进行评价。

1. 教学评价的形式与要求

（1）平时考查

教师要关注学生在平时学习中所表现的思想品德、行为习惯和学习态度。通过课堂讨论、平时作业和实验操作，考查学生对知识和技能掌握的状况。

（2）考试

每学期末可进行期终考试。重点检查学生在知识和技能方面是否达到预期的教学目标。

实验操作必须考查，可采用灵活多样的形式进行。

2. 成绩核定

认知领域和操作领域的成绩以分数或等第给出。情感领域可用评语表达。

基于课程标准的要求，当时的上海高考物理卷呈现出相匹配的命题特征：试题考查目标明确，题干表述清晰、简洁，学生解答这类试题需要掌握相应的知识内容，应用相关知识求解问题。以 1999 年上海高考物理卷第 15 题为例：

某商场安装了一台倾角为 $30°$ 的自动扶梯，该扶梯在电压为 $380\ \text{V}$ 的电动机带动下以 $0.4\ \text{m/s}$ 的恒定速率向斜上方移动，电动机的最大输出功率为 $4.9\ \text{kW}$。

不载人时测得电动机中的电流为 5 A,若载人时扶梯的速率和不载人时相同,则这台自动扶梯可同时乘载的人数最多为_____。(设人的平均质量为 60 kg, $g=10 \text{ m/s}^2$)

此题虽然源自学生常见的生活情境,但已被命题方通过模型建构提炼为一个学生熟悉的物理模型——电动机输出功率包含发热功率和机械功率。此类试题能有效考查学生对所学知识的掌握程度,学生可通过一定量的相关试题的练习提高求解的正确率。早期高考试题一般都具有此类典型特征。

(2)“二期课改”期间

2002 年 11 月出版的《上海市中学物理课程标准(征求意见稿)》,在“一期课改”的基础上,为建构上海素质教育课程体系、培养新世纪人才,以学习方式的改变为特征,力求把“以学生发展为本”的课程理念转化为课程设计的要求和课程实施的具体操作行为,在课程理念、设计思路、评价意见等方面作出了重大改进。具体摘录如下:

【课程理念】

中学物理课程是中学科学教育的重要课程之一,其根本使命是全面提高未来国民的基本科学素养,培养具有科学知识、科学思维方式、科学创新精神和科学实践能力的一代新人。中学物理教育应当体现以下基本理念:

(1)以学生发展为本,全面提高学生的基本科学素养。

(2)强调科学探究过程,培养创新精神和实践能力。

(3)重视科学—技术—社会的紧密联系,倡导科学精神和人文精神的完美结合。

(4)增加教育的选择性,让所有学生都受到必需的、有区别的物理教育。

(5)实现学习、训练和评价方式的多元化,增强学生自主学习的能力。

【设计思路】

“课程目标”部分先从四个不同的角度提出学生应该达到的总目标,然后分八至九年级和十至十二年级两个阶段规定具体的课程目标。具体的课程目标又分三个领域(即态度与价值观,过程能力与方法,知识与技能)进行表述。对每个领域不同层次的目标都作了相应的界定。

对认知的要求分为"知道"(A)、"理解"(B)、"掌握"(C)、"应用"(D)四个层次。"知道"指识别、记忆和回忆学习内容,是对知识的初步认识。"理解"指初步把握学习内容的由来、意义和主要特征,是对知识的一般认识。"掌握"指以某一学习内容为重点,联系其他相关内容,去解决新情景下的一般问题,是对知识的较深入认识。"应用"指以某一学习内容为重点,综合其他内容,去解决较复杂的物理问题,是对知识的较系统认识。

对学生实验的要求分为"初步学会"(A)、"学会"(B)、"设计"(C)三个层次。"初步学会"指能根据实验目的,按照具体的实验步骤,正确使用给定的器材,完成观察、测量、验证和探究等实验任务。"学会"指能根据实验目的,参照简要的实验步骤,合理选择实验器材,独立完成观察、测量、验证和探究等实验任务。"设计"指根据学习和研究的需要,确定实验目的,设计实验方案,选择或制作实验器材,独立完成比较复杂的观察、测量、验证和探究等实验任务。

对科学方法的要求分为"感受"(A)、"认识"(B)、"运用"(C)三个层次。"感受"指在知识形成和问题解决的过程中,注意和觉察到相关的科学方法。"认识"指能结合知识形成和问题解决的过程,说明相关的科学方法。"运用"指能结合知识形成和问题解决的过程,分析相关的科学方法。

为便于操作,本《标准》以对认知的四个层次的教学要求为主,结合对科学方法的教学要求,把具体教学内容的学习水平划分为 A、B、C、D 四级;对学生实验的学习水平,以上述对学生实验的要求划分为 A、B、C 三级,在"内容与要求"中列出相应的规定。

【评价意见】

本《标准》仅阐述对学生物理学习的评价意见。中学生物理学习的评价指向必须与物理教育目标保持一致,为此提出以下意见。

(1) 更新中学生物理学习评价的观念。

(2) 完善中学生物理学习评价的内容。

(3) 推进考试命题改革。

（4）探索对态度与价值观的评价。

（5）实践对学生个性特长的评价。

随着课程标准的变化，上海高考物理卷也随之发生相应改变，呈现出相匹配的命题特征：在纸笔测试中加强对学生方法、能力的考核要求，试题侧重对学生综合应用物理知识的能力的考查。以 2005 年上海高考物理卷第 17 题为例：

两实验小组使用相同规格的元件，按如图 4-7 所示电路进行测量。他们将滑动变阻器的滑片 P 分别置于 a、b、c、d、e 五个间距相同的位置（a、e 为滑动变阻器的两个端点），把相应的电流表示数记录在表一、表二中。对比两组数据，发现电流表示数的变化趋势不同。经检查，发现其中一个小组使用的滑动变阻器发生断路。

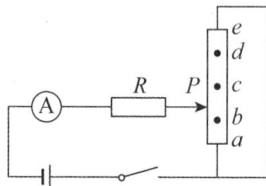

图 4-7

（1）滑动变阻器发生断路的是第_____实验组；断路发生在滑动变阻器_____段。

（2）表二中，对应滑片 P 在 X（d、e 之间的某一点）处的电流表示数的可能值为（　　）。

表一（第一实验组）					
P 的位置	a	b	c	d	e	
电流表示数(A)	0.84	0.48	0.42	0.48	0.84	

表二（第二实验组）					
P 的位置	a	b	c	d	X	e
电流表示数(A)	0.84	0.42	0.28	0.21		0.84

A. 0.16 A

B. 0.26 A

C. 0.36 A

D. 0.46 A

此题是 2005 年上海高考物理试卷中广受好评的一道好题。试题情境非常新颖，结合表格中的数据对电路进行分析，特别是对表一、表二中的数据进行对比，从而找到电路断路点。该题考查学生对闭合电路欧姆定律的应用以及逻辑推理和论证能力，充分体现了"二期课改"的课程理念和评价变革。

（3）新课标新教材实施

教育部于 2017 年发布的新课标对基本理念、学业质量内涵、考试内容要求和命题建议等方面的阐述摘录如下：

【基本理念】

1. 注重体现物理学科本质,培养学生物理学科核心素养。

2. 注重课程的基础性和选择性,满足学生终身发展的需求。

3. 注重课程的时代性,关注科技进步和社会发展需求。

4. 引导学生自主学习,提倡教学方式多样化。

5. 注重过程评价,促进学生核心素养的发展。

【学业质量内涵】

学业质量是学生在完成本学科课程学习后的学业成就表现。学业质量标准是以本学科核心素养及其表现水平为主要维度,结合课程内容,对学生学业成就表现的总体刻画。依据不同水平学业成就表现的关键特征,学业质量标准明确将学业质量划分为不同水平,并描述了不同水平学习结果的具体表现。高中物理学业质量是依据物理学科核心素养中的"物理观念""科学思维""科学探究""科学态度与责任"四个方面及其水平,结合课程内容的要求,依据不同水平学业成就表现的关键特征而制定的。

高中物理学业质量根据问题情境的复杂程度、知识和技能的结构化程度、思维方式或价值观念的综合程度等划分为不同水平。每一级水平皆包含物理学科核心素养的四个方面,主要表现为学生在不同复杂程度情境中运用重要概念、思维、方法和观念等解决问题的关键特征。不同水平之间具有由低到高逐渐递进的关系。

【考试内容要求及命题建议】

物理学业水平考试的内容应根据普通高中课程方案和课程标准的规定及要求确定,注重考查"物理观念""科学思维""科学探究""科学态度与责任"四个方面。考试内容的任务情境应符合学生心理发展水平和认知规律,反映物理学科本质,密切联系社会、经济、科技、生产生活实际,充分体现考试评价促进学生学习、甄别学生学业水平的功能。

命题工作科学性、专业性要求高,命题队伍要深入研究课程标准,熟悉学业质量水平;了解高中物理教材,了解学生学习的实际情况;了解相关教育测量理论,能用教育测量理论指导命题工作,努力提高考试命题的质量和水平。同时,还应注意以下方面:(1)科学设计试卷结构;(2)合理设计题型结构;(3)科学合理设计试题难度;(4)试题应有明确的测试目标;(5)试题所涉及的知识内容应具有代表性;(6)试题的情境要具有一定的问题性、真实性、探究性或开放性;(7)试题的编制要科学、规范;(8)试卷评分标准应清晰准确。

2019 年,教育部考试中心制定的《中国高考评价体系》根据新时代党的教育方针与国家教育改革相关政策文件构建,指导高考内容改革和命题工作,主要包括高考的核心功能、考查内容、考查要求和考查载体等。通过解决"为什么考、考什么、怎么考"的问题,从高考层面对"培养什么人、怎样培养人、为谁培养人"这一教育根本问题作出了回答。

上海物理等级考试在新课标颁布后,近几年稳妥地推进试题命制的革新,考查学生综合运用所学知识解决真实问题的能力,特别注重对学生内隐的科学推理、论证等素养的考查,析出学生所具备的素养水平。以 2019 年上海物理等级考试卷第 17 题为例:

在图 4-8 所示电路中,电源电动势为 E、内阻为 r,R_0 为定值电阻。当滑动变阻器 R 的滑片向右滑动时,电流表示数如何变化?

分析思路为:①R 接入电路的阻值增大→②回路总电阻增大→③总电流 I 减小→④端电压 U 增大→⑤流过 R_0 的电流 I_0 增大→⑥电流表中的电流 I_A 减小。

由③推得④的理由是:＿＿＿＿＿＿＿＿；由⑤推得⑥的理由是:＿＿＿＿＿＿＿＿。

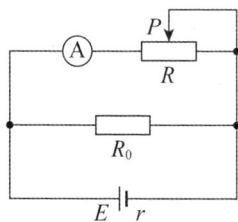

图 4-8

此题的命题方式和以往传统试题相比,有颠覆性的变化——试题给出分析思路,要求学生写出分析思路中两个关键步骤的理由。此题如果不给分析思路,让学生直接求解电流表示数如何变化,对高三学生而言是一道非常常见的试题,学生求解此题所需用到的物理知识并不复杂。但让学生根据所给的分析思路写出理由,却使很多学生在考场上犯了难:该怎么写才能得分呢?如果学生平时做题只重结果,喜欢套用各种所谓的"解题套路""口诀",这道题恰恰考查的是思维逻辑和严密论证,而不是结论,会让很多只会套公式、记结论的学生败下阵来。

上海市教育考试院通过近几年等级考试题的不断变革尝试,引导高中物理教学重视培养学生规范的、基于基本原理分析的习惯和能力;引导高中物理教学从重结论、重计算转为重思维养成、逻辑推理、严密表述能力的培养。试题命制方深度践行教育部提出的高考评价理念,结合国家课程标准修订的新要求,在评价模式上创设出能够更加真实地反映出考生素质的问题情境这一考查载体。教师应深入研究试题变革背后所蕴含的国家对育人理念和价值体系的新要求,理解考试方式变革的内在原因,推动课堂教学方式的变革。

二、归类析法

青年教师在做好解题基本功积累和提升试题解构能力的基础上,深入研究试题变迁的内在原因,就能稳步迈向解题能力的第三、四、五层级了。解题能力的第三、四、五层级,需要教师基于学生学习的视角对试题进行分类、贯通和评价,也就是教师立足如何帮助学生提升应用物理知识综合解决实际问题的基础,具备知识类比、迁移、融会贯通等能力,让学生在现实的问题情境中发挥核心价值的引领作用,全面综合展现学科素养水平。

1. 第三层:试题的分类能力

对试题按知识内容、方法技巧、难易程度等进行分类,是教师常用的分类方法。不同的试题分类方式,指向不同的分类目的,在教学中具有不同的价值和作用。

将试题按所考查的知识内容进行分类,特别是将历年高考(等级考)题、各区模考题按知识内容进行分类汇编,可以帮助教师分析某一板块知识的考查频次、命题视角、热点问题等,有利于编写校本作业、命制阶段测试卷等。在试题已经按知识内容进行分类后,再在某一知识板块的试题汇编中按试题的难易程度进行分类,同时考虑题型分布,按选择、填空、实验、计算等题型进行排序,这是教师较多使用的分类方式。

按试题的解题方法技巧进行分类,需要教师在解题积累和解构这两个层级的基础上,按试题所蕴含的解题方法如类比、归纳、推理等进行分类。而依据试题考查学生解决真实问题的能力,用情境活动和考查要求的四个层次来进行分类,更是目前高中阶段深化高中课程改革、落实学业质量水平的评价中较为关键的一个能力,也是教师亟须培养的一种解题能力。下面结合具体的案例进行阐述。

(1) 基础性:基本层面的问题情境,要求学生调动单一知识或技能解决问题。

【试题】用微波传感器测量网球飞行的速度,利用发送信号与接收信号的频率差,通过公式计算出物体运动的速度。当球远离传感器运动时,单位时间内测得的信号数和波长(　　)。

A. 变多,变长　　　B. 变多,变短　　　C. 变少,变短　　　D. 变少,变长

【来源】2024 年 3 月杨浦区高三物理调研卷第 2 大题"测速"中第 4 小题。

此题用到的知识对应《新课标》中选择性必修 1"1.2 机械振动与机械波"主题下"1.2.6 通过实验,认识多普勒效应。能解释多普勒效应产生的原因。能列举多普勒效应的应用实例"这一内容要求。题型为单选题。全区得分率 0.89,标准差 0.95,区分度 0.13。

此题用到的问题情境是体育比赛中较为常见的网球测速,在教材中有较多类似的事例。学生求解此题时只需应用多普勒效应这一知识内容就能解决。

(2) 综合性:综合层面的问题情境,要求学生在正确思想观念引领下综合运用多种知识或技能解决问题。

【试题】如图 4-9 所示,一长为 L 的圆筒一端 A 密封,其中央有一小孔,圆筒另一端 B 用半透明纸密封。将圆筒 A 端对准太阳方向,在 B 端的半透明纸上可观察到太阳的像,其直径为 d。已知日地距离为 r,地球绕太阳公转周期为 T,引力常量为 G。据此估算可得太阳半径约为_____,太阳密度约为_____。

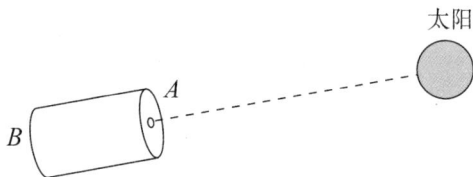

图 4-9

【来源】2023 年 3 月杨浦区高三物理调研卷第 17 题。

此题用到的知识对应《新课标》中必修 2"2.2 曲线运动与万有引力定律"主题

下"2.2.4 通过史实,了解万有引力定律的发现过程。知道万有引力定律。认识发现万有引力定律的重要意义。认识科学定律对人类探索未知世界的作用"知识,以及初中所学的小孔成像、密度、平面几何中的相似三角形等内容。题型为填空题。全区得分率 0.38,标准差 1.61,区分度 0.64。

此题用到的问题情境是利用小孔成像原理估算太阳直径和密度,是科学发展史上真实应用的事例。学生求解此题时,须将真实情境提炼、建构成两个物理模型:一是依据小孔成像建构相似三角形,二是地球和太阳间的万有引力提供地球绕太阳公转的向心力。学生综合应用多种物理、数学学科知识求解问题后,教师可进一步引导学生理解如何利用身边常见的各类物品估算各类天体的数据,帮助学生提升探索自然的内在驱动力。

（3）应用性:生活实践问题情境或学习探索问题情境,要求学生在正确思想观念引领下,综合运用多种知识或技能来解决生活实践中的应用性问题。

【试题】某品牌电动自行车的主要技术参数如表所示。已知小明同学的质量为 60 kg,当他骑该车行驶时,他和车所受的空气阻力大小与瞬时速率成正比,比例系数为 k_1。设行驶过程中车子所受路面的阻力大小恒定。

（1）若车子的驱动力为 135 N、速率为 2 m/s 时,小明和车子的加速度为 1 m/s^2;若车子的驱动为 55 N、速率为 4 m/s 时,车子匀速行驶。求行驶过程中车子所受路面的阻力大小和比例系数 k_1。

整车质量(含电池)	30 kg
标称最大速度	25 km/h
最大载重	150 kg
电动机额定输出功率	350 W

（2）若车子传动与变速系统因内部机件摩擦而损耗的功率与车的瞬时速率成正比,比例系数 $k_2=15$ kg·m/s^2。当车子以额定输出功率在非机动车道上匀速行驶时,判断该车是否符合在非机动车道上行驶的最高限速 15 km/h 这一道路法规要求,并说明理由。

【来源】2022 年 12 月杨浦区高三物理调研卷第 19 题。

此题用到的知识对应《新课标》中必修 1"1.2 相互作用与运动定律"主题下"1.2.3 通过实验,探究物体运动的加速度与物体受力、物体质量的关系。理解牛顿运动定律,能用牛顿运动定律解释生产生活中的有关现象、解决有关问题。通

过实验,认识超重和失重现象",以及必修 2"2.1 机械能及其守恒定律"主题下
"2.1.1 理解功和功率。了解生产生活中常见机械的功率大小及其意义"等内容要
求。题型为计算题。全区得分率 0.57,标准差 4.74,区分度 0.62。

此题用到的问题情境是研究电动自行车行驶过程中受力、速度、输出功率等
应用性问题,源自真实生活,并在题中隐含电动自行车在路面安全行驶的法律法
规教育。学生求解此题时,须从表格中提炼有用信息,利用机械输出功率这一常
见的物理模型,综合应用多种物理知识求解问题,并需要运用计算所得的数据判
断该车是否符合相关法规要求,用规范严谨的语言表述理由。教师可进一步引导
学生树立严谨求真的科学态度与遵守法律规范的社会责任感。

(4) 创新性:开放性的生活实践问题情境或学习探索问题情境,要求学生
在正确思想观念引领下,在开放性的综合情境中创造性地解决问题,形成创造
性的结果或结论。

【试题】我国 500 m 口径球面射电望远镜
(FAST)被誉为"中国天眼",如图 4 - 10 所示。
其主动反射面系统是一个球冠反射面,球冠直
径为 500 m,由 4 450 块三角形的反射面单元拼
接而成。它能探测到频率在 70 MHz~3 GHz 之
间的电磁脉冲信号($1\ MHz=10^6\ Hz$,$1\ GHz=$
$10^9\ Hz$)。

图 4 - 10

为了不损伤望远镜球面,对"中国天眼"进
行维护时,工作人员背上系着一个悬在空中的
氦气球,氦气球对其有大小为人自身重力的
$\dfrac{5}{6}$、方向竖直向上的拉力作用,如图 4 - 11 所
示。若他在某处检查时不慎从距底部直线距
离 20 m 处的望远镜球面上滑倒(球面半径
$R=300$ m)。

若不计人和氦气球受到的空气阻力,氦

图 4 - 11

气球对人的竖直拉力保持不变,估算此人滑到底部所用的时间并写出估算依据。

【来源】2021 年 3 月杨浦区高三物理调研卷第 20 题。

此题用到的知识对应《新课标》中必修 1"1.1　机械运动与物理模型"主题下"1.1.2　经历质点模型的建构过程,了解质点的含义。知道将物体抽象为质点的条件,能将特定实际情境中的物体抽象成质点。体会建构物理模型的思维方式,认识物理模型在探索自然规律中的作用",以及选择性必修 1"1.2　机械振动与机械波"主题下"1.2.2　通过实验,探究单摆的周期与摆长的定量关系。知道单摆周期与摆长、重力加速度的关系。会用单摆测量重力加速度的大小"等内容要求。题型为计算题。全区得分率 0.20,标准差 2.52,区分度 0.43。

此题用到的问题情境是工作人员在中国天眼上活动的真实问题,该情境对学生而言不是生活中所常见的情境,并在题中隐含科技兴国的爱国主义教育。学生求解此题时需从题干表述中提炼有效信息,将天眼上工作人员视作质点并把其运动建构为熟悉的单摆或匀变速直线运动模型,综合应用多种物理知识求解问题。此题的答案开放,对于真实情境的建模,可以有多种可能性,可针对学生建构的不同模型给予对应的评价(详见本书第三章"第三节　学业质量评价实践"中"三、分层评价")。教师可进一步引导学生感悟科学家、工程师解决实际生产生活中的真实问题时不断尝试建构各种模型,直至找到最贴合的那个模型来求解,帮助学生树立严谨求真的科学态度。

2. 第四层:试题的贯通能力

从第三层——试题的分类能力就能发现,试题的分类有多种方式,同一个试题可以按不同的目的进行分类,匹配不同的教学目标。不同的课型如新授课、习题课、复习课等,需要的试题类型不同,因此试题贯通的视角也多种多样。

特别是在高三总复习阶段,教师如果具备提炼解题的内在思维联系,依据试题的思维结构将试题贯通组合,建构解题所需的更高层级的思维路径的能力,将会帮助学生建构全面的物理学科思维图谱,打通知识间"壁垒",用更高阶的思维融合所学知识解决物理问题,而不仅仅是公式、概念的简单应用。下面通过具体案例来呈现试题的贯通能力。

【试题 1】图 4 - 12 所示是 a、b 两支标枪投掷后在空中划出的抛物线,它们运动的最大高度相同。不计空气阻力,两标枪

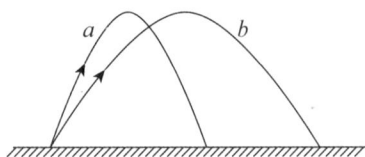

图 4 - 12

(1) 在空中运动时间_____;

(2) 抛出时的初速度大小_____。

(均选填:A. 相同、B. 不同)

【试题 2】在图 4 - 13(a)中,磁铁被安装在半径为 R 的自行车前轮上,磁铁到前轮圆心的距离为 r。磁铁每次靠近霍尔传感器,传感器就会输出一个电压信号到速度计上。

(1) 测得连续 N 个电压信号的时间间隔为 t,则在这段时间内自行车前进的平均速度 $v=$_____。

(2) 自行车做匀变速直线运动,某段时间内测得电压信号强度 I 随时间 t 的变化如图 4 - 13(b)所示,则自行车的加速度 $a=$_____。(以车前进方向为正方向)

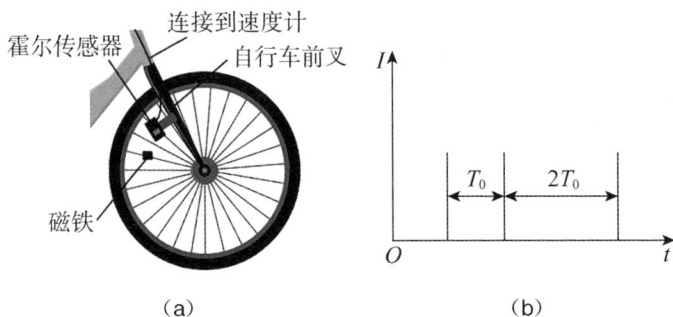

（a） （b）

图 4 - 13

【试题 3】电容器能存储和释放电荷。用图 4 - 14(a)所示电路对电容器进行充放电实验,充电时应将单刀双掷开关 S 置于接线柱_____。改变电路中电阻 R 的阻值,对该电容器进行两次充电,对应电容器的电荷量 q 随时间 t 变化的 q - t 曲线分别如图 4 - 14(b)中①、②所示。对应快速充电过程的是图线_____,对应电阻 R 阻值较小的是图线_____。

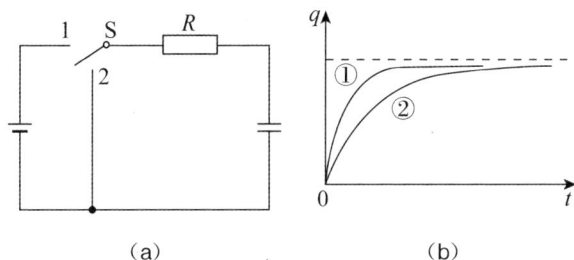

（a）　　　　　　　　（b）

图 4 - 14

这三道题分别选自近几年杨浦区高三物理调研卷,考查知识内容完全不同,但通过对试题进行解构、分类,我们可以非常清晰地看到,它们对学生的思维能力考查目标是一致的:能理解用图像描述的物理状态、物理过程和物理规律;能用图像进行分析、判断、推理;需要学生获取试题中图像传递的信息,进行分析、判断、推理,结合具体问题求解。教师如果能将这三道题所隐含的共同特征提炼出来,就能更好地指导学生找准解题的思维障碍所在,帮助学生攻克难关。

试题贯通没有固定模式,教师在自身解题能力不断提升的基础上可以创造性地对试题进行提炼、总结,应用在自己的教学实践中。当然,这种能力只有在教师解题能力达到较高层级后才能具备。

3. 第五层:试题的评价能力

新授课的课堂例题、课后作业、阶段测试、选拔考试,不同的试题具有不同的应用价值,需要教师对试题作出科学精准的评价。试题评价能力就是指教师具备甄别试题优劣,并能在不同应用背景下选择适切的试题的能力。

试题的"鉴赏"能力也需要培养。教师现在想获取一套试题比 30 年前要容易得很多,各类免费或付费的学科网站提供海量的试题,如何选择,考验的是教师的试题评价能力。有些试题题意表述不清,问题指向不明,甚至有科学性错误或歧义,将这类试题拿给学生做,只会误导学生。历年高考题经过专家组集体命制、反复打磨研讨,是很好的题目。但好题如何用在刀刃上,更好地在教学中发挥其应有的引导价值,需要教师对试题作出科学适切的评价。下面结合具体的案例进行阐述。

（1）课堂例题

课堂例题应注重概念辨析、典型方法应用，能引发学生思考和讨论，起到讲一道题能解决一类问题的作用。课堂例题的计算量不宜过大，也不宜包含大量的数学技巧。以 2017 年上海市普通高中学业水平等级性考试物理试卷第 17 题为例：

【试题】如图 4－15 所示，竖直放置的 U 形管内装有水银，左端开口，右端封闭一定量的气体，底部有一阀门。开始时，阀门关闭，左管的水银面较高。现打开阀门，流出一些水银后，关闭阀门。当重新平衡时（   ）。

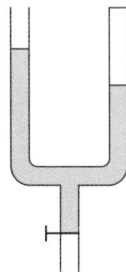

A. 左管的水银面与右管的等高

B. 左管的水银面比右管的高

C. 左管的水银面比右管的低

图 4－15

D. 水银面高度关系无法判断

此题作为课堂例题，可以引导学生对多种情况进行分析讨论，能有效启发学生提炼总结此类 U 形管问题的一般分析处理方法。教师也可在课堂上进行实验演示，或拍摄实验视频在课上播放，引导学生观察实验现象，分析现象蕴含的物理原理。

（2）课后作业

课后作业应呼应课堂教学内容，起到巩固复习学习内容、自我检测学习效果的作用。课后作业可以有一定的计算量，需要学生花费一定的时间完成。以 2020 年上海市普通高中学业水平等级性考试物理试卷第 18 题为例：

【试题】图 4－16(a) 所示是"用 DIS 研究机械能守恒定律"的实验装置。

（1）图(a)中定位挡片的作用是＿＿＿＿＿＿＿＿＿＿。

（2）（多选）在实验中测得 C 点机械能明显偏大的原因可能是（   ）。

A. 光电门传感器放在 C 点偏下位置

B. 摆锤释放前，摆线处于松弛状态

C. 摆锤在运动中受到空气阻力的影响

D. 摆锤释放时，摆锤释放器在 A 位置上方

（3）在验证了摆锤运动过程中机械能守恒后，某同学测量了摆锤下摆过程中各位置的动能 E_k，以及相应的摆线与竖直方向的夹角 θ，得到图(b)所示的 $E_k － \theta$ 图

线。以最低点 D 为零势能点，由图线可得 $\theta=32°$ 时摆锤的重力势能为 _____ J。若摆锤质量为 0.007 5 kg，则此摆的摆长为 _____ m（摆长精确到小数点后两位）。

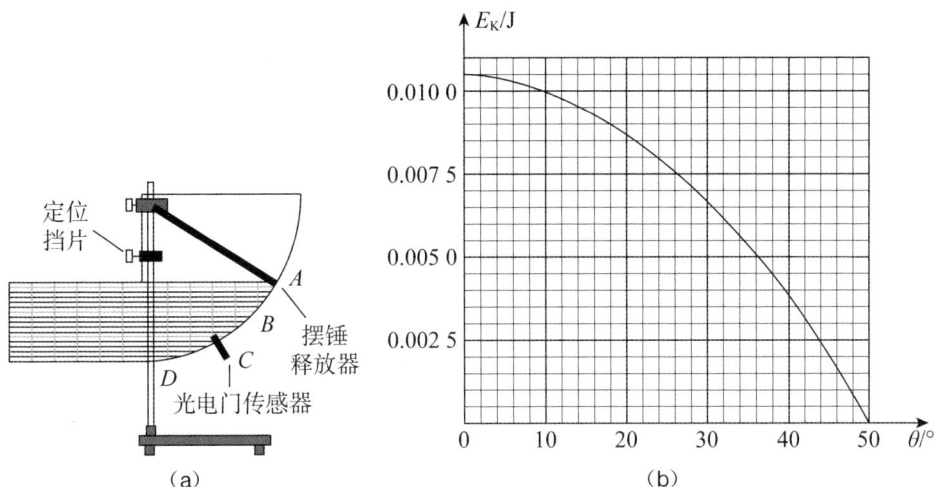

（a）　　　　　　　　　　　　（b）

图 4 - 16

此题作为完成课堂实验后的课后作业，能有效呼应课上完成的学生实验，对实验器材的作用、实验数据的处理等都有相应的练习。第 3 小题需要从图中读取数据并计算，如果作为课堂例题，讲解花费时间较多，作为课后作业让学生完成后再进行习题讲解，能起到巩固复习、帮助学生进一步理解的作用。

（3）阶段测试

阶段测试是在学生完成一个单元或几个单元的学习后所进行的阶段性检测，其目的是检测学生掌握知识和素养进阶的程度。就整卷而言，应注意知识覆盖面、难易梯度分布、计算量、解题时间估算等；就单个题目而言，应侧重其对学生概念检测、逻辑推理、分析表述等方面的考查功能。以 2022 年上海市普通高中学业水平等级性考试物理试卷第 18 题为例：

【试题】在描述气体性质的状态参量中，_____是气体分子热运动能够到达的空间范围；而压强从微观上看，是_____的宏观表现。

此题作为阶段检测，能较好地考查学生对气体动理论、体积、压强等微观解释的掌握程度和严密表述的能力。如果将其作为课堂例题或课后作业，学生可以通过查阅教材等资料完成,不能很好地发挥其检测的功能。

（4）选拔考试

选拔考试是选拔学生进入高一等学府所进行的具有人才选拔甄别功能的考试,其试题应具有一定的新颖性、创新性,能有效考查学生在有限的考试时间内综合运用知识、能力和素养解决实际问题的能力。以 2019 年上海市普通高中学业水平等级性考试物理试卷第 20 题为例:

【试题】如图 4 - 17 所示,光滑轨道 abc 固定在竖直平面内,在 c 点与粗糙水平轨道 cd 相切,a、c 点与轨道最低点 b 之间的高度差分别为 H_1 和 H_2。一个质量为 m 的小球 A 从 a 点处由静止起沿轨道运动,在 b 点处与质

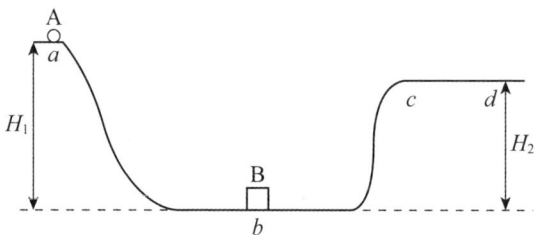

图 4 - 17

量也为 m 的静止小滑块 B 相撞后静止,并将动能全部传递给 B。随后 B 沿轨道运动到 d 点静止,从 c 点运动到 d 点的时间为 t。重力加速度为 g。

（1）求滑块与水平轨道 cd 间的动摩擦因数 μ;

（2）可以用 A、B 在轨道 abc 上的运动来类比光电效应。分析说明小球 A、滑块 B 可以类比光电效应中的什么粒子,哪个物理量可以类比极限频率。

此题设计视角新颖,将小球在两个不同高度运动的势能变化类比光电效应中的能量吸收,考查学生的知识迁移、类比能力,通过对学生表述的分析能有效析出学生对光电效应知识的理解、应用和迁移能力,更能有效考查学生高中物理知识体系的完备性及临场应变的心理承受力等综合素养。此题作为选拔考试的试题能更好地发挥其选拔甄别的功能。

教师如果能逐步达到解题能力的第五层——试题评价能力,其命题能力也就水到渠成地养成了。命题能力的培养难以速成,很难想象一位经常做错题的老师能命制出没有科学性问题的试题,一位上课喜欢教学生各类解题套路的老师能命制出指向学生核心素养水平考查的试题。青年教师应循着金字塔的五个层级逐级而上,慢慢积累,这样才能真正实践以价值为引领的评价体系。

第三节　上课

一、二范一暖

如果说备课、解题是教师基本功中的内功,能够提升教师自身专业教学知识的积累,那么上课就是输出,是教师在课堂上把自身专业知识传授给学生的过程。课堂是教师教学的主阵地,是教师直面学生、组织教学的舞台。教师上课的基本功主要体现在规范、示范和温暖三个方面。

1. 规范

规范是明文规定或约定俗成的标准,因无法精准定量而形成,也被认为是群体所确立的行为标准。教师上课的规范应注意以下几方面。

（1）表述

教师上课时的语言表达很关键。教师在表述物理规律、概念时,应引用高中教材和大学物理专业书籍中的文本表述,不能随意引用网络检索的资料、流行语,表述的内容精准指向所叙述的内容。

下面从几节课的课堂实录里摘录几位教师表述的片段来具体分析。

【片段一】“通过刚才的游戏,我们会发现,在游戏刚开始的时候,女同学的优势非常明显,但是呢,到了最后,却出现了一种势均力敌的场面,大家想一想,为什么会这样呢? 我们带着这样的疑问来开始今天的新课。”

这段表述几乎可以复制粘贴到任何一个课堂环节中,对前面学生上台完成的实验没有针对性,也没有关键词的提示。学生只是看了个热闹,教师没有很好地通过表述引导学生思考现象,观察实验中的一些细节,从而引出后续学习的内容。

【片段二】“我们看到了三幅场景,有优美的瀑布,还有运动员精彩的表现,以及过山车的惊险。大家想想看:这三个场景里都有哪些能量转换? 第一幅优美的瀑布里面有重力势能转换为动能;过山车有动能、重力势能,这里还消耗电,有电能等的相互转化;运动员有重力势能、动能,还有弹性势能等的相互转化。当然自然界中还有很多类似的现象,都会有能量转化。能量转化是我们物理学中的一个重要问题,能量转化的过程跟一个重要的物理量有关系,这个物理量就是我们今天要学习的功。"

这段表述存在较多问题。瀑布中流动的水在瀑布顶端时具有重力势能和动能,水流从高处流到瀑布底部,高处的水流的重力势能转化为动能,导致水流的动能增大,这个例子没有表述清楚研究对象,不够严谨。过山车本身没有电动机,在运行过程的大半段,过山车是靠重力和动量运动。为了积蓄势能,需要将过山车提升到第一个山坡的顶部,或以极大的推力将其发射出去。做撑杆跳的运动员在空中具有重力势能和动能,但弹性势能是撑杆所具有的,不是运动员的。后两个例子表述不科学。

【片段三】"同学们,我们前几天学了一个内容,知道了一件事情,在磁通量发生变化的回路当中呢,会产生感应电流。我们之前在恒定电流中也学过一件事情,一个回路,要产生电流条件,应该是闭合的回路,还要有一个什么呢?电源。那么我们回头来看一下这两个电路:在左边这个电路中,电源是哪一个呢?线圈就相当于是一个电源。"

这段表述过于随意,口语化严重,且内容缺少逻辑。

青年教师要提高自己表述的规范性,可从两方面入手。第一是撰写详案。在第一节"备课"中我们讲的是单元教学设计和课时设计的撰写,而教师上课时对每一个学习活动的具体阐述,需要用语言去表达。把每一个活动如何引出、如何开展、如何总结提炼等关键环节要讲的话都写成文字稿,再修改完善这份教学过程的详案,能较好地表达自己的设计意图和问题指向,有效地开展课堂教学。第二是拍摄视频。在技术手段日益发达的今天,教师完全可以拍摄自己上家常课的视频,从"旁观者"的视角来审视自己的课堂表述。通过观看自己上课的视频,教师能发现很多自己上课时发现不了的问题。通过一段时间的积累、审视和改进,教师完全能提升自己的表述水平。

(2)板书

教师上课时的板书是教师传递教学内容、组织教学的重要渠道。教师书写板书要注意以下几点。

① 文字

教师在黑板上书写文字时要注意字迹清晰、工整,字体的大小要让教室最后一排的学生也能看清楚,汉字书写笔画顺序要正确,规范汉字应符合国家正式公布的字表,符号标识符合国家通用标准,各种名词依据教材撰写或符合国家统一规定名称。

一节课的板书应在备课环节中进行设计,通常情况下从黑板左上角开始撰写至黑板右下角,从上到下、从左至右,有序呈现一节课的主要教学内容和知识结构。一节课的板书内容不宜过多,否则学生来不及记录。随着多媒体技术的飞速发展,一般教师上课都会使用 PPT、电子白板等数字化工具。事先做好的 PPT 是上课的有力辅助工具,但不能完全取代教师课堂生成的板书。特别是一些例题,如果需要学生现场记录,一定要留足充裕的时间。

② 作图

物理学科特有的一种板书形式是作图,教师在教学过程中需要通过绘制受力分析图、三维立体图、平面剖视图、坐标系图像等对具体的物理问题进行展示和分析。教师在黑板上演示作图过程时需要采用教学用直尺、圆规、三角尺等绘图工具,规范作图,让学生清楚地看到整个图的生成过程。例如:受力分析需要用直尺绘图,力的三要素要标示清楚;立体图、剖视图要符合机械作图规范,直角坐标系要尺规作图,标度要科学。

教师在制作 PPT 中的各类图时,更要注意整幅图的形成过程。比如,对一个物体进行受力分析,是把其全部的力一下子呈现出来,还是从分析思路的角度一个力一个力地呈现? 从学生学习的角度,当然需要教师呈现思考和分析的过程,边讨论边绘制,逐步形成整个受力分析图。教师通过这种方式展示给学生的是受力分析的规范绘制过程。

(3) 实验操作

物理学是一门自然科学,离不开实验观察、探究、测量和验证。物理教师的实验操作规范是非常重要的教学基本功,更是对学生实验操作规范的重要示范。实验中如何操作各类实验器材、采集数据、记录并分析,都有一定的规范要求。青年教师刚开始上课时,可以通过阅读教参和实验手册中对实验的各类规范操作要求和注意事项、观摩空中课堂视频课、听带教老师的示范课等方式掌握各类实验的规范操作要求;在课堂演示、指导学生实验前,应到实验室中先进行练习,操作熟练后再进课堂。比如,做测量玻璃砖的折射率和用天平称量物体质量这类实验,都需要操作者佩戴手套,教师应在自身规范佩戴手套的前提下进行实验规范要求的讲解。

虽然高中物理实验的安全性一般都经过了反复论证,但学生进实验室后容易兴奋,可能会有一些预想不到的突发事件发生。教师应在学生进入实验室前后,进行相关的安全规范操作教育,确保学生安全,避免伤害事故发生。

2. 示范

示范的意思是做出榜样或典范,供人们学习。青年教师如果能做到规范表述、板书和实验操作,其作为教师的示范效应就已达到基本要求。为提高教师上课的示范作用,青年教师可以多看全国和上海市各类教育教学大奖赛的示范课、优质课,可以多听身边优秀教师的家常课,观看"空中课堂"视频、教育部精品课视频等各类教学资源。

(1) 表述的示范

摘录"空中课堂"视频课"光的干涉①"中的一个表述片段,如表 4-9 所示①:

表 4-9 "空中课堂"视频课"光的干涉①"表述片段

PPT	脚本表述
光的本性之争　光的干涉现象　测量光的波长 回顾机械波的干涉现象 波的干涉现象: **两列振动情况相同的波源产生的波,在某区域相遇时,在相遇区域的某些位置质点的振动 加强,某些位置质点的振动 减弱;振动加强和减弱区域 相互间隔,且分布稳定。**	师:我们一起来回顾一下前一章中对机械波的干涉的学习: 　　两列振动情况相同的波源产生的波在某些区域相遇时,在相遇区域的某些位置质点的振动加强;某些位置质点的振动减弱;振动加强和减弱区域相互间隔,且分布稳定。 　　托马斯·杨通过实验证明了光也能产生干涉现象。那么,他是怎么做的呢? 为什么我们从未观察到教室里两盏相同的灯同时照明时出现干涉图样呢? 这说明光的干涉现象和机械波干涉一样,需要满足一定的条件。

① 本案例由上海交通大学附属中学陈暄老师提供。

（续表）

PPT	脚本表述
光的本性之争　光的干涉现象　激光光频变化 怎样的两束光才能发生干涉？　→　如何找到振动情况相同的两束光呢？ 类比机械波的干涉　类比水波干涉的振动装置特点	师:我们不妨站在实验者的角度来思考一下,怎样的两束光才能发生干涉? 生:要频率相同。 师:是的。类比刚刚看到的两列水波的干涉,可以知道不仅要频率相同,还要振动情况完全相同的两个波源产生的波才能产生稳定的干涉现象。教室里两盏相同的灯发出的光不能发生干涉,说明两个独立的光源发出的光无法满足干涉条件。怎样才能找到振动情况相同的两束光呢? 回忆一下水波发生干涉的振动装置有什么特点?

这段表述科学、严谨,逻辑性强。陈暄老师依据教材,对所要表述的内容撰写逐字稿,通过仔细斟酌、推敲,形成完善的脚本表述,能起到很好的"空中课堂"视频课的示范效果。

（2）板书的示范

板书设计充分体现教学内容的结构化,图4-18所示为"传感器及其敏感元件"一课的板书设计稿[①]:

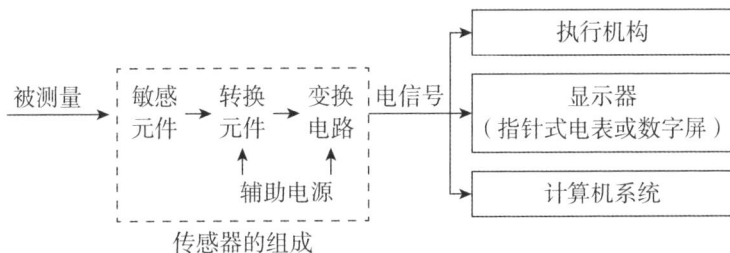

图4-18

精心设计、书写优美的板书能有效提高学生听课的愉悦度和投入度,激发学生学习的兴趣和热情。

① 本案例由复旦大学附属中学焦晓源老师提供。

（3）实验操作的示范

关于实验操作的示范,观看实验视频是最有说服力的。因为书稿不能呈现动态视频,在这里就以"模拟电场线"实验的脚本为例进行说明。

> ① 摇晃未通电的电场线演示板,使板中的针状晶体或头发屑分布均匀。
>
> ② 用导线将手摇感应起电机的一个输出端与单极电场线演示板的中央接线柱连接。
>
> ③ 转动感应起电机手柄,轻轻敲击电场线演示板,观察到电场线演示板中针状晶体或头发屑重新排列。
>
> ④ 停止摇动感应起电机手柄。将手摇感应起电机的两个输出端短路,使电荷中和。

这段操作过程动作规范、顺序清晰,教师按这个脚本进行实验演示,就能很好地示范该实验的操作过程。

3. 温暖

温暖的意思是天气温暖,使人感到暖和、温存。高中教师的教学对象是16—18岁的青少年,对于这些处于青春期的大孩子而言,他们会喜欢什么样的老师呢? 大家可以回忆一下自己在青少年时期最喜欢哪一位老师,你喜欢他(她)的理由是什么。受青少年喜爱的老师们各有吸引学生之处,具有较强的人格魅力,他们的共性之处是:专业能力过硬,上课思路清晰,上他们的课如沐春风,学生听得带劲,时间不知不觉就过去了,知识内容自然而然地就掌握了。这就是教师上课所传递出的温暖。

在科技飞速发展、人工智能即将全面应用在人类社会各行各业的时候,我们教师的职业竞争力在哪里? 上海市教委组织并指导的"空中课堂"视频课,依据课程标准,对应新教材的每一节,包括高三单元复习课,已经全部录制完成,在"上海微校"上都能观看,还有配套学习任务单和课后练习供教师、学生使用。在国家中小学智慧教育平台上也都有与全国高中物理各版本对应的视频课及配套资料。每年都有全国各类教学大赛,近十年的获奖课、优质课视频基本涵盖了高中物理各章节。如果在课上播放这些优质视频课,是否就不需要教师在课堂里上课了呢?

答案当然是否定的。教育随着人类社会的产生而产生,又随着人类社会的发展而发展。教育的对象是青少年,是活泼灵动的生命体,他们各不相同,具有独立的人格和个性。不论科技如何发展,人工智能永远无法完全替代教师在课堂上所开展的教学活动。教师在课堂上的教学活动,不仅仅是知识内容的传授,更是和学生心灵的对话,传递爱和信任,这份温暖是教师所特有的,是教育最核心的价值。

教师传递给学生温暖的方面有很多。除了我们在上课时面带微笑,和学生对话时看着学生的眼睛,使用"谢谢""请"等礼貌用语这些最基本的方面外,教师要从学生视角去思考、去行动。

（1）从学生学习的起点开始

小学教师通常很清楚一点,即许多成年人"知道"的事情对孩子来说一点都不简单,也不容易被孩子感知。高中物理老师所熟知的很多知识内容,实际上对刚开始学习物理的学生而言是陌生的,缺乏理解的基础。我们上课时要用学生熟悉的情境,用学生容易听懂、直白浅显的语言去表述。在物理规律、概念的新授课阶段,尽量少用专业名词,如果要用的话,一定要辅助以充分的介绍和解释。

（2）打通学生学习的痛点

学习的过程不会一帆风顺,尤其在学生遇到困难时,要帮助学生打通学习的痛点。教师如何了解学生学习的痛点呢? 功夫得花在课外。教师在课外要多接触学生,鼓励学生多提问,收集学生的各类问题,从中提炼、分析学习障碍产生的原因,并找到解决之道。教师上课时能针对学生学习的痛点开展教学,学生自然能感受到教师的拳拳之心、殷殷之情。

教育能传递爱和温暖,正是教师这一职业无法被人工智能所取代的根本原因。

二、启智激趣

教师上课能做到规范、示范和温暖这三点，说明达到了上课的基本要求，就能在课堂上站稳自己的教学阵地。在达成这三点的基础上，青年教师要进一步提升自己的物理课堂教学水平，使自己的课进入更高层级，就要深入研究物理学科的核心素养，在课堂上设计并实践启智激趣的学习活动，润物细无声地进行核心素养的培育，提升学生的学业质量水平。

在起始年级，通过课堂演示实验、学生实验等启智激疑，激发学生学习物理的兴趣，引导学生思考，提出有质量的问题；随着学习的深入，引导学生运智破疑，尝试运用学过的物理知识来破解难题；在高年级阶段，学生能树立正确的物理观念，达到较高层级的科学思维水平，有科学探究的能力，掌握正确的科学探究方法，形成严谨踏实的科学态度与责任，达到提智释疑的最高层级。

1. 启智激疑

在高中物理教学中，教师较为熟悉的教学模式是围绕知识进行传授，通过创设情境、实验探究、实践应用等环节展开课堂教学。教师在教学中还是把物理规律、物理定律的理解和应用放在第一位，较少从物理学科的本质出发设计教学内容和教学方法。《新课标》对物理学的课程性质是这样定义的："物理学是自然科学领域的一门基础学科，研究自然界物质的基本结构、相互作用和运动规律。物理学基于观察与实验，建构物理模型，应用数学等工具，通过科学推理和论证，形成系统的研究方法和理论体系。"在课堂上如何通过教师引导，激发学生的思维，经历科学探究过程，从而形成物理观念，树立正确的科学态度与责任，是高中物理教师需要重点研究和实践的教学新挑战。

以上海交通大学附属中学胡名翔老师区公开教学展示课"学史明理：'重走'自由落体研究之路"为例，呈现其教学设计的几个重要环节。

【教学任务分析】

《新课标》对本节课的内容提出要求"1.1.4 通过实验，认识自由落体运动规律。结合物理学史的相关内容,认识物理实验与科学推理在物理学研究中的作用",给出的示例有"例 7　查阅资料,了解伽利略研究自由落体运动的实验和推理方法"。所以,本节课以分析篮球下落的运动规律为大任务,结合物理学史的内容,带领学生"重走"自由落体研究之路。

【教学目标】

进一步健全运动观念,能运用匀变速直线运动的规律分析问题。知道伽利略关于落体运动的观点,经历建模、论证、推理过程,能恰当、合理地使用实验的证据得出结论,能对不同观点提出质疑。能设计"探究篮球下落的运动规律"的实验方案,知道搜集证据,能恰当地选用数据呈现方式来分析数据,进而获得结论并尝试作出解释。通过讨论,了解伽利略开创的科学研究范式,认识到物理实验与科学推理的结合对物理学发展具有重要作用,养成良好的科学态度。

【教学思路】

本节课的设计分为三个环节,分别是"论证加速""得出范式""应用范式"。通过"祝融"落火、篮球落地,引出落体运动问题。学生通过讨论,重现、理解伽利略论证"加速"的过程,初步体会伽利略开创的科学研究范式,进一步发展推理论证能力。结合伽利略原著,通过分析斜面实验设计的逻辑思路,理解科学推理与物理实验之间的关系。针对伽利略的"合理外推",学生应用科学研究范式,基于篮球下落的视频,设计"探究篮球下落的运动规律"的实验方案。通过交流环节,谈谈自己的方案,思考物理实验与科学推理在物理学发展中所起的重要作用。

本节课的重点是了解伽利略开创的科学研究范式,认识物理实验与科学推理的作用。所以,本节课围绕科学研究范式,通过对落体加速运动分析论证、伽利略斜面实验的设计逻辑两个方面,介绍伽利略开创的以实验研究和逻辑推理为核心的科学研究范式,并阐明实验研究和逻辑推理之间的关系。在最后的活动中,学生应用所学的科学研究范式,设计"探究篮球下落的运动规律"方案并交流。

本节课的难点是重现、理解伽利略论证"加速"的过程,设计"探究篮球下落的运动规律"的不同方案。在论证"加速"过程中,学生通过讨论交流,自主设计论证过程,教师适当引导,帮助学生体会伽利略当时的研究条件;最后教师展示伽利略的论证过程,带领学生体会伽利略实验的巧妙之处、归纳推理。在探究方案设计中,教师初步讲解如何从篮球下落的视频中获取证据,通过逻辑链的形式帮助学生理清设计思路,通过小组讨论,学生能够设计多种数据呈现方式。

【教学流程】

流程图

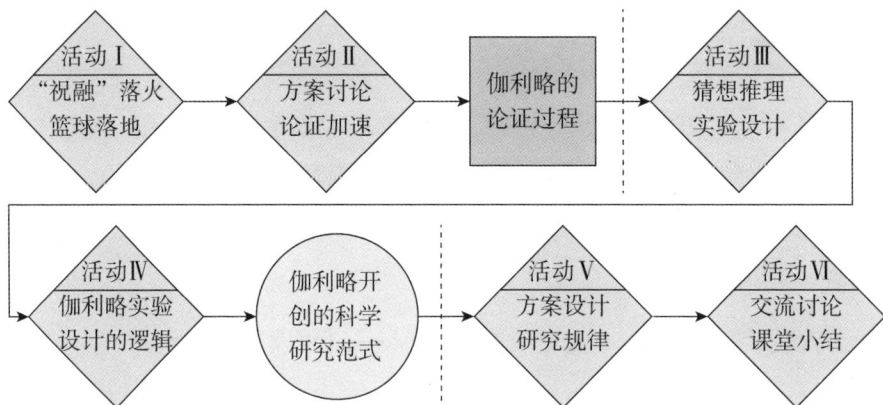

图 4-19

流程图说明

活动 1:情境引入

出示"祝融号"火星车着陆火星的照片,引出落体运动的话题。

演示篮球由静止释放下落,引导学生提出问题,引出研究任务。

活动 2:学生讨论,论证下落加速的方案

针对"落体从运动一开始便获得了某个速度,然后匀速下落"的猜想,教师引导学生分组讨论,得出方案,反驳"匀速"、论证"加速"。

教师展示伽利略的论证过程,说明"归纳法"这一推理方法。

学生初步体会科学研究范式。

活动 3:伽利略时代的困难及解决

教师引导学生分析伽利略时代做实验的困难,以及他是如何解决的。

活动 4:伽利略实验设计背后的逻辑

教师出示《关于两门新科学的对话》中伽利略实验方案的原文,师生一起逐句分析伽利略实验细节,体会设计背后的逻辑推理过程。

得出伽利略开创的科学研究范式。

活动5:学生基于篮球下落视频,设计方案,分析规律

学生应用科学研究范式,分析篮球下落的视频,小组讨论确定自己的数据分析方案。

活动6:交流讨论,课堂小结

对于刚开始学习高中物理的高一学生而言,胡名翔老师这堂课的课题贴近学生生活中常见的情境,教学设计基于学生已有的物理基础和认知水平。为了让学生能有实践探索的机会,胡老师在课堂上布置了一个任务:探究篮球下落的运动规律。学生从观看视频开始,应用科学研究范式,设计方案、讨论交流,定量测算篮球下落的各种数据,分析篮球下落的运动规律。在课堂教学中注重逻辑推理方法的介绍,通过实例引导学生体验和理解归纳法、演绎法、外推法等科学思维方法,这也是学习自然科学的基础之一,是我们目前课堂上缺失的方面,胡老师的课给出了很好的实践案例。他通过阅读伽利略的经典原著,引导学生认识伽利略实验的科学思想和方法。通过观察现象、提出问题、猜想假设、实验研究、逻辑推理、得出结论等环节,本节课让学生重走伽利略的科学研究之路。

2. 运智破疑

随着学习的逐步深入和素养能力的逐渐提升,学生具备了一定的分析和研究问题的基础,这时可以让学生尝试通过生活经验和直观感受理解新的知识内容,而不完全依赖教师的讲授。在这个阶段,教师应设计适合学生学习程度的任务,让学生通过一系列隐含素养培养目标的学习活动来达成学习目标。

下面以上海市控江中学李安康老师区公开教学展示课"多普勒效应"为例,呈现其学习活动的设计和实施。

【学情分析】

本节课针对高中二年级即将面对物理等级考试的学生。经过此前机械波的

产生与传播的学习,以及波的反射、折射、干涉、衍射等波的特性的学习,学生已经认识了描述机械波的基本物理量,理解了机械波产生与传播的特征,对于机械波具备了一定的分析能力。学生可以通过一些生活经验直观感受多普勒效应。但考虑到学生对于多普勒效应的概念还比较陌生,而且对于多普勒效应产生的原因,需要学生能够建构模型,利用已学知识进行分析推理,这对学生来说比较困难。因此,为了能够让学生更好地分析与探究多普勒效应的规律,本节课利用一系列模拟体验实验作为辅助,增加学生的感性体验,并给予学生充分的分析、思考时间,逐步建立多普勒效应的物理图景,认识多普勒效应的科学本质。

【学习活动】

活动 Ⅰ:学生实验1,利用 Pad 上的 phyphox 程序测量音频,通过移动 Pad 靠近与远离蓝牙音箱(声源),来观察与猜想多普勒效应的规律。

活动 Ⅱ:学生实验2,学生通过观看事先录制的模拟行走实验视频,体验观测者在靠近或远离静止波源情况下接收到的波形数的变化,进而得出观测者运动时多普勒效应的理论解释。

活动 Ⅲ:演示实验1,利用运动小车上的蓝牙音响作为移动声源,固定在轨道一端的声传感器作为观测者,演示波源靠近或远离静止观测者时多普勒效应的规律。

活动 Ⅳ:演示实验2,通过水波波源的移动,增加学生对于多普勒效应中波形变化的直观感受。

活动 Ⅴ:学生根据波的传播的知识,通过分析、推理绘制波源移动时的波形图,进而得出波源移动时多普勒效应的理论解释。

李安康老师这节课的学生活动经过精心设计,运用数字技术赋能物理课堂教学,用数字化技术测量音频,让学生在观察实验现象的基础上分析采集的实验数据,推理、猜想多普勒效应的规律。采用形象直观的模拟演示方法呈现难以直观显示的频率变化,学生通过观看事先录制的模拟行走实验视频,体验观测者在靠近或远离静止波源情况下接收到的波形数的变化,进而得出观测者运动时多普勒效应的理论解释。通过教师演示水面上波源移动引导学生理解多普勒效应中的波形变化,分析、绘制波源移动时的波形图,进而得出波源移动时多普勒效应的理论解释,从而突破教学难点。

3. 提智释疑

在高年级阶段,学生能达到较高层级的科学思维水平,具有一定的科学探究能力,初步掌握了科学探究方法,能严谨踏实地开展各类新情境下真实问题的探索和研究,运用所学的物理知识和科学方法解决实际问题。

【案例 1】电磁感应的应用——再探落磁实验①

引导学生逐步建立起合适的物理模型解决问题,以期学生能跳出以往高度建模、简化后的这类"经典"习题(即通常所谓的"只会做题"),从而培养解决实际问题的能力。通过对落磁实验的定性解释,深化场观念和相互作用观念。在定性解释落磁实验的过程中,培养科学论证的素养;在推演落磁所需时间的定量公式的过程中,培养模型建构的素养。通过观察、分析、讨论落磁实验,培养猜想与假设、分析与论证等能力。通过对推演得出的理论结果的讨论与修正,培养评估能力,进而感受科学研究并非一蹴而就,而是要经历反复的实验与修正。

学生活动主要环节

教师演示落磁实验,以下落磁环作为研究对象,将"定量讨论落磁所需的时间与哪些参数有关"作为原始物理问题,学生推导出初步的定量表达式。

借助学生已经讨论并建立的磁环模型,引导学生先定性解释该现象。学生初步思考、讨论如何进行定量分析。

学生认为用动生电动势建模较为便捷,教师指出不同参考系下,动生电动势和感生电动势的视角不同但结果相同,引导学生进一步思考、讨论。

学生建立收尾速度模型,依据模型推演所需时间的表达式并计算结果。教师给出事先测量的数据,学生将上述理论结果与实际测量结果进行对比,并讨论对模型可能的修正,如套环模型是否准确,加速过程是否可忽略,电流及安培力的计算方式是否合理,等等。

---

① 本案例由复旦大学附属中学沈硕老师提供。

【案例2】冬奥会冰壶比赛中判断冰壶距离的测量原理①

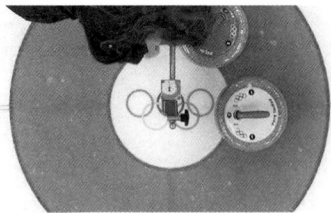

图 4 - 20

结合冬奥会冰壶比赛如何判断冰壶距离的细微差异这一具体的真实情境，引导学生通过观看视频、理论分析和类比迁移，理解冰壶测距的间接测量原理和具体测量方法，并能通过类比将类似的问题联系起来，进行概括总结，达到高三实验复习的高度和广度。

学生活动主要环节

提出问题：冰壶是常见的冰上运动，被称为冰上国际象棋。在冰壶比赛中，需要判断哪一方的冰壶离营垒中心更近，以此来确定得分。但如果肉眼无法判断哪方冰壶更近，该怎么办呢？

播放冬奥会测量冰壶距离的俯拍视频，教师提示学生推测、分析视频中的测量工具——大圆规的原理。

学生了解到：大圆规就是一种测量压力的仪器，圆规上的表就是一个压力计；离圆心越近的冰壶对压力计的压力就越大。教师进一步提出问题：压力计如何测量压力？测量压力时，运用了什么科学方法？

教师通过另一段视频，引导学生进行测量原理的分析，得出结论：压力计运用了微小量放大法，利用了齿轮放大的原理把微小形变放大了。教师进一步提出问题：哪些物理实验中运用了微小量放大法？

学生讨论高中学过的各种微小量放大法，如观察物体的微小形变、卡文迪什扭秤实验等，提炼总结微小量放大法的特点和使用范围。

高三复习容易陷入面面俱到，但缺少提炼归纳总结的低效复习困境，较少从综合应用知识解决具体问题、帮助学生提升思维能力的角度进行学生活动的设计。最普遍、最常见的实验复习是把每一个实验的原理、器材、步骤、方法、数据分析处理、结论都复习一遍，但高中物理实验有哪些共性的方法可以归纳，寻找其中相通的内在规律，却很少有涉及这方面的教学设计和实践，所谓的复习只是低效

① 本案例由上海交通大学附属中学周之翌老师提供。

的重复。从解决真实问题的角度引导学生建模分析,从实验的科学方法角度引导学生提炼归纳,找准高中物理实验的内在关联点,这样才能提升学生的素养水平,达到较高的层级。

结　语

教师专业成长所必备的几项基本功,需要通过持之以恒的长期学习和积累才能练就,没有速成的捷径可走。类比电学中储存电荷和能量的电容器,积累的电荷越多,电势就越高,能量就越大。教师的专业基本功就好比是电荷,积累得多,其吸引学生的"势"一定大,释放的能量一定大,学生的收获和感悟就一定多。

记得笔者刚走上工作岗位时,每一节课都写详案,高中物理完整的一轮教下来,手写的教案积累了厚厚一大叠;任教高三时把近20年的全国和上海高考物理试题分类汇编成市北中学高三复习学案;辅导学生竞赛时,依据全国物理竞赛考试大纲,结合高校物理专业教材,编写了配套的竞赛讲义;在市北中学工作时,几乎每年都有全区公开教学展示的任务,参加过多次全市各类教学大赛,形成了自己的教学风格,深受学生喜爱。点滴成绩的取得,都源于平日里刻苦钻研、锲而不舍地不断鞭策自己,提升自身学科教学的水平。

赵凯华先生在2021年发表过一篇文章《如何讲好基础课》,讲的是如何上好大学基础课,但对我们高中物理老师来说有很多相通的教学之道可以学习。摘录其中片段如下:"教师讲课就像是舞台上的演员给观众做表演。演员的表演差别很大,老师的讲课风格也不尽相同。说起教学方法来,我们常常有一个认识,就是教无定法。回想起我的老师,以及接触过的很多同行,再联系到自己的体会,每一个好教师的讲课都各有一些风格和特色,这一点特别像舞台上的演员。我比较喜欢京剧,现在好像很多年轻人也还都喜欢,京剧的演员有各种流派,差别很大,比如,四大名旦各有特色,可是都能得到观众的称赞。我想,教学也是同样的道理,每个教师有自己的风格,自己的特长,或自己的倾向。但是还是有一些相同点的。讲课首要的是清晰地表达授课内容,首先要把讲课的内容表达清楚,这是最基本的。板书,要写清楚,至于写得多漂亮,不一定,要让学生能认得出来,这是最起码的。说话时吐字要清楚,尤其是上大班课,关键的字你要送到每个人的耳朵里头……最关键的是老师——讲课的人,要对自己讲的东西充满激情……用激情去感染听众,让他感觉被吸引,跟着你一起来学习、考虑问题……你想吸引听众来跟着你考虑、学习某个问题的时候,首先你自己要对这个东西是很感兴趣的,很有激情。"

　　青年教师在教学的道路上慢慢耕耘,日积月累,一定能形成自己的教学风格,一定能成为受学生喜爱的好老师。

第五章　激发团队智慧

引　子

2019 年 11 月,教育部发布了《关于加强和改进新时代基础教育教研工作的意见》,对新时代基础教育教研工作的指导思想、主要任务、工作体系、深化改革、队伍建设、保障机制等方面进行了全面规划和整体部署。在我国基础教育领域中,教研工作起着至关重要的作用。教研工作的主要任务有:服务学校教育教学,引领课程教学改革,提高教育教学质量;服务教师专业成长,指导教师改进教学方式,提高教书育人能力;服务学生全面发展,深入研究学生学习和成长规律,提高学生综合素质;服务教育管理决策,加强基础教育理论、政策和实践研究,提高教育决策的科学化水平。

教研是将国家课程方案、课程标准、教材等理想课程有效转化为教师领悟课程和课堂运作课程的机制性保障(研究＋指导＋服务)。教研是依靠教研团队、着眼于教学问题解决和质量提升的支持性、能动性行动。我国基础教育领域中的教研系统,具有强有力的政策保障,从教育部到地方区县,都有各级政府部门的扶持支撑;具有清晰的组织架构,国家、省、市、县、校构成五级教研工作体系,各级教研机构有共同和分层的教研职能;具有明确的工作职责,开展学科教育教学研究并组织教师学习、研究和交流的教研活动;具有鲜明的中国特色,在推进课程建设和实施中起到专业引领作用,在教师专业发展中起到指导服务作用,在全球范围内被认可和研究。

笔者于 1998 年大学毕业后在上海市市北中学任教 13 年,自 2011 年起到区教育学院担任高中物理学科教研员,至今也有 13 个年头。在教学一线工作时,得到当时闸北区教研员丁正直老师、陈国声老师和高坚荣老师的悉心指导和帮助,在市北中学物理教研组各位老教师特别是我的师傅盛焕芳老师手把手带教下,快速成长,在区教研活动中开设过多节区级教学展示课。参加上海市各类教学研究评比和青年骨干教师研修班时,有幸能得到多位专家的悉心指导,于 2007 年代表上海参加第四届全国中学物理教学改革创新大赛并获高中组一等奖。上海物理学科教学研究工作为教师专业发展提供指导、搭建发展和展示平台,笔者深受其益。自担任区高中物理学科教研员后,笔者从初到岗位的适应磨合,到开始实践常规教研转型,革新探索教研方式,创建教师研修团队,不断开展各类教研工作。2020 年,笔者进入杨浦区教育学院,在杨浦区普通高中新课程新教材实施国家级示范区的"双新"推进工作中承担了市、区多项"双新"教学改进项目,深入学校、课堂,研究教师的教和学生的学,从发现问题到改进教学,四年来有效地推动了区域教研工作稳步发展。

第一节　区域教研

一、团队建设

杨浦区作为普通高中新课程新教材实施国家级示范区,高中物理学科在"双新"推进过程中承担了大量市级、区级重点项目,需要在常规教研的基础上突破原有的教研模式,运用创新理念建构多支新的教研团队。四年来,我们尝试并实践了多种新型团队建构模式,高质量地完成了各项重点教学任务,杨浦区高中物理学科的"双新"教学经验和成果在全国、全市范围内得到了广泛认可。

不同的教育教学研究项目有不同的目标指向、研究方向和执行周期,需要建构不同的教研团队来推动和实施。四年来,我们尝试建构了以下三种模式的教研团队。

1. 团队中的团队型模式

在完成一个具体的项目时,全体参与者组成一个团队,项目中有几个平行的子项目,每个子项目需要一个小团队来承接,每个小团队有一个负责人,负责推动子项目的各项事务进程。整个团队定期沟通交流,各个小团队汇报子项目的具体工作情况及需要协调的各方面,以确保整个项目结果的统一性。每个子项目可以有自己独立的特色和创新,一般一个子项目由一所学校承接,方便子项目组内交流讨论。项目负责人把控整个项目的整体进程、内容和质量,其结构如图 5-1 所示。

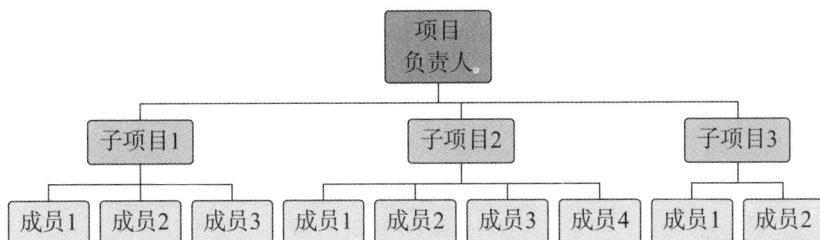

图 5-1

比如,在"高中新课程资源　高中物理"这一项目中,杨浦区高中物理学科承担了选择性必修 2 全册教师用书和学生用书的文本编写和数字资源制作任务。我们就采用了"团队中的团队型模式"来推动整个项目的实施。选择性必修 2 全册共五个单元,一所学校承担一个单元的编写任务,每所学校有一位负责人负责统整一个单元,每次研讨沟通会由各单元的负责人汇报具体进度和困难,组内其他成员补充完善。笔者作为项目总负责人,负责协调各单元间知识内容的承接和情境任务的递进提升,确保整册教材呈现出结构的完整性、各栏目的统一性和内容要求的递进性。

这种模式对子项目的负责人要求较高,各子项目的负责人的专业能力和负责程度应达到较高水准,只有这样才能有效推动子项目的进程且保证各子项目的质量符合总项目的要求。

2. 中心辐射型模式

有些项目需要有一个固定的核心来领导项目整体的推进,项目负责人直接领导团队内各成员。整个项目可被分成各自独立的若干部分,每位成员负责一个独立的部分,各成员间分工明确,独立完成被分配的任务。项目负责人负责整体规划整个项目,确保项目围绕一个核心开展,其结构如图 5-2 所示。

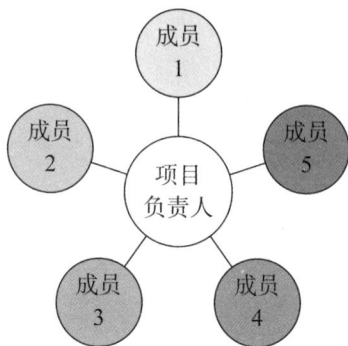

图 5 - 2

比如,杨浦区高中物理学科承担的上海市"空中课堂"新教材几个单元的拍摄任务,就采用了这一模式。杨浦区高中物理学科分别拍摄了必修 2"第六章　万有引力定律"、必修 3"第十章　电路及其应用"、选择性必修 1"第四章　光"、选择性必修 2"第七章　电磁感应定律的应用"和等级考复习"实验"单元。在每个单元的拍摄团队中,教研员是项目负责人,每位老师负责 1～2 节课的视频拍摄制作任务。整个单元由一个单元核心任务统领,在单元教学任务和单元教学目标确定后,将单元核心任务分解细化成若干子任务,在各子任务中将单元中具体的教学内容与之对应,即确定单元内每节课的内容要求。教研员带领整个团队进行集体研讨,在市专家团的指导下确定单元核心任务,每位老师完成自己负责的课时设计、PPT 制作、脚本撰写和视频编辑,教研员对单元内每一节课的视频初稿进行审核,提出修改建议,教师完善后拍摄出视频。编辑加工成完整的一节视频课,提交市专家团审核修改,修改完成后就可以在"上海智慧教育平台"上播出了。

在这种模式中,核心人物是整个项目的关键推动者,他需要有较高的协调能力和学科专业能力,决定了项目是否能顺利完成并符合规定要求。团队内的成员间不需要有太多交集,项目负责人会考虑整个项目的统一性,协调各成员之间的任务关联并保证项目完成的质量。

3. 个体独立型模式

项目内各成员各自独立地完成项目分配的任务,通过定期的交流分享,各成员了解彼此所做的工作并对自己承担的任务有所启发借鉴。其结构如图 5 - 3 所示。

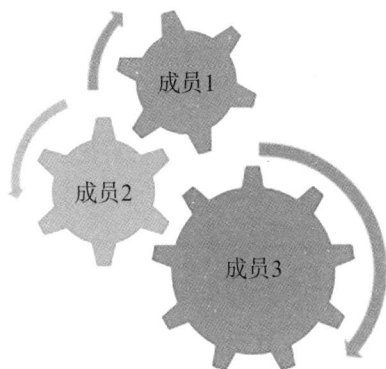

图 5 - 3

比如,杨浦区高中物理学科承担了区"创智课堂"高中物理实验教学视频研究及改进项目,这个项目一共有 11 位老师参与,主要任务是对各自的实验课堂教学进行追踪式的调查及研究,然后由专业人员基于对视频数据、教师和学生问卷数据的综合分析评估创智课堂研修对教师实际教学实践的影响。11 位老师来自杨浦区的不同高中,任教不同的年级,实验课的教学内容、教学进度也不尽相同。他们独立地选定拍摄的实验教学内容,然后由来自高校的专业人员通过师生问卷、课堂视频分析等技术手段进行分析评估。作为项目负责人,笔者所做的工作并不针对项目本身,而是通过定期组织大家学习新课程新教材,提升教师对"双新"的专业胜任力和实践力;通过定期组织成员分享交流来帮助大家相互了解各自学校的"双新"实践进程。通过这个项目,团队成员的"双新"胜任力和实践力得到了较大提高,在专业评估中获得较高的评价。

相对前两种模式而言,这种模式能应用的项目较少,比较适用于组织结构松散、各成员只需独立完成各自分配的任务的项目。项目负责人在这类项目中无须过多干涉,只需要适时地、有针对性地对成员个体提供所需的帮助,做好保障和支持工作,让成员自由独立地完成项目,最大程度激发成员的主观能动性。

二、深度教研

杨浦区高中物理学科在"指向核心素养培育的深度学习教学改进"项目中通

过对单元教学关键问题的提炼,在全区范围内实施单元教学设计和实践,组织多场深度教研活动,运用规范化和系列化的主题教研活动属性表精心设计每一场深度教研活动。而且,每场活动结束后都会进行问卷调研,了解教师们参与活动的反馈情况,为后续的深度教研提供研讨的目标和任务。以 2023 年 5 月 11 日杨浦区高中物理学科的深度教研活动为例,当时杨浦区高中物理学科在"双新"实施过程中发现,各校单元教学设计和实践存在发展不均衡、理解有偏差、缺少案例供借鉴等现实问题。为此,我们通过一场针对教学实际需求、有明确预设目标、理论与实践相结合的多组案例呈现在多位专家指导引领下的深度教研活动,组织教师深度参与研讨,共同提升,推动这一教学改进项目有效实施。

1. 深度教研活动的策划

利用上海市教师教育学院(上海市教委教学研究室)开发的深度教研通用工具之一——主题教研活动属性表,我们对本场深度教研活动的主题进行精准定位,认真设计和规划好活动任务、活动形式、活动流程、活动资源等内容,如表 5-1 所示。

表 5-1　主题教研活动属性表

时间	2023 年 5 月 11 日 8:30—11:30	地点	杨浦区教育学院(铁岭路 109 号)致和楼 305 室		
教研主题	促进学生核心素养培育的高中物理教学关键问题之一——单元核心任务的建构和分解	出席对象	全区高二年级物理教师、高中物理名教师研习基地全体学员		
策划组织	杨浦区教育学院中学教研室	活动主持	周晓东(杨浦区高中物理学科教研员)	专家点评	谈晓红(上海市同济中学)、郑百易(上海市普陀区教育学院)、王铁桦(复旦大学附属中学)
活动规模	50 人左右				
活动形式	讲座与交流				

（续表）

活动流程	主报告	单元教学设计的发展历程以及单元核心任务的建构和分解案例剖析（主讲人：周晓东）		
	微论坛	学校	教师	交流主题
		上海市控江中学	张海英	基于深度学习的单元教学设计——以"交变电流"为例
		上海理工大学附属中学	王智颖	"电路及其应用"单元学习活动设计——家庭用电知多少
		上海交通大学附属中学	刘一波	单元核心任务视角下的教学设计与实践——以"多用电表"为例
	专家点评	谈晓红、郑百易、王铁桦		
	调研反馈	参会教师在会后填写问卷星上的调研反馈单		
活动任务	通过介绍单元教学设计的发展历程以及单元核心任务的建构和分解案例剖析，推动各学校开展单元教学设计和实践。			
活动资源	1.《单元教学设计模板》（上海市教师教育学院提供）2.《深度学习第一期上海教研团队 PPT 和教学设计案例》（教育部课程教材研究所提供）			
其他说明	本次主题教研活动也是杨浦区高中物理名教师研习基地的一次研修活动。			

2.深度教研活动的通知

深度教研活动经过精心策划,在发布教研活动通知时告知参会教师本次深度教研活动的主题、活动设计和效果预估,让参会者有所准备,对深度教研活动有所期待,帮助参会者深度参与活动,以达到预设的活动目标。通知内容如表5-2所示。

表5-2 深度教研活动通知内容

时间	2023 年 5 月 11 日上午 8:30	地点	杨浦区教育学院（铁岭路 109 号）致和楼 305 室

（续表）

教研主题	促进学生核心素养培育的高中物理教学关键问题之一——单元核心任务的建构和分解	出席对象	全区高二年级物理教师、高中物理名教师研习基地全体学员		
策划组织	杨浦区教育学院中学教研室	活动主持	周晓东（杨浦区高中物理学科教研员）	专家点评	谈晓红(上海市同济中学)、郑百易(上海市普陀区教育学院)、王铁桦(复旦大学附属中学)

	项目	概述
教研活动设计	选题动因	我区在近年来的深度学习的单元教学设计和实践中提炼出高中物理学科三个教学关键问题。这三个问题源于真实的课堂教学实践中所遇到的共性问题。 如何基于课标、研读教材设计单元学习目标并结合深度学习的四个关键策略，设计围绕真实情境、真实问题的单元核心任务并进行分解，是其中第一个关键问题。
	过程安排	1. 准备阶段 　教师研读《单元教学设计模板》，结合本校在近年进行的单元教学设计和实践的经验，思考单元核心任务的形成须经历哪几个关键路径。 2. 研讨阶段 　(1) 主报告：单元教学设计的发展历程以及单元核心任务的建构和分解案例剖析 　主讲人：周晓东 　(2) 微论坛 以下表格： 3. 专家点评 4. 调研反馈 　参会教师在会后填写问卷星上的调研反馈单。

微论坛表格：

学校	教师	交流主题
上海市控江中学	张海英	基于深度学习的单元教学设计——以"交变电流"为例
上海理工大学附属中学	王智颖	"电路及其应用"单元学习活动设计——家庭用电知多少
上海交通大学附属中学	刘一波	单元核心任务视角下的教学设计与实践——以"多用电表"为例

（续表）

教研活动设计	效果预估	通过本次主题教研活动,促进各学校在课堂上开展单元学习的设计和实践,在各校单元学习设计及实施案例分析基础上,能梳理提炼我区高中物理学科单元学习设计与实施的一般规格和特色案例。
活动资源		1.《单元教学设计模板》(上海市教师教育学院提供) 2.《深度学习第一期上海教研团队 PPT 和教学设计案例》(教育部课程教材研究所提供)

3. 深度教研活动的实施

深度教研活动的实施应严格遵照预设的活动设计开展,以确保深度教研活动能达到预定的效果,保障深度教研活动的规范性和严谨性。下面是本次深度教研活动的实施记录。

【主报告】

教研员周晓东老师做了主报告"单元教学设计的发展历程以及单元核心任务的建构和分解案例剖析"。报告指出:在实施过程中,高中物理学科通过创新教研机制、整合全区资源、加强教师团队建设,以破解关键问题的教研工作新视角建构全新的教研机制;利用项目驱动如全市高中物理教师实验能力培训课程开发和制作,高端专家引领如教育部深度学习研修、市区"双新"课程培训、"空中课堂"拍摄,优秀青年教师团队建设如区"创智课堂"教师研修课程开发和实施,真实课堂教学实践如高中物理单元教学设计与实践、视频拍摄和案例提炼等,全力保障项目研究的推进。

她指出,要基于对大概念的学习和理解,设计围绕大概念的核心任务以及相关联的几个子任务,在学生完成子任务过程中,逐渐达到建立大概念的教学目标;在教学过程中,要注重过程性评价,开展各种正式和非正式的评估,最终成为形成性评价。她还指出,要细致解读单元教学设计七个环节中的单元教材教法分析和单元目标设计流程,从而形成本学科的教学关键问题,为此可以从深度学习的四个关键策略入手提炼:情境素材链接、内隐思维外显、过程深度互动、教学研究改进。最后,她还总结出破解教学关键问题需要经历的五个步骤,并以"万有引力定律"单元为例翔实、具体地给出了单元核心任务的建构和分解的实施路径。

【微论坛】

张海英老师分享了控江中学团队在全国高中新课程资源建设中设计的案例——"交变电流"。她介绍了基于深度学习的单元教学设计的主要流程,以"交变电流"单元为例从教材分析、学情分析、素养目标、活动(任务)设计、评价设计等阐述了基于深度学习的单元教学设计的过程。

王智颖老师分享了参与上海市"空中课堂""电路及其应用"团队集体备课中单元活动设计的过程,如何在核心任务分解中对子任务进行细致的分析,如何突破核心知识的教学难点。她认为,从空中课堂拍摄所经历的磨课和备课过程反思容易高度碎片化和模型化的传统课堂教学,对新教材的单元结构化教学有了更深入的认识。

刘一波老师通过视频录制的方式介绍了上海市"空中课堂""电路及其应用"单元核心任务的建构过程:如何引导学生设计"安全及节约用电建议书",通过研究撰写一份家庭用电安全及节能环保的建议书,并给出具体的意见和建议。他对含有实验课的单元任务如何按课时进行分解并进行教学实践,给出了建设性的教学建议。

【专家点评】

谈晓红老师指出,单元核心任务不一定是看上去很宏大的一个任务,可以非常接近学生的实际生活情境,让学生有一个目标,类比盲人摸象,通过子任务让学生能够一步一步地去接近这个目标,逐步弄清其中的物理规律,最终形成一个系统化的认识。同时,应考虑不同层次的学校,核心任务的设计要贴合学生的实际能力和认知水平。在单元设计实施过程中,设计时的美好理想、构思落实在课堂上会有一定的困难,如何解决教学中的困难,需要发挥教师们集体的智慧。她肯定了本次活动的意义和价值,强调教师间的交流和分享是非常重要的。

郑百易老师指出应以教促学、以评促教。他赞扬了杨浦区教师团队在专家引领下,通过这种有意义的教学研讨活动达成教学的共识,螺旋式上升,不断提高教学质量,并能够辐射全区所有物理教师,这个模式值得学习。他认为单元教学设计是路径,单元结构化更加符合学生的认知规律,因为教学时空有限,所以要聚焦单元核心内容。单元核心任务是单元教学的基石,是推动学生深度学习的抓手。但是核心任务需要教师去简化和加工,能有效指向学生的真实反应。他分享了近期他指导的团队设计的核心任务建构和分解案例。

"登峰计划"高中物理名教师研习基地主持人王铁桦老师指出,人工智能将来一定会改变教育,教师将来一定会面临巨大挑战,教学改革箭在弦上。他认为应厘清三个核心问题的关系,鼓励和督促基地学员在今后的教学实践中积极投入,把在研讨中学到的先进的教学理念运用到实践中去。

本次教研活动结束后,通过让参会教师填写问卷调研的方式收集基层学校教师在单元教学设计和实践中遇到的困难、今天深度教研的收获以及对今后教研活动主题、活动形式等提出的宝贵建议。

4. 深度教研后的问卷反馈

本次深度教研活动结束时,通过问卷星发布一份问卷给参会教师填写,里面包括 4 个问题。

问题 1:请问目前您参与、实践过的单元教学设计有哪些? 请举例说明。

问题 2:在今天的主题教研中,哪些内容您觉得对你有帮助,能在学校的校本研修和单元教学设计与实践中运用?

问题 3:对于单元核心任务的建构和分解,您觉得在教学实践中会存在哪些实施上的困难?

问题 4:请对今后的教研活动主题、活动形式等提出宝贵的建议。

通过回收问卷反馈,我们发现学校在单元教学设计和实施过程中遇到的困难有:教学时间有限,学生学习被动程度高,单元核心任务难以覆盖单元全部内容。但每所学校都设计和实施了若干单元,所以提出的问题和建议都非常具体,具备一定的可操作性。老师们也都认为本次深度教研活动提供了单元核心任务的建构和分解的具体路径、方法和案例借鉴。

有目的、有规划、有组织地进行深度教研活动,能有效地达成深度教研预设的目标,解决教研工作中的难点问题,指导和引领教研团队完成各类项目。因此,深度教研是区域教研应重点研究和推动的教研工作抓手,是教师专业发展所需要的重要教研活动,需要教研员不断地研究、完善和改进。

三、教师发展

在区域教研工作中,为教师专业发展搭建平台、服务教师专业成长,是非常重要的一项任务。如何精准分析本区高中物理教师的实际情况、了解教师专业发展道路上的障碍、定向突破专业发展瓶颈,就是区教研员的工作任务。

1. 师资统计

杨浦区高中物理学科共有 108 位教师,其中专职教师 100 位,兼职教师 5 位,返聘教师 3 位。

从图 5-4 中可以看出,除学校 1、学校 2、学校 7 的教师各年龄段分布较为均衡外,有的学校教师老龄化严重,有的学校教师年龄断层甚至缺少某一年龄段的教师。

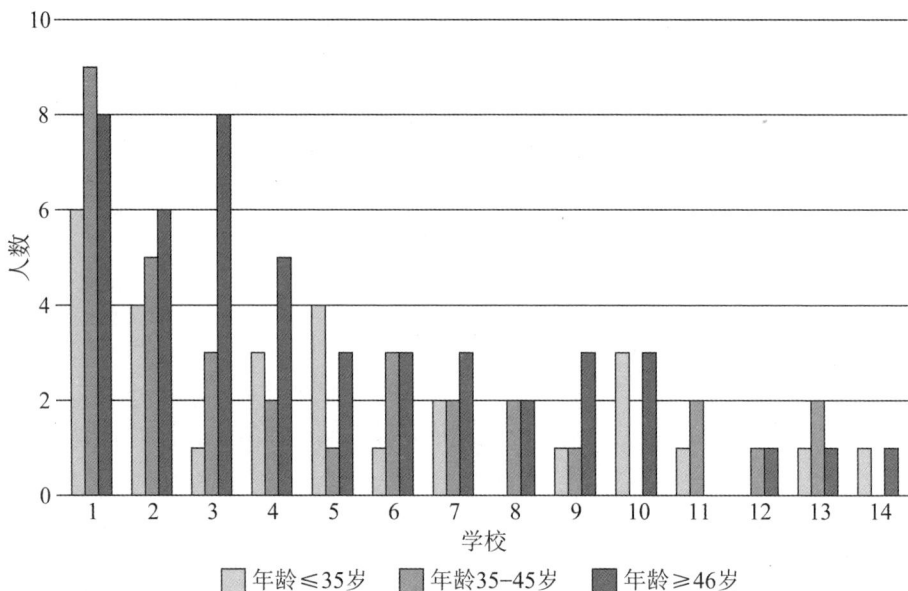

图 5-4 各校教师年龄和人数统计

从教师学历来看,前 3 所学校教师中有博士生,有的学校教师以本科学历为主,有 2 所学校的教师只有本科学历,如图 5-5 所示。因为杨浦区近几年高中教师招聘条件中对教师学历的要求是全日制硕士研究生,所以这表明这些学校近几年没有招聘新教师,与图 5-4 中反映出的教师年龄结构相呼应。

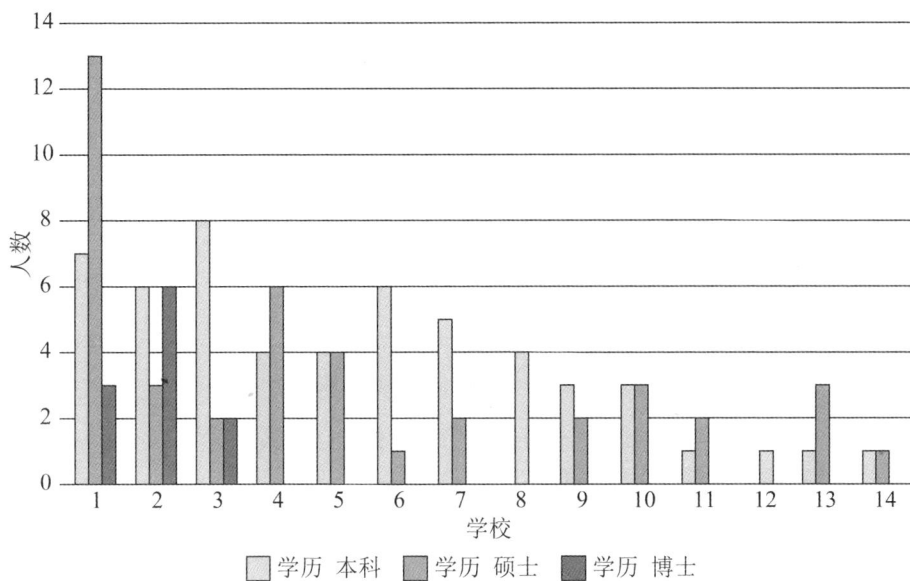

图5-5 各校教师学历和人数统计

从教师职称来看，有一所学校除一位是正高级教师外，其他教师居然都只有中级职称，有些学校则没有具有高级职称的教师，如图5-6所示。这些从某种程度上反映出教师在专业发展上的困境。

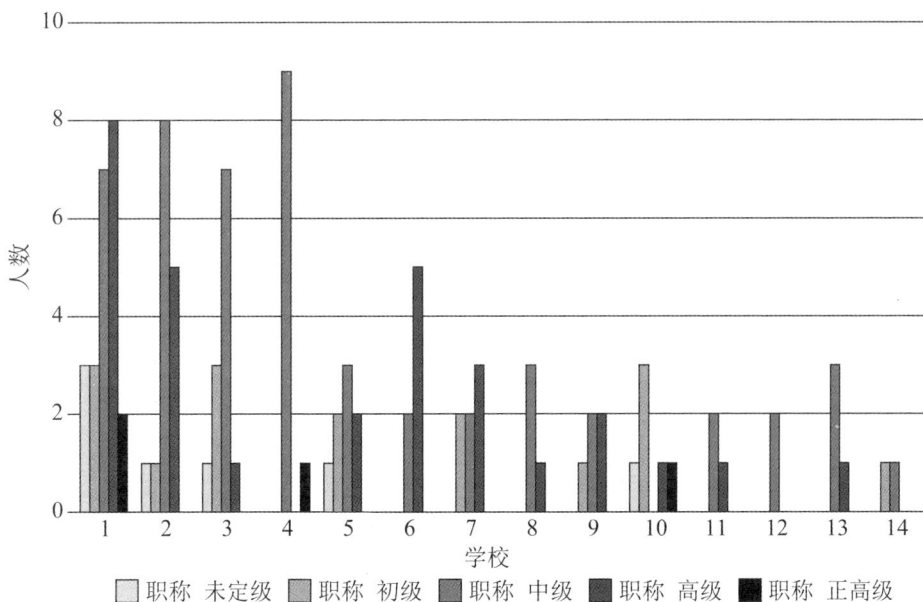

图5-6 各校教师职称和人数统计

2. 多类选拔

杨浦区面向不同年龄段的中青年教师,设置了各种教学评选活动。两年举办一次的"小荷杯"面向教龄在 2 年以内的新教师,四年举办一次的"百花杯"面向年龄在 45 周岁以下的中青年教师。经过校内预赛、区内复赛、区内决赛等多次评选,采用现场说课、学科专业知识测试、现场授课等不同形式有机组合,力图能引导和鼓励广大中青年教师更好地加强教学研究,有效促进区域中学教师教学专业能力与水平不断提升。

但从上面的师资统计情况来看,因各校师资的困境,这两项比赛预期的效果被打了折扣。有些学校因多年不引进新教师,没有合适人选参加"小荷杯";有些学校的教师年龄偏大,"百花杯"超龄或缺少参赛动力,导致高中物理学科参赛人数较少并且集中在前几所学校。而且,获奖人数由参赛总人数按比例评出,大多数参赛教师只是陪跑,长此以往,教师报名参赛的意愿更加缺乏。

为帮助中下位学校的中青年教师有机会获得各类专业发展,高中物理学科创设了多种基于交流展示的评选活动,比如教师实验能力提升和命题能力研修。我们组织区内教师进行自创小实验的交流分享活动,评选优秀作品并在全区推广。在教师专业能力中,命题能力也是非常关键的,为此我们组织了多场专家讲座,从 PISA 测试到教育部考试革新,帮助教师了解最新考试命题改革的理念和动向。我们还组织了多场命题评选活动,从试题形式、评价属性表、多向细目表等方面帮助教师提升综合题的命制实践能力,积累命题经验。

3. 定向扶持

各类评选活动对教师而言确实创造了展示自我、获取荣誉、积累职称评审材料的机会,但其受益面较为有限。特别对杨浦区高中教师而言,区内两所附中积聚了多位清北复交的博士,学校的优秀生源也能倒逼教师业务能力发展,因此两所附中的老师几乎"垄断"了区内绝大多数比赛奖项,在全国、全市各类比赛中屡获佳绩。表 5-3 是近 4 年来杨浦区高中物理教师的主要获奖情况统计。

表 5-3　近 4 年杨浦区高中物理教师主要获奖情况统计

年度	奖项
2020 年	上海交通大学附属中学刘一波老师获 2020 年上海市中小学(幼儿园)见习教师规范化培训基本功大赛现场课堂教学一等奖(上海市教育委员会、上海市中小学幼儿教师奖励基金会)
2021 年	上海交通大学附属中学陈暄老师获第四届上海基础教育青年教师教学竞赛特等奖(上海市总工会、中共上海市教育卫生工作委员会、上海市教育委员会)
2021 年	上海交通大学附属中学胡名翔老师获 2021 年上海市中小学实验教学说课活动一等奖(上海市教育委员会教育技术装备中心、上海市教育委员会教学研究室)
2021 年	复旦大学附属中学姜晓梅老师获 2021 年上海市优秀自制教具评选活动一等奖(上海市教育委员会)
2021 年	同济大学第一附属中学刘紫微老师获 2021 年上海市中小学(幼儿园)见习教师基本功大赛一等奖(上海市教育委员会、上海市中小学幼儿教师奖励基金会)
2023 年	复旦大学附属中学王立斌老师获 2023 年上海市中小学实验教学说课活动一等奖[上海市教师教育学院(上海市教育委员会教学研究室)、上海市教育委员会教育技术装备中心]
2023 年	复旦大学附属中学焦晓源老师获 2023 年上海市中小学中青年教师教学比赛中学物理组一等奖[上海市教师教育学院(上海市教育委员会教学研究室)、上海市中小学幼儿教师奖励基金会]
2024 年	上海交通大学附属中学陆栋梁老师获 2024 年上海市中学物理教师实验能力大赛高中组二等奖[上海市教师教育学院(上海市教育委员会教学研究室)、上海市教育委员会教育技术装备中心]
2024 年	上海交通大学附属中学物理组获 2024 年上海市中小学单元作业设计比赛高中物理组一等奖[上海市教师教育学院(上海市教育委员会教学研究室)]

　　为了能提供更多的学习交流提升的平台,让优秀的青年教师能得到锻炼的机会,笔者抓住上海市"空中课堂"录制和教育部"基础教育精品课"拍摄的机会,把这项工作设计成青年教师定向培养的绝佳契机,对区内青年教师进行一对一的教学指导,从资料收集、备课讨论、脚本撰写、出镜教态、视频编辑等多方面进行指导,帮助他们尽快成长,积累一定的优质课教学经验,从而回馈到他们常规课堂教学中,提升教学实效。

　　近 4 年来,杨浦区已有 10 多位青年教师参与上海市"空中课堂"视频课录制项目,分布在 7 所高中,其中教龄最短的只有 3 年,但他们都出色地完成了视频制作任务,播出后得到较好评价。2023 年起,教育部"基础教育精品课"开展遴选工作,区内 16 位中青年教师参与录制,分布在 10 所学校,范围进一步扩大,其中教龄最短的只有 2 年。2023 年,杨浦区高中物理学科精品课获教育部"基础教育精品课"称号的有 6 节,这极大地提升了青年教师的职业荣誉感和专业胜任力,让他们觉得只要努力付出就一定会成功。教师的荣誉感和获得感能支持教师更有信心、更坚定地走稳专业发展的每一步。

第二节　校际教研

一、学习共同体

1. 学习共同体的定义

"共同体"成为严格学术概念,源于 1887 年德国社会学家费迪南·滕尼斯的《共同体与社会》一书。书中区分了"共同体"和"社会",指出"共同体"是自然形成、整体本位;"社会"是非自然的、有目的的人联合且个人本位。共同体基于"自然而然"理解形成,并非受强烈意向支配塑造。

1990 年,美国学者彼得·圣吉在《第五项修练》中提出学习型组织建设的"圣吉模型",为"学习共同体"理论发展奠定一定基础。1995 年,著名教育家博耶尔在《基础学校:学习的共同体》报告中首次提到"学习共同体"概念,并对其进行阐释,认为它是所有人因共同使命、共同愿景一起学习的组织,人们在其中共同分享学习兴趣、寻找知识旅程与理解世界方式、围绕教育目标相互作用和共同参与。1997 年,雪莉·霍德在美国西南教育发展实验室多年研究基础上,首次明确提出教师专业学习共同体(Professional Learning Community, PLC),使得"学习共同体"成为被学界认同的严格意义上的教育概念。

2. 学习共同体的建构

在学科教研员的工作岗位上,笔者观察到区域青年教师的培养主要依靠学校骨干教师的带教和教研组的整体引领。如果这所学校学科教学较为薄弱、教研组内部不够团结、学科教师短缺等，这些原因都会导致青年教师在教学成长的道路上自行摸索，艰难成长。特别是在一些教学评比、职称评审中，不少青年教师写不出规范完整的教案，课堂教学易犯科学性错误，教育教学理论基础薄弱，论文写作不过关等。笔者通过申请杨浦区中青年骨干教师团队项目——教师专业能力发展之分布式领导力团队进行区域青年教师培养的新探索，培养教学能手，助力青年教师成长、成功。这支团队由8位来自不同学校、年龄在35岁以下、具有全日制硕士研究生学历的教师组成。

笔者组建这个团队的目的是，拓宽教师培养渠道，探索教师培养模式，激发教师专业发展内驱力，强化青年骨干教师基于教育教学过程中的真问题开展实践研究的意识，提升教育科学研究能力，促进学科建设和发展。学习共同体鼓励青年教师在课程建设、课堂教学、教学设计、教学评价、跨学科主题学习、项目化学习等方面，研发具有区级及区级以上影响力的成果。

3. 学习共同体的目标

通过分布式领导的组织结构建构以问题解决为目标的团队，开展新教材的教学改进项目研究，探索构建教师学习共同体这一新的团队模式。特别是对校内师资短缺、校内无人带教的青年教师们，带领他们在团队学习、协作共享的教师学习共同体中得到专业化学习和成长，从而能在教学岗位上发挥更重要的作用。

该项目通过教师成长和专业发展，有效推动我区中等及中等以下水平的学校开展新课程新教材的实施和教学探索，通过分布式领导力的组织结构，让每一位教师都有一个问题解决的任务。作为该项目的领导者，笔者带领团队成员进行具有学校自身物理学科教学特色、契合各校学生学习水平的新教材单元教学设计，并开展核心素养视域下的命题研究和实践。

4. 学习共同体的特点

以提升青年教师的学科专业化发展水平为目的建立的青年教师分布式领导力团队，是在原有的学校师傅带教、名师工作室带教等青年教师培养途径之外，引导区域青年教师自愿组成开放、合作、共享的学习共同体。其运行模式有别于学校传统的教研组活动，也有别于常见的市、区名师带教的工作室、基地活动，可以概括为：去行政化、去中心化和去时空限制化。

学习共同体的运行主要依赖于每一位参与者积极主动地加入，它不是行政支持或干预下的产物，没有出勤率统计，没有学分，也没有固定的资金投入。

在学习共同体内，没有传统的主持人、导师的角色，没有谁带教谁。也就是说，没有一个中心人物领导整个团队，没有固定的研究任务和达成目标。大家聚在一起，组建一个可以随时交流研讨教学问题的平台。来自同龄人的教学经历的交流研讨，其实价值非凡，更容易引起共鸣和响应。学习共同体不是以某位名师为固定的中心，其构成更加开放和平行，在每一位老师需要的时候，大家都会积极主动地合作，资源共享，互帮互助。

学习共同体建立了自己的微信群，现代通信技术的飞速发展使得开放的学习共同体内的沟通交流不受时间、空间的限制。与以往传统的市区培训、工作室活动不同，不是所有参与者必须在同一时间出现在同一地点集中进行培训活动，而是随时可以在微信群内提出自己的教学困惑，分享自己的课件、视频、资料。共同体的成员会陆续在群里参与，一个教学难点的讨论可以延续几周，甚至几个月之久。

学习共同体的创新之处在于：它是青年教师自愿组合形成的学习团队，通过一个个项目来推动青年教师共同成长。它应该是青年教师自愿积极参加、充分沟通交流、共同学习进步、优质资源共享、团队包容协作、专业有效提升的新型培养途径。

学习共同体的不足之处在于：其活动的参与度、教学研究的质量、成员的成长效果，依赖于其成员的热情投入、无私分享、严谨钻研。如何在学习共同体中调动每一位成员的积极性，提高凝聚力，提升研究问题的专业水平，是笔者不断研究和思考的永恒主题。

共同学习、共同成长的学习共同体是一个较新颖、刚起步的学术型研究团队，需要在不断地实践摸索中总结建构青年教师学习共同体的经验，切实找到青年教师专业化发展的有效途径，找准青年教师培养的关键点，提高青年教师的专业水平和教学能力。

二、校际联合体

1. 校际联合体的成立

杨浦区有两所全国闻名的市教委直属附中,也有"蜗居"在居民小区内的普通高中。这几年杨浦区的几所高中招不到新教师,原有的教师跳槽离职、老教师到龄退休,使得这些高中面临高中物理教师师资极度短缺、现有高中物理老师工作量巨大等现实困境。比如,有一所高中连续三年没招到物理老师,投简历的人本来就很少,极少数签约后不久即毁约去了其他学校;另一所高中好不容易招聘到一位硕士研究生,一年后他考上博士离职,导致目前学校三个年级仅有两位在职教师,其中一位明年就要退休;还有一所高中仅有一位在职教师,除任教高中外还要跨头任教初中,另一位老教师退休后一直返聘,兢兢业业帮忙承担了高中不少课时,否则学校真的会面临没有物理老师、开不了物理课的窘境。

基于这些现实困境,笔者在区教育局、教育学院的大力支持下,将区内四所生源程度接近、教师极度短缺的学校的高中物理老师组合在一起,成立了四校联合教研体。希望能通过跨校组合的方式帮助师资缺乏的四所学校建构教研组,集体备课研讨,提升教学质量,减轻教师负担。

2. 校际联合体的实施

校际联合体的教研目标和青年教师学习共同体的教研目标完全不同。将区内优秀的青年教师组成学习共同体,为他们打造专业发展的平台,促使青年教师更快更好地成长;而校际联合体中四所学校的教师,其平均年龄在 45 岁以上,多位教师即将退休或者已经退休,其专业发展的意愿和实际情况与青年教师大不相同。校际联合体的教研目标是定向输送教学亟需的各类资源,帮助教师减轻教学负担,起到"减负送暖"的实效。

（1）提升课堂教学实效

对这四所学校的教师而言,如何基于学生的实际学情进行有效教学,帮助学生在原有的基础上有所进步,是教学研究的重点。四所学校的学生中选择物理作为等级考科目的较少,近 4 年间学生选考物理的人数占比均低于 10％。因为学校在高一、高二不开设等级考课程或每周仅设置一两节等级考课,所以高三的新课教学压力极大。学生即便选考物理学科,其目的也只是为了高考填报志愿的范围较广而已,学习物理的动力不足,家长和考生本人对物理学科的成绩要求普遍不高。

面对这样的学情,教师的教学应如何开展呢? 如何在学生原有的基础上使其能有所提高,取得较为满意的成绩呢? 提升教学的有效性不能成为一句空洞的口号,而要想办法在不增加教师额外负担的情况下找到解决之道。

通过教育测量与评价技术方面的专家对这四所学校近几年的区内考试数据进行分析,组织四所学校的物理老师参加基于测评数据的专题教学研究活动,精准定位学生学习的缺口,研究学生容易掌握和提高的知识内容主题,分析学生难以掌握的知识难点。特别挖掘四所学校中得分高的知识内容主题,让老师自己反思和总结教学中有哪些值得提炼、分享的教学手段和方法,用数据实证的方法来帮助教师找准提升课堂教学有效性的方法。

笔者通过深入中原中学课堂蹲点上课一年,和基层学校教师一起备课、上课、批改作业、命制阶段检测卷、分析检测数据,用最直接的方式了解学生实际学情,掌握学生学习的困难所在,基于学生实际能力设计教学目标和教学内容,用学生听得懂、愿意听的表达来唤起学生学习物理的信心和兴趣。总之,教研工作的指导能力必须从基层第一线获取,才有真正的实效。

(2) 聚集四校人力资源

四所学校的物理老师总共有 11 位,最少的一所学校仅一位在职教师。在这四所学校里的任何一所学校开展校本教研都是困难的,唯一的解决之道是通过建构校际联合体来进行跨校的集体教研,将四所学校的物理老师组合成一个大的教研团队。即便如此,11 位老师组成的跨校教研组人数也少于复旦大学附属中学(23 人)、上海交通大学附属中学(15 人)和上海市控江中学(12 人)等杨浦区前几所高中物理教研组的人数。

团队组建是聚集人力资源的第一步,通过四所学校教师无私的分工、合作,共同编写四校联合教研体所需的教学资源,集四校教师之人力和智慧,编写教学亟需的各类校本资料,减轻他们的负担,用集体的力量来解决人手短缺的问题。资料的内容、形式等经过教师集体讨论,先形成框架,再分工编写,最后通过第一轮教学试用,对内容进行调整后定稿,形成四校共同使用的教学资料。教学资料的定位精准针对四所学校学生的实际情况,有效减轻各校教师单独编写资料的工作量。近几年,他们集体编写了合格考复习资料、必修课程校本作业等,有机融合了上海市"空中课堂"优质视频资源、教材配套练习册、全国人教社教材配套练习等,校本作业的科学性、规范性和指导性都得到了保障。

（3）定向培养教学骨干

四所学校的 11 位教师中有 4 位教师的年龄在 40 岁以下,都是全日制硕士研究生毕业,物理学科专业素养较好。但受困于四所学校的学生实际能力,日常教学中这些教师较难在教学中获得职业的荣誉感和满足感。学生基础薄弱,学习动力不足,考试成绩难以提升,家庭情况复杂,担任班主任的他们常常还要受困于解决各种非教学问题而消耗大量的精力。

笔者在深入四所学校开展校际联合体教研工作后,越来越感受到,需要为这些教师提供定向的专业扶持和教学指导,帮助他们在教学上有所成就,有所收获。在两年里,笔者通过区域教研为这些老师搭建了各类区级交流展示的平台,有两位老师开设了区公开教学展示课,有两位老师做了全区讲座交流,有三位老师拍摄了"基础教育精品课",其中有一位老师的课已被选为优秀课推送到全国参评。通过一对一的教学指导,帮助老师收集教学资料、制作 PPT、修改视频拍摄的脚本,这些平时在学校里没有老师带教的中青年教师获得较优质的教研资源和扶持,在专业上有所提升,职业幸福感和成就感不断增强。

结　语

教研工作的受众是教师,教研工作应像激光的产生——光子在谐振腔里碰撞激发那样激发教师内在的专业发展需要,使有理想、有追求的教师形成相互共振激发的专业团队。通过有效的团队建构、项目引领、深度教研和定向扶持,教师的思维相互碰撞激发,教师的能量相互聚合,从而促进区域教学高质量发展。

近几年,在杨浦区普通高中新课程新教材实施国家级示范区的"双新"推进工作中,高中物理学科通过革新教研模式,以问题解决为目标,探索建构新颖的分布式领导力教师团队这一学习共同体模式,为杨浦区打造优秀教师队伍;探索建构校际教研联合体,解决师资短缺的普通高中难以开展校本教研的困境,为基层学校定向输送各类资源。在各类项目研修中,基于深度学习的教学改进项目提炼出三个单元教学关键问题,即单元核心任务的建构与分解、单元学习活动的持续进阶和学习活动评价的多元视角,初步形成具有杨浦区高中物理教学特色的学生物理学科核心素养的培育路径;"创智工坊"研修项目开发物理实验单元教学课程,设计以科学探究能力培育为目标的实验大单元,打通教材中的各自然章之间的界限,引导学生从物理学科视角形成物质、运动与相互作用、能量等基本观念,奠定从物理学科视角解释自然现象和解决实际问题的基础;区教师命题能力专题研修项目,组织骨干教师团队从理论依据、评价框架、探索实践等三个方面对基于标准的高中物理课程学业质量水平开展研究,探索建构测评框架并进行"教—学—评"一致性的命题实践。目前团队中有多位教师在全国、全市各类教育教学大赛中获奖。

在区域教研工作不断革新、取得成效的同时,我们通过教师访谈、问卷调研等方式发现,不同的团队建构、项目研修等,所起的教研效果因受众教师群体的不同而不同。比如,分布式领导力团队对中上水平学校的中青年教师群体较为有效,而对普通高中的中老年教师的激励和培养效果不佳。以往那种全区范围内统一行动的常规教研形式和方法,只能解决全区共性的一些问题,对一些特殊教师群体、新出现的教研问题,则需要教研员思考如何更有针对性地开展教研"滴灌",使需要的教师群体受益。激发教师的专业发展需求,激发教师的主观能动性,是教研永恒的追求目标。

参考文献

1. 中华人民共和国教育部.普通高中物理课程标准(2017年版2020年修订)[S].北京:人民教育出版社,2020.

2. 上海市教育委员会教学研究室.中学物理单元教学设计指南[M].北京:人民教育出版社,2018.

3. 廖伯琴.普通高中物理课程标准(2017年版)解读[M].北京:高等教育出版社,2018.

4. 徐淀芳.支撑教育高质量发展的教研转型和创新[R].上海:上海市教育委员会教学研究室,2023.

5. 陆伯鸿.课堂教学设计:基于课程标准,注重目标导向[J].上海教育,2015(Z2):8-15.

6. 陆伯鸿.指向核心素养培育的课堂与教学设计模型探讨[J].上海课程教学研究,2023(9):21-28.

7. 汤清修.对单元教学设计的几点思考[R].上海:上海市教师教育学院(上海市教育委员会教学研究室),2023.

8. 教育部考试中心.中国高考评价体系[M].北京:人民教育出版社,2019.

9. 上海市中小学(幼儿园)课程改革委员会.上海市中学物理课程标准解读[M].上海:上海教育出版社,2006.

10. 张瑞琨.中学物理教师备课资料手册[M].上海:上海教育出版社,1996.

11. 格兰特·威金斯,杰伊·麦克泰格.追求理解的教学设计[M].闫寒冰,宋雪莲,赖平,译.2版.上海:华东师范大学出版社,2017.

12. 弗·卡约里.物理学史[M].戴念祖,译.北京:中国人民大学出版社,2010.

13. 史蒂芬·霍金.时间简史:从大爆炸到黑洞[M].许明贤,吴忠超,译.长沙:湖南科学技术出版社,1995.

14. 罗素.西方哲学史(上卷)[M].何兆武,李约瑟,译.北京:商务印书馆,2011.

15. 赵德成.促进教学的测验与评价[M].上海:华东师范大学出版社,2016.

16. 徐静,张惠芹,李恒林.新课程背景下高中物理实验教学评价的研究——以验证性实验学习评价表设计为例[J].物理教学探讨,2022(12):47-51.

17. 周晓东.基于标准的高中物理学科学业质量评价研究[J].物理教学,2024(3):2-6.

18. 周晓东.开放、合作、共享的教师学习共同体——区域物理学科青年教师培养的探索[J].物理教学,2020(2):52-55.

后　记

时至今日,我在教研员岗位上已工作十余年。自担任这项工作伊始,我就一直在思考:如何做好教研工作?如何不断提升自身的教育教学研究能力,帮助基层教师更好地开展教育教学工作?在教研工作中,我慢慢发现:积淀学科专业素养,拓宽学术视野,需要持之以恒、与时俱进地研究教育教学理论;破解教学关键问题,帮助教师解决教学困惑,需要深入学校听课、上课,和基层教师一起在教学第一线奋斗;凝练自己的教研主张,需要在工作实践中不断反思、优化,突破原有的惯性思维,创新教研模式,提升区域学科教研的高品质。

在教研工作中,我逐渐养成了随时记录教研点滴和心得体会的习惯。一些好的想法在脑海里瞬息闪现,需要及时记录下来细细斟酌,逐步完善;基层走访时,发现好的教学实践做法,需要及时分析提炼,形成可推广的模式;阅读学科专业图书和教科研论文时,需要摘录要点,撰写心得,以增加专业积累;参加各类教科研培训时,需要认真记录听课笔记,慢慢消化吸收。这些年记录的笔记本叠起来厚厚一沓,是回忆,是收获,更是今后有效开展教研工作的点点薪火。

在参与杨浦区"双新"工作推进的这几年时间里,我更是体会到教研工作需要深度积累、深度思考和持续推进。区域教学改进需要牢牢地扎根课堂,深入到教师中,深入到学生中,没有捷径可走。只有持续不断地努力实践,认真汲取经验,反思提炼后再实践,经过长时间的积淀,才能在所研究的领域有所收获,提炼出有推广价值和示范效应的路径和方法,形成区域教学改进的有效模式。

本书的构思就源于自己对教研工作的感悟和区域教育教学工作的反思。书中呈现的经验和做法都是本人在教研工作中总结出来的,展示的案例也都经过了一线教学的反复实践,希望它们对有志于中学物理教学的教师有所启发和帮助。

在本书撰写过程中,特别是在整理本人参加全国比赛和各类市级教学展示交流

做温暖而有冲量的高中物理教研

材料的过程中,我接受导师、专家指导的情景,仍历历在目。感谢在我专业成长的道路上,他们给予了我无私的帮助、指导。在市北中学工作时,带教师傅盛焕芳老师像慈母一样关心和爱护我。在我每一次开公开课前,她和物理组的老先生们一起帮我打磨课堂表述的每一句话、实验操作的每一个动作,不辞辛苦。2007 年,我在参加第四届全国中学物理教学改革创新大赛时,有幸得到张越、张主方、瞿东、刘齐煌、陆伯鸿等市级教学专家的指导。记得有一次试讲时,正值梅雨季节,年逾古稀的张越老师一大早就从几十公里外的家中赶过来,看到他在被雨水打湿的走廊上小步慢行,当时心里有一种难以言表的感动。比赛结束回程时,张主方老师和我一个航班,他耐心地帮我讲解大赛中的一些好课,当得知我和他是宁波同乡时,他非常高兴,还特意请我喝了咖啡! 2011 年,我参加了上海市第三期"上海市普教系统名校长名师培养工程",被安排在物理三组。时任上海市教委教研室副主任陆伯鸿、上海市风华中学老校长冯容士是我们这一组的导师,他们精心设计了研修课程,亲自给我们授课,还组织了多场高品质的专家讲座,我从中受益匪浅。我们还在冯校长的 DIS 研发基地做了很多物理实验,而且有些实验是刚刚研发出来的,作为第一批实践者,我们使用这些实验开设了很多市级公开教学展示课,反响非常热烈。担任区教研员后,我又得到市教研员汤清修老师和多位资深外区教研员老师的提携,在他们的指导和帮助下参与了一些市级项目,补齐了自己在教育研究方面的短板。

感谢我的导师陆伯鸿先生为本书作序,感谢上海市杨浦区教育学院对本书的出版给予了大力支持。感谢上海教育出版社编辑李祥先生在本书撰写过程中提供的出版规划和专业指导,并对书稿进行了反复的修订和完善。

上海中学物理学科薪火相传,我深受其益,感恩感谢! 我在教研工作中常常会想起这些无私地帮助、指导过我的专家前辈们,我也将会发扬上海中学物理学界的优良传统,做好传承创新,为上海物理学科培养更多的优秀教学人才,为深化推进中学物理学科教学研究工作尽一份力量。

周晓东

2025 年 1 月